# 现代城市品牌形象塑造与传播研究

唐灿灿　著

北京工业大学出版社

图书在版编目（CIP）数据

现代城市品牌形象塑造与传播研究 / 唐灿灿著．——
北京：北京工业大学出版社，2021.5（2022.10 重印）
ISBN 978-7-5639-7989-9

Ⅰ．①现…　Ⅱ．①唐…　Ⅲ．①城市管理－品牌战略－
研究　Ⅳ．① F292

中国版本图书馆 CIP 数据核字（2021）第 111493 号

## 现代城市品牌形象塑造与传播研究

XIANDAI CHENGSHI PINPAI XINGXIANG SUZAO YU CHUANBO YANJIU

**著　者：**唐灿灿
**责任编辑：**李　艳
**封面设计：**知更壹点
**出版发行：**北京工业大学出版社
　　　　　　（北京市朝阳区平乐园 100 号　邮编：100124）
　　　　　　010-67391722（传真）　bgdcbs@sina.com
**经销单位：**全国各地新华书店
**承印单位：**三河市元兴印务有限公司
**开　　本：**710 毫米 ×1000 毫米　1/16
**印　　张：**13
**字　　数：**260 千字
**版　　次：**2021 年 5 月第 1 版
**印　　次：**2022 年 10 月第 2 次印刷
**标准书号：**ISBN 978-7-5639-7989-9
**定　　价：**81.00 元

# 前　　言

　　随着社会与经济的发展、科技的进步，城市逐渐成为人们的主要生存场所，城市与城市之间的交流及竞争也变得日益频繁与激烈。城市是现代经济发展的主要载体，是区域政治、经济、文化的中心。城市竞争的实质是对资源和市场占有的争夺，具体表现为名望、创意、资金、资源、人才、服务对象、服务领域等围绕利益最大化原则，在不同城市、地区或国家间的流动和转移。城市品牌形象成为一座城市能否在新一轮竞争中获得可持续优势的决定性力量。在城市竞争的初期，城市规模、建筑设计以及经济总量等方面是主要指标。但进入21世纪以来，"城市品牌形象"的塑造与传播无疑成为城市提高竞争力的新策略，也是各种城市研究的关注焦点。如何进行品牌价值挖掘、品牌形象传承、品牌形象塑造与传播，是现代城市发展过程中需要解决的问题。

　　目前，国内外对城市品牌的研究，多数出现于城市营销的相关文献中，全面、深入地论述城市品牌形象问题的学术专著很少，这与城市品牌形象塑造的实践发展显得很不协调。因此，笔者从跨学科研究的视角出发，对现代城市品牌形象的塑造与传播进行了较为全面和深入的探讨，希望能进一步丰富城市品牌形象的理论体系，从而推动我国城市品牌形象的理论研究。

　　本书共六章。第一章为绪论，包括城市与城市化、城市品牌的定位、城市形象的内涵等内容。第二章为城市品牌形象的构成要素，包括城市品牌形象的视觉符号、城市品牌形象的识别系统、城市品牌形象的指标体系等内容。第三章为城市品牌形象的塑造，包括城市品牌形象的定位、城市品牌形象塑造的现状、城市品牌形象塑造的媒介、城市品牌形象塑造的方法等内容。第四章为城市品牌形象的传播，包括城市品牌形象传播的理论基础、城市品牌形象传播现状、城市品牌形象的传播策略等内容。第五章为多维视角下的城市品牌形象传播，包括文化视角下的城市品牌形象传播、管理学视角下的城市品牌形象传播、心理学视角下的城市品牌形象传播等内容。第六章为城市品牌形象的整合营销

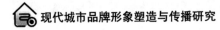

传播，包括整合营销传播理论体系、城市品牌形象整合营销传播的兴起、城市品牌形象整合营销传播策略等内容。

为了保证内容的丰富性与研究的多样性，笔者在撰写的过程中参考了大量的相关文献，在此谨向文献作者表示衷心的感谢。

最后，由于笔者水平有限，书中难免存在不足之处，在此恳请广大读者批评指正。

# 目　　录

# 第一章　绪论

## 第一节　城市与城市化

城市是现代产业和人口聚集的地区，是人类文明和社会进步的标志。只有合理的城市规模、完善的城市设施和良好的城市环境，才能满足居民日益增长的物质文化需求，才能促进城市经济的发展和社会文明程度的提高。

### 一、城市的形成和发展

城市的形成与发展是社会经济、文化发展的结果。城市是在商业、手工业与农业分离，原始社会向奴隶社会发展过程中出现的。商业、手工业与农业大分工，使居民点也产生了分化，形成了以农业为主的乡村和以商业、手工业为主的城市。早期城市因受生产力发展水平的限制，可提供的居民所需的农产品有限，城市数目少、规模小，多分布在灌溉农业发达的地区，如早期出现在两河流域、尼罗河下游、印度河流域及中国的黄河流域。其中许多城市都是行政、宗教、商业或军事中心。到了封建社会，生产力的进步发展促使社会分工不断扩大和完善，商品生产与交换也越发频繁，交通运输也比以前更加发达，这时便出现了一些以商业为中心的城市。这一时期城市的主要特征是：既是地区的商品市场和贸易中心，又开始发展为更大区域范围内的政治、经济和文化中心。中国唐代的长安、洛阳，明代的南京等都是这一时期城市的代表，人口都超过百万。

早期城市的发展和人口的增长十分缓慢，随着资本主义工业的发展，尤其在 18 世纪下半叶，欧洲工业革命带动了城市的迅猛发展。以机器生产为基础的大工业城市数量急剧增加，城市人口增长速度大大加快，这就形成了所谓的近代城市。20 世纪，特别是第二次世界大战以来，世界进入了现代城市的发展阶段。城市规模以空前速度扩展，新城市纷纷涌现，相继出现了前所未有的特大城市、大都市区、都市带和都市系统。现代城市的特征是：通过强有力的政

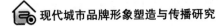

权机构、雄厚的经济实力和各种先进的生产设施成为一个地区、一个国家的政治、经济和文化中心。

## 二、城市的功能与分类

### （一）城市的功能

#### 1. 政治中心

对于绝大多数城市来说，它们是一定区域的政治中心，是各级政府的所在地，有各级政府的管理机关。例如，北京是中国的首都，是我们国家的政治中心；武汉是湖北省人民政府的所在地，是湖北省的政治中心。

#### 2. 金融中心

城市是由众多的人口聚集，制造业和服务业发达的地方。在现代社会，城市是国家资金积累的主要来源，还担负着向全社会提供先进技术装备的任务。它们一般都有强大的经济实力。在一些大中城市，有众多的银行、保险、证券等金融机构，形成了本地区的金融中心。

#### 3. 贸易中心

城市众多的人口需要大量的生活必需品，城市又是各种物资产品的生产地和集散地，是城乡物资交流的枢纽。因此，城市里有许多大型的商店和各种物资批发市场，它们不但吸引了众多的城市消费者和生产者，而且吸引了大量的农村消费者和生产者。

#### 4. 文化中心

城市由于聚集了众多的人口，同时也聚集了众多的科学技术人才，是文化最为发达的区域。城市一般都有众多的学校和科学研究机构，它们担负着培训科学技术人才的任务，发挥着中心城市科学技术基地的作用，对于发展全国和区域的经济具有重要意义。

#### 5. 交通中心

城市由于人口和产业的聚集，物资和人员的大量流动，往往形成一定区域内的交通中心。一般城市越大，交通量就越大，同时交通条件的优劣也对城市的发展产生重大影响。

#### 6. 服务中心

城市需要生产和生活两个方面的服务，所以，城市里建设了许多医疗卫生机构、商店、旅馆、车站、机场、码头、邮电网点等生产和生活服务设施，来解决流通、分配、消费等城市生产和生活方面的需要。

7. 信息中心

21世纪是信息时代，各种经济的发展都离不开信息，城市是信息发布中心，是所在地区信息来源之地。可以说一个地区信息业发达是本地区经济发达的标志之一。

### （二）城市的分类

城市的分类方法很多，笔者采用的是现代城市分类方法。现代城市分类是根据现代城市的发展情况和特点，运用综合评价指标体系（具体指标如城市规模、经济实力、国际化程度、基础设施、集散能力、人力资本、科技开发、生活质量、特色资源等）来判定各城市的等级与特色，从而使各城市之间有所区分。

根据城市分类的综合指标体系，可以全面地评价一个城市在世界或在一个区域、一个国家城市体系中的地位及其能发挥的作用。这套指标体系在经济上充分体现一个城市的吸引能力与辐射能力，同时客观地展示一个城市的内在质量。

根据此分类方法，可以将现代城市划分为全球性国际经济中心城市、区域性国际经济中心城市、全国性经济中心城市、地区性经济中心城市、特色城市和一般城市。

全球性国际经济中心城市是专指具有高度现代化的基础设施和国际服务活动功能，聚集了全世界大部分跨国公司和金融机构，以超大型城市群为依托，在全球发挥经济枢纽作用，并对世界经济、政治和文化产生巨大影响的一流大都市。这样的大都市如上海、伦敦、纽约、东京等。

区域性国际经济中心城市指的是在世界的某个区域内规模较大、功能齐全、经济基础雄厚，在生产、流通、消费、科技、文化服务领域乃至国际政治等诸多方面具有明显的国际地位，对内有吸引力，对外有辐射力的城市，它们一般是一个区域内资本和商品的集散中心，国内和国际经济的最佳结合点，同时还是国际政治、经济、科技、信息和文化的交流中心，这类城市如多伦多、悉尼、香港等。

全国性经济中心城市指的是在一个国家内具有举足轻重的经济地位，较大的城市规模，较强的聚集功能和扩散功能，广泛的对外交往，一定的竞争能力，良好的社会环境和科学文化基础的中心城市，全国性的经济中心城市一般是这个国家的金融贸易中心和物流中心，如上海、孟买和圣保罗等，它们是一国精英的荟萃之地，对外经济联系的桥梁和不同文化交融的地方，并且将较快地融入世界经济。

地区性经济中心城市指的是一国的某个地区具有一定经济实力和综合功能，较好的科学文化基础，发达的地区市场并能带动整个地区经济发展的地区大城市，对土地面积较大的发展中国家来说，地区性经济中心城市是其全国性经济中心城市的补充和地区性支撑点，也是今后城市圈、城市群体系中的重要节点。

特色城市指的是在一定地域空间内借助其特有的资源与文化或自然地理条件形成特定的性质和功能，并发挥其他城市不能发挥的作用的城市，特色城市是现代城市多样性的重要标志，它的地位是其他城市无法替代的。

除了上述列举的五类城市外，剩下的就是数量最多、分布最广的一般城市，一般城市是世界城市体系的基本成分，也是各城市圈、城市群构成的基础性要素。

## 三、城市化的起源、含义

马克思曾经指出，一切发达的、以商品交换为媒介的分工基础，都是城乡的分离，可以说，社会的全部经济史，都概括为这种对立的运动。法国著名农村社会学家孟德拉斯在他的经典著作《农民的终结》中指出，"20 亿农民站在工业文明的入口处，这就是在 20 世纪下半叶当今世界向社会科学提出的主要问题"。这里所说的，都指的是城市化。

城市化的早期提出者是西班牙工程师赛达，他在 1867 年出版的《城市化基本理论》一书中首次把"城市化"作为基本概念来使用。"城市化"一词的出现，至今已有 100 多年的历史。对于城市化的内涵，与城市一样，仁者见仁，智者见智，不同的学科对其有不同的理解。主要包括以下几种观点。一是"人口城市化"，就是将城市化定义为农村人口转为城市（镇）人口，或农业人口转为非农业人口的过程。埃尔德里奇认为人口的集中过程就是城市化的全部意义，克拉克则将城市化视为第一产业人口向第二、第三产业人口转移的过程。二是"空间城市化"，指的是一定地域内的人口规模、产业结构、管理手段、服务设施、环境条件等要素由小到大、由粗到精、由单一到复合的一种转换过程。三是"乡村城市化"，认为传统村落的乡村社会变为现代先进的城市社会的自然历史过程，其中最重要的是农村生活方式向城市生活方式质的转换过程。而在本书中，笔者倾向于第三种解释，就是"乡村社会"向"城市社会"转换的过程。这个过程是一个深层次、庞大的、复杂的经济社会系统工程。乡村城市化就必须是使自身完全融入城市，包括物质形态的城市化、经济形态的城市化、社会管理形态的城市化、人的城市化，因此城市化不是一朝一夕的，也不是一蹴而就的，而是一个长期的过程。

经济和社会的发展促成了城市化的产生和发展。世界的城市化是在过去100多年发展起来的，城市化是非农生产力在商品交换推动下从农业经济中分离出来而独立发展、空间集聚的必然规律，在本质上是经济社会结构变动的过程。在此过程中，农业人口比重逐渐下降，工业和服务业人口比重逐步上升，人口和产业向城市集聚，生产方式、交换方式和生活方式向规律化、集约化、市场化和社会化方向转换。城市化是一个综合的、复杂的过程，是人口、非城市景观、文化、生活方式、价值观等要素城市化的过程。

城市是政治、经济、文化中心，它集中体现了国家的综合国力、政府管理能力和国际竞争力。衡量一个国家先进与否，城市化是一个重要的标尺。在城市化路径选择上，西方学者大部分倾向于自然化的过程，主张减少政府的干预。在我国，城市化的路径有两种：一种是自然城市化，另一种是被动城市化。所谓自然城市化是按照市场规律的选择，经济发展、社会发展、产业结构、人口规模等各方面因素都已接近或达到城市的标准，而转变为城市的。基于此所形成的社区一般是由经济基础较强的村庄发展而来的，具有较强的自主性。被动城市化则是从行政计划和管理的角度依据决策者对某种规模或类型的城市偏好来制定城市发展的方向，规定城市化的道路。其根本原因是城市的扩张消解了原有的村庄。政府的行政性规划使得农民在身份上转变为"准城市"居民。

城市化是当代世界各国社会经济发展的一个重要趋势。城市化水平的高低是衡量一个国家社会经济进步状况的重要指标。中国城市化是在近代工业输入后才开始其发展进程的。

# 第二节　城市品牌的定位

城市是现代经济发展的主要载体，是区域政治、经济、文化的中心。城市的出现，标志着人类走向成熟和文明，而人类文明的进步也带动了城市的发展。自工业革命以来，全世界的城市化进程都在不断加快。城市是一个整体，因此，为城市策划的营销活动必须同时考虑到经济效应影响和社会效应影响两个方面，也要思考如何利用自身特点在竞争中取得优势。

2009 年在网络上有一则非常引人注目的招聘启事："世界上最理想的工作——来哈密尔顿岛当岛主,到大堡礁群岛当看护员!半年 15 万澳元轻松入袋!"所谓"世界上最理想的工作"就是到大堡礁群岛当看护员,工作内容包含清洁鱼池,喂食鱼儿,收发信件,每周在博客上发表文章及上传照片、影片,向全世界分享大堡礁的美景,不定期接受媒体采访,巡游大堡礁水域内其他的岛屿等。不分男女老少,无需相关工作经验,只要年满 18 岁、英语沟通能力良好、热爱大自然、会游泳、勇于冒险尝试新事物,就有可能聘请你到澳洲哈密尔顿岛上当岛主,不仅提供豪华住宿,还会提供工作时所需要的设备,包括计算机、网络、数码摄影机及相机等,工作时间还有弹性。该职位的合同期为 6 个月,共有 15 万澳元的薪水。这则招聘启事一出,瞬间吸引了全世界大量的求职者;更重要的是,它也使哈密尔顿岛,一个靠近澳大利亚的名不见经传却有着美丽风景的小岛被众人所知晓,吸引了全世界的众多网民去关注这个美丽的小岛,进而去探访和游览这一美丽的小岛。这一例子充分显示了营销威力之巨大。它告诉我们:城市必须营销,并且要充分将城市的社会、人文、生态环境视作一个整体来进行整合营销。

城市营销需要有准确的品牌定位。品牌定位最早由美国广告专家艾尔·里斯和杰克·屈劳在 1972 年提出。他们认为,定位是对未来的潜在顾客心智所下的功夫,即让产品在潜在顾客的心目中定一个适当的位置。所以,城市品牌定位的实质就是将城市放在目标受众的心目中给它一个独一无二的位置,由此形成城市鲜明的品牌个性。所以,城市品牌定位的目的就是要体现城市个性,给人明确清晰、系统的整体形象,即为城市确立一个满足目标受众需求的品牌形象,其结果是获取目标受众认可,从而使其消费城市产品。

城市品牌定位不同于企业品牌定位。城市品牌定位是一项整体性、系统性的定位工作,要求考虑涉及的方面多种多样,最特别的是要将自己置身于一个较长的时间跨度中思考。因为品牌的定位目的就是希望得到受众的认可,而城市的消费、评价的周期较之企业产品则需要更久时间来判断、考量,所以需要在较长的时间跨度中考虑城市品牌的定位。

# 一、城市品牌定位的原则

创造城市品牌首先要明确城市的定位。定位是建立品牌的首要任务,只有准确定位,城市品牌才会有发展的潜力。城市品牌存在的价值是它在市场上的定位和不可替代的个性,就如同产品品牌一样,著名品牌之所以屹立百年不倒,是因为它始终遵循着自己的定位，保持着与竞争对手的差异。定位的实质就是城市原则、战略目标、政治经济文化可持续发展的完整体现，并由此形成城市鲜明的品牌个性。

### （一）真实性原则

真实性是城市品牌定位的基础，即城市品牌的定位要从城市实际情况出发，不可夸大，确立一些名不副实的名号，这对城市的发展没有任何意义。

### （二）差异性原则

差异性是城市品牌定位成败的关键。只有有别于其他城市的独特的城市个性魅力才能使其在竞争中脱颖而出。例如意大利的米兰，以其精致奢华、充满想象力的服装享誉于世。

成功的品牌定位策略，在于能创造差异、创造特色，能使品牌从竞争品牌中凸显出来。没有个性的城市就没有差异化竞争的优势，个性是城市的魅力所在，是城市灵魂的载体。城市定位要避免趋同，应当依据自身的原有基础和可能性尽力追求独具特色，与众不同。应充分考虑城市的历史、文化、环境和产业等特点，既要保持传统优势和地方特色，又要有新的创造和发挥，从而塑造个性鲜明的城市形象。城市的个性越突出，影响的范围就越广，发展空间也就越大。

### （三）美誉性原则

美誉性是城市品牌定位的核心和成败的关键。而当下的情况是并非所有的城市品牌都是积极的，享有美誉度的。我们需要给城市的发展做一个好的指引工作，去积极地确定城市品牌的定位。例如杭州"东方休闲之都"的定位，就很有导向性。

### （四）文化性原则

城市是文化的载体，文化是城市的灵魂，文化作为一种精神原动力，是构建特色城市不可或缺的重要基础。城市作为文化的载体，是伴随着城市的物质文明而形成的精神财富，集中体现了区域文化特征。历史文化、民族传统、风土民情、人文色彩、时代烙印是对城市文化的完整诠释。城市文化反映了城市特有的性格，也映射出城市经济发展的潜在动力。中国的许多城市都有着悠久的历史，如山东曲阜是孔子故乡、儒家文化的发源地，它一旦离开了文化也就失去了最有特色的差异性。

### （五）价值性原则

一个独具特色的城市品牌，不仅应具有形象代表意义，而且应有其实际的价值。城市品牌的价值不仅在于反映了一座城市在商业竞争社会存在的理由，而且更重要的是它代表了一座城市能够为全体社会成员带来的最大利益。如香港塑造的"动感之都"城市品牌，其价值在于文明进步、自由开放、安定平稳、处处机遇、追求卓越，从而强调了香港有着丰富的文化，良好的社会环境，蕴藏着无限潜力和无穷机遇，鼓励创新思维和不断追求卓越，表明香港是一座真正的国际大都市。德国的小城汉诺威是国际汽车展的所在地，它以几十万的人口创造了一个享誉全球的"会展业之城"，可见，城市品牌的价值性是一座城市的活力之所在。

### （六）认同性原则

城市品牌塑造最终要靠政府和其他私营部门的合作来完成，单靠一两个政府部门是无法成功的。城市品牌定位要得到城市消费者的认同，在定位中应体现消费者的价值取向，充分反映他们的心理需求和利益需求，这样才能获得他们的认同，调动其积极性和创造力。因此，城市在系统地进行城市品牌定位时，要保证城市消费者的广泛参与，这样可以尽可能提高城市品牌的认同度。

### （七）可持续性原则

成功的城市品牌定位是时代精神和文化的反映，城市品牌的发展战略、品牌塑造、监督控制、品牌维护等构成了城市品牌战略实施的完整系统。城市品牌定位应遵循可持续发展的原则，不可追求即时的城市热效应。

### （八）动态性原则

在城市品牌的定位过程中，不仅要体现城市一贯的文化特色，还要动态地把握时代变化的趋势，以准确地将城市定位于未来发展有利的位置上。为此，城市定位需要前瞻性地对未来进行预测，从而使城市定位有效地实现可持续发展。如果英国曼彻斯特仍按照纺织业来定位，美国的圣何塞仍然追求杏子的栽培与加工，则将不会产生当今世界知名的经贸中心、硅谷，这些都是城市坚持动态性定位的例子。

### （九）务实性原则

城市的定位应该与自身实际协调一致，不能好高骛远。超越城市的自身实力、定位过高，不仅对城市的发展无益，而且会挫伤城市消费者参与城市建设的积极性。江苏昆山市的定位就很实际。20 世纪 90 年代初，昆山充分利用紧邻上海的区位优势，提出"呼应浦东""错位发展""主动接轨""上海后花园"的发展思路，主动与上海融为一体。昆山不仅建立了连接上海市中心区和港口机场的基础设施，还随时了解上海的发展形势，学习上海的经济政策、城市管理、服务体系、品牌宣传等，积极到上海招商，努力把徘徊在上海的企业引向昆山。凭借这种务实定位，昆山终于成为国际资本的高密度投入区。

## 二、城市品牌定位的立足点

### （一）独特的资源优势

独特的自然资源是自然界给予的馈赠，是难以模仿比拟的，因此在城市品牌定位时要好好利用这个得天独厚的资源。位于四川省阿坝藏族羌族自治州九寨沟县境内的九寨沟，是白水沟上游白河的支流，以有九个藏族村寨而得名。九寨沟遍布原始森林，沟内分布 108 个湖泊，有"童话世界"之誉。1982 年九寨沟成为国家首批重点风景名胜区，且被列为国家自然保护区，1992 年被联合国教科文组织纳入《世界自然遗产名录》，1997 年又被纳入"人与生物圈"保护网络，2001 年摘取"绿色环球 21"桂冠，成为世界唯一获得三项国际桂冠的旅游风景区。2007 年 5 月 8 日，阿坝藏族羌族自治州九寨沟旅游景区经中华人民共和国文化和旅游部正式批准为国家 5A 级旅游景区。四川省政府在国家政策扶持的基础上，以九寨沟独特的自然风貌为核心，以优美的风景、美丽的传说、淳朴的民风、古老的民族节日等作为卖点发展了九寨沟的旅游业，吸引了一批又一批的游客络绎不绝地前来游玩，将九寨沟定位成"美丽的童话世界"。

再来看一座埋在火山灰下的古城——庞贝。庞贝是位于意大利西南沿海坎帕尼亚地区的一座古城，位于维苏威火山东南麓，以纪念古罗马政治及军事家格涅乌斯·庞培而得名。公元 79 年 10 月 24 日的一天中午，维苏威火山突然爆发，火山灰、碎石和泥浆瞬间淹没了整个庞贝，古罗马帝国最为繁华的城市在维苏威火山爆发后的 18 个小时内彻底消失。直至 18 世纪中叶，这座深埋在地底的古城才被挖掘出土而重见天日。如今的庞贝古城已被联合国教科文组织定为世界文化和自然遗产，游客们称这里是"天然的历史博物馆"。整个庞贝古城有三分之一向游客开放，它每天吸引着数以万计来自世界各地的游人来这里参观。穿梭在古城废墟的大街小巷，进出于半毁的民宅、别墅、贸易市场、商铺、面包房、温泉澡堂、仓库以及剧场、斗兽场、运动场，千年前的场景栩栩如生地呈现在游客面前。"火山灰下的古城""天然的历史博物馆",如此独特的资源给庞贝在世界城市之林中画上了浓墨重彩的一笔。

相似的城市还有许多,例如"水城"威尼斯、"花园城市"新加坡、"浪漫之都"大连、"薰衣草之乡"普罗旺斯等。它们都根据自身的特色资源,在尊重自然和文化的前提下,发掘、保护、利用,实现自然同城市、文化同城市相互融合,构造了独具特色的城市风格。

### (二)历史遗产优势

城市起源的说法有三种:防御说、集市说、社会分工说。最早的城市起源也无从考证,总之已经是几千年前的事了,并且城市一直在演变、成熟、进步。在这个过程中,因为地理、人为等种种原因,有些城市消失了,有些城市被兼并,有些城市壮大了,在这个超长的时间维度里发生的种种就是历史。我们常常称一些城市为"古都""古城",那是因为它们在长久的自然或人为的斗争中凭借着优势的外在和内在条件生存了下来,拥有了"历史"的独特优势。

西安,十四朝古都,古称"长安",在《史记》中被誉为"金城千里,天府之国",是举世闻名的世界四大文明古都之一,是中国历史上建都时间最长、建都朝代最多、影响力最大的都城。西安美食众多,羊肉泡馍、葫芦鸡、粉汤羊血、腊汁肉夹馍、凉皮、石子馍……但若真要说起这个城市,最著名的还是古城墙、兵马俑、大雁塔、小雁塔、华清池和阿房宫遗址等。陕西省境内有重点文物保护单位 554 处,其中国家级重点文物保护单位 89 处,陵墓 8822 处,古遗址 5700 余处,文物点 21100 余个。秦始皇兵马俑坑被誉为"世界第八大奇迹",秦始皇陵是最早列入世界遗产名录的中国遗迹。西安古城墙是至今世界上保存最完整、规模最宏大的古城墙遗址。种种历史的遗迹装点了这个古老而又充满生机的城市。脚底踩着十四朝都城所在之地,深厚的历史文化积淀和浩瀚的文物古迹遗存使西安享有"天然历史博物馆"的美称。在国家政策扶持和西安市政府的共同努力下,众多文化遗产都被尽可能地保护了下来,成就了"文明古都"之名。

以历史遗产优势作为核心竞争力进行品牌定位也同时需要我们认识到一点,在定位时要考虑到城市与其历史的纵向联系。城市品牌的定位要充分考虑到城市的历史烙印,不可求新求奇,破坏了城市深厚历史培育出来的城市气息。

### (三)支柱产业优势

每个城市往往都有着一个或大或小的产业集中地,如果某种产业稳定地占据着该城市较大的市场份额,并且无论是对内还是对外都有较强的辐射,那么这个产业就是这个城市的支柱产业，而且该产业会较大影响城市的发展。若这个产业足够稳定，那么可以成为这个城市品牌定位的因素，例如东莞。中国因巨大的人口基数和低廉的劳动力价格被称作"世界的加工厂"，而东莞坐拥珠三角便捷的交通，更成为西方发达国家乐于委托加工的对象。东莞每年制造生产全世界十分之一的鞋子，有"世界鞋都"之称。

### （四）独具特色的文化态度与价值观

俗话说"一方水土养一方人"，不同地域的人，由于环境不同、生存方式不同、地理气候不同、人文历史不同，而造成思想观念、生活习惯等各方面的差异。下面让我们说说成都——我国率先有组织地为城市品牌进行定位的城市。有人说成都人"懒"，但是"懒"得有智慧。四川人爱说"安逸"，这个词也概括了成都人的休闲传统，凡是感到舒服、美好、愉悦的时候，就会说"安逸"，甚至还会说"安逸疼儿了""安逸惨了"。这表现了成都人一个强烈的意识：追求安逸，希望安逸，拥抱安逸，占有安逸。这是一种生活状态，一种生活形态。成都到处都有茶馆和棋牌室，成都人爱喝茶，成都的茶馆大多很简陋，茶资也很便宜。早期的士农工商、文人墨客、贩夫走卒等，都喜欢上茶馆、坐茶馆、泡茶馆，当茶客、看客、麻客，说茶经、谈生意、看书报、打麻将、洗脚板、做保健、喝小酒、摆龙门阵，甚至在工作日茶馆生意也是常常爆满。对于这样的现象是褒是贬暂且不议，但是成都的城市个性已然形成，与其悲观失望、怨天尤人、惹是生非，不如安分守己、自得其乐、安逸闲适。消遣之后，再图发展，相信生活总会慢慢好起来的。这样的乐观情绪、平和心态，的确是成都人文化性格中难能可贵的东西。所以有人说："成都是一座来了就不想离开的城市。"那种闲适感也许不是身在节奏感快的大城市、成天忙忙碌碌的人能够理解的，却是每一个人心中所向往的。成都，为我们塑造了这么一座"懒"城。

同是"闲"，再看看杭州。杭州是中国著名的旅游城市之一，世人给予杭州的称号很多，"人间天堂""爱情之都"，而在2006年，杭州被世界休闲组织授予"东方休闲之都"称号，杭州开始打造"东方休闲之都，生活品质之城"的城市形象。杭州是一个生活品质较高的城市，这不仅仅靠的是扎实的经济实力、较高的消费水平，也包括休闲的生活氛围。杭州的"闲"不同于成都，杭州人往往是工作日忙得焦头烂额，但是一到休息日，他们也绝不会亏待自己。说到杭州，每个人的反应都是西湖。西湖就坐落在城市中心，每个人都可以在茶余饭后背着手去西湖逛上一段，或是骑个共享自行车绕着西湖来个一圈。杭州的景点很多，新十景、旧十景、三评西湖十景多得你数不过来，且大多免费或低价开放。老年人爱喝茶，或在河坊街的茶楼坐坐，或是去梅家坞、茅家埠转转；年轻人则喜欢小资情调，去西湖新天地找个咖啡店，一坐就是一个下午。公交自行车、水上巴士、清洁的街道、安定的生活环境、热情好客的市民，杭州坐落在中国繁华的长三角经济带，以休闲、幸福感高、宜居来定位自己的城市品牌。

归根结底，城市品牌定位的核心思想是以人为本，为的是能更好地满足人的物质文化和精神文化需求。城市品牌定位在很大程度上是靠人来体现的，人既是城市品牌再现的主体，也是评价的客体。而城市发展到现在的整个经济发展状况下，人们更为注重的是一个宜居性的问题。

## 三、城市品牌定位的结构分析

城市品牌定位的结构分析主要包括三个方面：城市消费者结构分析、城市竞争品牌结构分析和城市自身产品结构分析。

### （一）城市消费者结构分析

城市消费者结构分析应主要从城市消费者的构成、城市消费者的行为和心理特征等方面进行分析。

城市消费者的构成分析包括对现有城市消费者和潜在城市消费者的分析，因为城市消费者的构成比较复杂，包括旅游者、就业者、居民雇员，甚至还包含政府，每类消费者的需求和特征各不相同，因此应该对他们进行具体研究。城市消费者构成分析的目的是通过对现有消费者和潜在消费者自然和社会属性的研究，对消费者进行划分，为城市确定目标消费群提供基础依据。

城市消费者行为特征分析包括对城市消费者购买行为特征和购买决策特征的分析。购买行为特征指的是城市消费者的购买时机、购买地点、购买频率等。城市消费者购买决策特征则包括他们对价格的敏感度、对品牌功能的需求、对品牌的关注程度、购买决策过程和信息来源等。城市消费者行为特征研究的目的是为了解价格、功能性在城市品牌定位中的构成权重以及为城市传播品牌信息提供一定依据。

城市消费者心理特征分析包括对消费者的心理需求、消费者的个性文化和消费者的品牌知识的分析。城市消费者的品牌知识主要指的是消费者是否明白与竞争品牌的差别，对城市品牌的核心价值是否了解，对品牌所代表的品质、性能、服务、体验和自尊等方面的属性是否清楚。消费者对品牌的心理需求，指的是消费者选择品牌时是想从不同的品牌中获得怎样的心理需求满足，它包括消费者对城市所承诺的产品品质的需求程度、消费者对城市品牌能够代表的使用者品位和身份地位需求程度，消费者对品牌能表达出使用者的个性追求需求程度等。城市消费者的个性文化分析是想深入了解消费者的个人价值观和道德标准对城市品牌购买的影响程度有多大，以及它是怎样施加影响的。

## （二）城市竞争品牌结构分析

城市竞争品牌结构分析的目的是要形成与主要竞争对手相比所具有的差异化优势，它主要包括对主要竞争性城市品牌的确定和判断、竞争性城市品牌的优势与劣势。确定城市的主要竞争品牌，需要从市场的总体竞争态势调查分析入手，明确与城市竞争的强势品牌有哪些，初步与强势品牌进行功能性对比，然后对这些城市品牌的定位进行分析，即城市品牌的目标群体是哪些等。竞争城市的品牌优势分析，主要包括对竞争品牌的功能性优势分析、品牌的影响力优势分析及消费者与城市品牌的关系分析，即研究主要竞争品牌通过哪些方面取得品牌优势，这些优势源自哪里。通过对竞争性城市品牌的优势分析，城市可以借鉴强势品牌的某些成功经验，同时在进行品牌定位时有意识地回避竞争品牌的优势，避免正面竞争，进行错位定位。城市可以从分析竞争品牌的劣势来找到自身品牌的定位突破口，然后将竞争品牌的劣势转化为自身的优势。

## （三）城市自身产品结构分析

品牌都是建立在确定的产品或服务之上的，对城市自身产品进行结构分析是品牌定位的最基本前提。城市产品包括有形产品和无形产品两大类，城市有形产品又分为先天要素产品和后天要素产品，城市无形产品分为环境产品、文化产品和形象产品。城市产品是一个复杂的体系，每种产品的效用和价值不尽相同，因此，分析起来比较复杂，但是把这些产品要素合并为一个大的城市产品，就可以找到分析的出发点。城市产品分析的目的是明确城市产品能给消费者带来什么样的附加价值和利益，可以将城市产品划分为对产品基本效用的分析、对产品质量和特色的分析以及对产品的使用对象的分析等方面。城市产品质量分析是对城市产品的品质进行界定，即产品的质量在竞争中处于什么样的水平和标准，城市是否有能力保证产品质量；产品基本效用分析是针对产品能够满足消费者哪些效用，满足的程度如何；产品使用对象分析，指的是城市产品能够满足哪些消费者的需求，这些消费者中满意度最高的可能是哪类人群；产品附加价值分析指的是分析城市产品与其他品牌相比能够给顾客带来哪些特殊的附加值。

## 四、城市品牌定位系统

城市品牌定位起着将品牌核心价值传播给目标消费者，并在其心目中占有一个独特位置从而形成具有鲜明品牌个性的功能，因此，城市品牌定位决策的失误将会有损于品牌形象与品牌个性的塑造，不利于品牌的健康发展。笔者认为，城市品牌定位应该是一个决策系统，在这个决策系统内，各构成要素之间相互联系、相互影响，系统中的任何一个要素出错都将影响整个系统的运行效果。各要素在整个系统的整合与作用下形成一种系统合力，这种合力大于各系统要素的作用力之和。城市品牌定位系统是城市营销者将与品牌有关的消费者信息、竞争者信息以及产品自身信息通过一定的方式进行整合、提炼、传播，以形成个性鲜明独具特色的品牌特征和丰厚品牌价值的有机整体。

一个完整的城市品牌定位系统应该包括城市品牌定位系统输入因素、城市品牌定位系统转换因素与城市品牌定位系统输出因素，下面对其各个组成因素做具体分析。

### （一）城市品牌定位系统输入因素

定位并不是对产品做什么事情，而是对品牌在潜在消费者的心目中确定一个合理的位置，从而把品牌定位于潜在消费者的心目中。因此，潜在消费者是定位的基本出发点。为了使城市品牌在消费者脑海中确立一个合适的位置，对城市消费者的需求、心理等各方面信息的搜寻和分析不可或缺，而且这种分析应该贯穿于城市品牌定位的整个过程。对竞争品牌分析的目的是与竞争品牌形成差异化，使城市品牌在消费者心目中树立一个区别于竞争者的独特形象和个性，研究竞争品牌的品牌定位、品牌关系、品牌功能、品牌影响力的优势和劣势，有利于城市找到定位的空隙，实现准确定位。城市品牌是建立在城市产品基础之上的，对城市产品进行分析是品牌定位的必要条件。城市产品分析的目的是明确产品能给消费者带来什么样的利益和附加价值，它包括对城市产品基本效用的分析、对城市产品质量的分析、对城市产品附加价值的分析，以及对城市产品使用对象的分析等方面。

对城市消费者、城市竞争对手和城市产品的分析不仅应体现在品牌核心价值的决策中，还要贯穿于城市品牌定位系统决策的全过程。消费者作为城市品牌定位系统的着眼点和归宿，任何一个环节的忽略都可能导致定位不符合城市消费者的需求；城市品牌定位其实也是一种竞争性定位，竞争性和价值性是它的两个主要特点，因此，除了在定位决策过程中要时刻研究消费者的价值外，还要不断关注竞争对手的反应；城市产品是城市品牌定位的基础，只有系统地分析、挖掘与城市产品有关的信息，才能找到最适合自身产品的品牌定位与传播方式。综上所述，对城市消费者、城市竞争者和城市产品的分析对品牌定位系统的构建与运行都起着重要作用，应该贯穿于城市品牌定位系统决策的全过程。

## （二）城市品牌定位系统转换因素

### 1. 城市品牌核心价值

城市品牌核心价值是城市品牌资产的主要构成要素，它在能够形成高度的差异化和鲜明的品牌个性，触动消费者的内心世界，消费者能够明确、清晰地识别并记住品牌的利益点和个性，是促使消费者认可、偏爱，乃至忠诚一个品牌的主要因素。城市品牌核心价值是对城市品牌定位的一种深刻诠释，其提炼应当建立在品牌定位基础之上。城市品牌核心价值的提炼只有在明确了品牌的定位后，才可能围绕这个定位去发掘，方能够得到目标消费者认可和接受，并对他们产生具有吸引力的品牌核心价值。同时，城市品牌核心价值也是品牌定位的基础和统率，只有确立了品牌核心价值，才能保证品牌定位实现预定的战略目标，从而保证城市品牌定位的系统性与持续性。因此，城市品牌核心价值作为整个品牌定位系统的核心，应该始终统率系统各要素的活动，以使各要素的运行始终在城市品牌核心价值控制的范围之内，这样才能保证城市品牌定位决策的制定与传播始终以品牌核心价值为核心和出发点，保证消费者在与城市品牌的沟通中时刻能感受到品牌的价值，加深消费者对城市品牌的印象和体验，以便在消费者脑海中树立起鲜明的品牌形象。

### 2. 城市品牌定位决策系统

为了使城市品牌在消费者心目中占有一个有利的位置，仅有品牌核心价值是不够的，因为品牌核心价值往往很抽象，不利于消费者理解和接受。因此，城市营销者应该采取措施将品牌的核心价值传播给目标顾客，与他们进行互动沟通，使城市消费者认同并偏爱自身品牌，这是个决策过程，主要涉及六个因素的定位决策。

### （1）顾客定位

城市顾客包括城市投资者、就业者、旅游者、雇员等群体，每种群体的需求和构成各不相同，因此城市营销者应该根据自己的战略规划，对顾客进行分类和评价，找出符合城市目标的顾客类型。成功进行顾客定位，有助于与目标顾客之间相互了解和沟通，从而确立独特的城市品牌形象和个性。

（2）利益定位

每个城市都有自己独一无二的个性和特色，可以带给城市消费者特殊的价值和利益，这些是竞争对手无法模仿和提供的。运用利益定位，在城市品牌众多、竞争激烈的情形下，可以突出自身品牌的特点和优势，让城市消费者按自身偏好和对某一城市重视喜好程度，更快速地选择品牌。

（3）情感定位

消费者除了满足品牌带给自身的功能效用外，还需要一定的情感效用，城市形象的确立和传播将会带给城市顾客某种情感体验。因此，顺应城市消费者的心理、情感、体验的变化，以适当的情感定位能够实现城市品牌与消费者的心灵共鸣，有助于提高城市顾客的满意度和忠诚度。

（4）档次定位

城市品牌是消费者对城市公共设施、城市区位、城市环境、城市文化、城市形象、消费者心理体验及其他各种社会因素的综合反映。不同的城市品牌在消费者心目中常常按价值高低被区分成不同的档次，顺应或扭转这种心理阶梯，可以寻找出最佳的定位档次。

（5）形象定位

城市形象是城市品牌的外在表现，是城市消费者最容易直观感受到的部分，所以城市形象定位一定要按照所处的区位特点、资源禀赋、历史特色、文化风俗等条件，塑造适合自身条件的产品形象，不能盲目抄袭和模仿。城市的建筑文化与风格、标志性景观，如城市雕塑景观或其民俗景观，要体现出城市的历史、文化特色，从而带给消费者不同的心理感受。

（6）文化定位

城市品牌只有具备了文化内涵，才能真正体现出自己的竞争优势，因为文化是一个城市在历史发展过程中逐步形成的，具有一定的地域性、独特性、历史性特征，是城市的灵魂，所以城市文化内涵也是提升城市竞争力的关键。城市品牌塑造应该从提升城市品位、丰富城市文化内涵着手，形成城市文化上的品牌差异。

（三）城市品牌定位输出因素

1. 独特的城市品牌个性

作为系统的输出因素，清晰的城市品牌个性是品牌定位所要完成的一个目标和结果，城市品牌个性的形成是城市品牌的所有因素集合起来在消费者头脑中的反映，而定位系统的作用就是要把城市的个性传播给消费者，并使他们在头脑中产生深刻的印象。因此，这种印象是城市品牌信息穿越消费者许多固有观念和认识，经过重重信息过滤所形成的一个消费者认为比较真实的综合印象，印象的真实性是以消费者的主观评价为基础的，带有很强的主观性和偏见性，但是这却影响着消费者对城市品牌的认识和决策行为。一个具有鲜明特征的城市品牌个性对一个城市来说至关重要，但是这种个性要经过消费者的认可和核实才能最终形成；否则，这种个性也不具有实在的价值和意义。

### 2.城市品牌资产

按照本书对城市品牌资产构成要素的划分，城市品牌资产可以分为独特的品牌核心价值、城市品牌竞争力、城市品牌形象力、城市品牌沟通力、城市品牌关系力五个构成要素，而城市定位系统对于形成独特的城市品牌价值，提升城市品牌竞争力、城市品牌形象力、城市品牌沟通力、城市品牌关系力都具有重要作用。正如前文提到的，城市品牌核心价值的提炼只有明确了品牌的定位，才可能围绕这个定位去发掘能够得到目标消费者认可和接受，并对他们产生具有吸引力的品牌核心价值。因此，城市品牌定位系统催生了其独特的核心价值。而定位系统所体现的与竞争对手在档次、利益、情感、文化等方面的差别，不仅有利于与竞争品牌形成差异化优势，还能塑造出独特的城市品牌形象。城市品牌定位系统与传播系统的有机整合，加强了信息与消费者的沟通，提高了消费者对城市品牌的认同度和满意度，从而深化了与消费者之间的关系。综上所述，城市品牌定位作为一个整合的系统，在其定位决策过程中要保持城市品牌核心价值的统率地位，使其他子系统能够相互作用和协调运作，建立清晰一致的品牌形象与个性，提高消费者对品牌的满意度与信任度，提高城市品牌资产的价值。

## 五、城市品牌定位的传播系统

城市品牌的定位决策比较关键，但这只是品牌定位系统中的一个环节，决策后的定位信息还应该通过有效的途径传播给潜在消费者，让消费者与城市品牌能够相互交流和了解，从而对城市品牌有所感受和体验，接受并认同城市品牌的定位。城市品牌形象传播系统能否有效运行关系到城市品牌定位信息能否与消费者实现沟通的问题，而这决定着目标顾客对城市品牌的了解度和认同度，进而影响到消费者的满意度、信任度和忠诚度，所以城市品牌形象传播系统的运作效率和效果对整个品牌定位系统都有着重要影响，更应该引起城市营销者的注意。

## 六、城市品牌定位工具

品牌定位的本质是在消费者心目中寻找到一个独特的位置，不论是产品品牌还是城市品牌，其品牌定位都要求塑造出自己的特色和个性，与竞争对手形成区别，因此，产品品牌定位的一些工具也可以应用于城市品牌定位之中。需要指出的是，三种常用的定位分析工具——定位图、排比图和配比图，各有所长。在城市品牌定位中，当一个工具无法实现准确定位的时候，可以综合运用三种工具，扬长避短，才能更好地发挥其作用。

### （一）城市品牌定位图

定位图，又称知觉图，是进行品牌定位时最常使用的一种工具，它是一种直观的、简洁的定位分析工具，一般利用平面二维坐标图对品牌识别、品牌认知等状况做直观比较，以解决有关的定位问题。其坐标轴代表消费者评价品牌的特征因子，图上各点则对应市场上的主要品牌，它们在图中的位置代表消费者对其在各关键特征因子上的表现的评价。通过定位图，可以显示各品牌在消费者心目中的印象及之间的差异，在此基础上进行定位决策。定位图应用的范围很广，除有形产品外，它还适用于服务、组织形象甚至个人等其他形式的定位。因此，也可以将这种工具应用于城市品牌的定位之中，科学地使用这种工具，会使城市品牌定位达到事半功倍的效果。例如，以居住和创业作为两个关键的特征因子，可以在图中直观地看出各个城市的位置，找出城市品牌之间的差异，从而确定自己的定位。制作城市定位图包括以下两个步骤。

1. 确定关键的特征因子

这是制定城市定位图的关键，它直接影响到定位图评价的效果和结果。由于定位图一般是两维的，因此要通过市场调查了解影响城市消费者购买决策的诸因素及各自的权重，然后通过统计分析确定出重要性较高的几个特征因子，再从中进行挑选。在取舍时，首先要剔除那些难以区分各城市品牌差异的因子，最后在剩下的因子中选取两项对城市消费者决策影响最大的因子。

2. 确定各城市品牌在城市定位图上的位置

选取关键因子后，随之就要根据城市消费者对各城市品牌在关键因子上表现的评价来确定各城市品牌在城市定位图上的坐标。由于从市场调查中得到的数据往往是相当复杂的，因此，需要借助统计软件包的计算机辅助，常用的是社会科学统计软件包（SPSS）。它提供了市场分析的许多方法，其中的对应分析和多维尺度能有效支持定位图的绘制工作。对应分析程序可将城市消费者对各城市品牌在评价因子上的数据转化为定位图。利用多维尺度也能得出类似的图形，但需输入的原始数据是城市消费者对诸城市品牌两两之间的相似或差异程度的评价，其生成的图形可以是多维的（在两种评价因子上做比较）。城市定位图直观地显示了城市消费者对各种城市品牌差异的认知。在图中，只要两点不重叠，就说明它们之间存在着差异，而纵、横向距离的大小则表示它们在这两方面特征因子差异的大小。若自己品牌与其他某些城市品牌的位置相当接近，则意味着在城市消费者的心目中，该城市品牌在关键特征因子上的表现缺乏出众之处。越是接近，就说明被替代的可能性越大，越处于不利地位，在这种情况下，就应考虑通过重新定位来拉开与其他城市品牌的距离以扩大差异。

此外，利用城市品牌定位图有助于寻找出被忽略的空白市场。城市定位图的空白部分不一定等于市场机会，只有存在潜在的需求才称得上是潜在市场。有时，图中定位范围空间较大，但具体定位于哪一点却不易把握。这时可以引入"理想城市品牌"的概念，即先确定目标消费者心目中的理想城市品牌，然后，将它在图上定位，以作为城市品牌定位参照。

城市品牌定位图是最常用定位图，因为它是二维图，所含的因子数量少，使图形得到最大限度的简化，从而带来高度的直观性和灵活性。在定位图上，各城市品牌之间的关系更为清晰，从而更方便分析。另外，城市品牌定位图也更好地表现出两种因子的相互关系，因此有时能提出双因素结合的定位。

### （二）城市品牌排比图

所谓排比图就是将特征因子排列出来，在每一因子上分别比较各品牌的各自表现，最后在此基础上进行定位。当城市消费者的需求差异越来越大，产品同质性越来越高时，作为定位基础的特征因子就也越来越多，这使得选择关键特征因子的难度越来越大，若从双因素分析发展为多因素分析，则不仅可降低选择因子的难度，还可更全面地进行分析。城市品牌排比图最大的特点是适用于多因素分析，有助于在特征因子较复杂时进行定位。但排比图的多个因子是平行排列的，对各因子间的关系表现得不够清楚，所以它较适合那些从单因子出发进行定位的城市。

### （三）城市品牌配比图

配比图的要素中最关键的是城市消费者应如何分群，这就涉及市场细分问题，每一城市消费者群即为一个细分市场，一般来说城市消费者分群的依据主要有两方面：一个是根据消费者的特征来细分，常见的有地理特征、人口统计指标特征（如年龄、性别等）、心理特征（如生活方式、个性等）和行为特征（如使用率、忠诚度等）；二是根据消费者追求的利益的异同来细分。但光靠配比图还不能直接确定出定位，在确定了目标消费者后，还要对其所注重的因子做进一步分析，才可确定出具体的定位。

城市品牌定位是城市品牌资产的开发、传播和维护的前提，定位不当或者定位失误都会使之后的努力付诸东流，因此，城市品牌定位具有战略导向作用。城市品牌塑造是否成功依赖于消费者的判断和评价，能否在城市消费者的心智中牢牢占据一定的位置是城市品牌定位成功与否的分水岭。品牌的发展经历了USP理论、品牌形象理论、定位理论三个阶段，在城市品牌的定位过程中，要遵循差异性原则、文化性原则、价值性原则、认同性原则、可持续性原则、动态性原则和务实性原则，同时要避免陷入以下误区：城市形象定位等同于城市品牌定位，城市品牌定位脱离实际，城市品牌定位缺乏个性，城市品牌文化定位的缺失，城市品牌定位缺乏持续的传播力。在城市品牌定位的结构分析中，需要对城市消费者、城市竞争品牌、城市自身产品进行结构分析，从而获取足够的定位信息。城市品牌定位系统的建立，为城市品牌定位提供了一个理论分析框架，借此可以为城市品牌的定位实践提供指导，而城市品牌定位图、城市品牌排比图、城市品牌配比图三种定位工具则为城市定位提供了方法论上的技术支持。

## 第三节　城市形象的内涵

城市形象是城市最大的无形资产，建设和管理好城市形象，将对城市的现代化建设产生强大的推动力。良好的城市形象，不仅可以提高整座城市的人文环境，提升市民的自豪感和认同感，更重要的是，其对发展旅游、招商引资、吸引人才、加快经济发展速度、提高城市地位和竞争力等方面，都有着至关重要的作用。

### 一、城市形象的概念

城市形象研究是以城市为对象，从人类感知和形态表象的角度对城市进行研究的一门新兴学科。到目前为止，人们对它的关注程度还不足以使它成为一门真正独立且成熟的学科。更多的时候，城市形象研究是作为城市学或形象学的一个分支和重要补充。但是尽管如此，随着中国城市化的快速推进，人们对城市形象的研究和关注仍然迅速高涨起来。许多研究者提出了对城市形象的不同理解。

### （一）规划学（美学）意义上的城市形象

一些学者从建筑规划和城市美学意义上界定"城市形象"，其中产生最大影响的当属美国学者凯文·林奇。他在《城市意象》一书，对城市形象及其组成要素进行了分析和研究。

在其城市意象理论中，凯文·林奇将城市构成要素概括为道路、边界、区域、节点和地标等五种类型。由此可见，他所谓的城市形象或城市意象是从城市建筑规划的意义上来定义的。其他，如奥姆斯特德的城市美化思想，希望通过在城市中心区域建设大规模的绿化和开敞空间，克服城市环境危机和改造城市形象；卡米诺·西特的城市建设艺术理论将城市形象建构的关注点返回到欧洲古典时期城市的美学理论观点；勒·柯布西耶的现代功能主义城市形象理论，主张用具有现代主义特征的路网系统和高层建筑对原有的城市形象进行彻底改造；弗兰克·劳埃德·赖特的"广亩城市"理论，提出在城市外围建立分散的住宅区和就业岗位，利用快速的交通网将这些区域联系起来，以改变城市过于密集混乱的状态；等等。这些学者无一例外地都从城市形态和空间结构思考和研究改造城市形象。他们的思想或多或少地体现在《雅典宪章》《马丘比丘宪章》《新都市主义宪章》等国际建筑界的共同纲领中，影响着城市形象特征的演变。因此，规划学或建筑美学意义上的城市形象，强调的是城市的外在美。

国内也有学者从建筑艺术和美学的视角来定义城市形象。如王豪将城市形象定义为"城市中事物的表象特征和外部形态特点，包括了城市一切复杂多变的表象特征，以及透过这些表象所能感受到的特定精神内涵"。他把城市形象的研究重点归结为四点：城市形象元素及其组织关系、城市特定的形象体系、多样有序的城市环境、传统城市形象符号。与上述形象理论相比较，其城市形象的内涵界定稍有拓展，除了城市的"表象特征"，还有城市的"精神内涵"。

### （二）文化学意义上的城市形象

城市是人类文化的重要载体，同时又是延续和发展文化的推进器。从古至今，城市与文化便一直难分彼此、水乳交融。城市往往以人口、物资、信息等要素的汇聚，广泛吸纳着其他地域的文化，传递着文化的各种最新信息，体现出城市的文化包容性。在文化吐纳中形成的全新的城市文化，散发出城市的独有魅力，使城市建立起一种复杂的外部形象特征。古今中外每一个伟大的城市，都因其独特的文化特征而形成自己鲜明的形象。"云里帝城双凤阙，雨中春树万人家"是盛唐时期的长安形象；"有三秋桂子，十里荷花"是北宋盛期的杭州；《清明上河图》《东京梦华录》描绘的是北宋末期繁华的都城东京（今河南开封）；

"十里帆樯依市立，万家灯火彻夜明"则是康雍乾嘉时期的汉口形象；卫城建筑、民主生活、悲剧艺术以及希腊哲学共同筑起了黄金时代的雅典城市形象；宏大的竞技场和水道、勤劳坚韧的罗马公民、骁勇善战的帝国军人构成了奥古斯都时期的罗马形象；音乐和狂欢是梅特涅时代维也纳的真实写照；雾气沉沉的天空、泥泞的街道、一本正经的商人和衣冠楚楚的绅士则让人想起维多利亚时代的伦敦；等等。

相对于城市建筑、道路等静态的、物化的城市"硬件"，城市文化、精神等动态的、充满活力的"软件"构建，往往更能深入人的骨髓与血液，并影响久远。"水光潋滟晴方好，山色空蒙雨亦奇"与"暖风熏得游人醉，直把杭州作汴州"的杭州形象，哪一个更让人记忆深刻呢？没有白居易的唐诗、苏东坡的宋词、苏小小和白娘子的动人传说，西湖能让人如此念念不忘吗？

因为文化的巨大穿透力，一些学者主张应从文化的角度来诠释城市形象的含义，认为它比其他城市形象要素具有更加突出的位置。卡斯特认为，城市在本质上是文化的产物，城市形象是城市文化的外部表现形式，通过城市形象特征能够传达出人类文明程度的高低。这里虽然仍把城市形象理解为城市建筑、道路等客观物态，但已经是浸润了城市文化精神的灵动的城市外貌。张鸿雁提出了"城市文化资本"运作和"城市新行为文化主义"的概念，将"城市形象"作为"城市文化资本"最核心的具体运作对象，从城市文化角度对城市形象建设进行了阐述。总体而言，文化学上的城市形象界定，更多的是从城市文化个性对城市形象塑造的重要性上展开的。因此在一定程度上，当城市以自己特有的方式把居民凝聚成一个文化统一体时（卡斯特所谓的"文化整合"），城市文化便成了城市形象的一个缩影。

## （三）传播学意义上的城市形象

虽然城市美学意义上的城市形象自城市诞生的那一刻就自然存在，但随着中国实行改革开放，经济、社会转型和城市化速度加快，原来封闭的城市发展体系逐渐被打破，城市经济与社会发展在提速的同时，由于城市与城市、区域与区域之间的竞争日益激烈，以及人们对城市政治、经济文化和生态质量的要求越来越高，城市发展的压力持续增强。为了顺应这种变化和要求，宣传和推广城市，塑造城市品牌，以实现城市经济与城市产品扩张，提升城市核心竞争力，逐渐上升到城市管理的议事日程和发展战略之中。20世纪80年代初，西方企业形象设计理论传到了中国大陆，其产品营销的相关理论与方法也逐渐被引入城市管理之中。传播学意义上的城市形象由此诞生。进入新世纪，中国城市之间的品牌竞争更趋激烈，城市形象的塑造与传播热潮，使传播学意义上的城市形象界定逐渐成为主流观点。

传播学意义上的城市形象，强调像营销产品一样推广城市，强调通过建立城市理念识别、行为识别、视觉识别系统完善城市形象体系，强调把外来的旅游者、投资者及其他城市利益相关者当作市场上的顾客，重视他们的需求和评价，并以此为依据调整城市形象。如刘易斯·芒福德在《城市发展史：起源演变和前景》一书中写道："城市形象是人们对城市的主观印象，是通过大众传媒、个人经历、人际传播、记忆以及环境等因素的共同作用而形成的。"中国城市形象工程推进委员会对城市形象的界定是：城市形象是城市内外公众对城市总体的、抽象的、概念的认识和评价，是城市现实的一种理性再现，也是城市同公众进行信息交流、思想联络的工具，代表了一种由个人或集体的意向所支持的现实。城市形象具有传播性等特点。朱玉明认为，"城市形象指的是能够激发人们思想感情活动的城市形态和特征，是城市内部与外部公众对城市内在实力、外显活力和发展前景的具体感知、总体看法和综合评价"。

与规划学（美学）意义上的城市形象相比，传播学中的城市形象更强调城市客观物态及其内涵对"市场受众"的吸引力；与文化学意义上的城市形象相比，传播学中的城市形象则更强调城市的品牌传播和市场价值，而不是城市的文化品位和审美价值。

总结上述几种城市形象的研究视角，城市形象的定义实际上可以归结为三类：第一是客观物态说，认为城市形象是城市景观特色，是城市性质、结构和功能的表现形式，如自然地理环境、经济贸易水平、社会安全状况、建筑物景观、城市公共设施等；第二是内在精神说，认为城市形象是城市的文化精神，是城市重要的无形资产，如历史文化传统、法律制度、政府治理模式、市民价值信仰、生活质量和行为方式等；第三是主观印象说，认为城市形象是社会公众对某一城市的主观印象和感受。如王莉认为，城市形象指的是人们在一定条件下对某一城市实力、活力、特色、前景的总体印象或综合评价，构成城市形象的要素主要包括城市的内在精神和外在实存两个方面。

这些定义从不同角度和层面揭示出城市形象的内涵，但都不够全面。如"客观物态说"揭示了城市形象的外在实存性，"内在精神说"强调了城市形象所蕴含的城市内在精神，二者分别从物质和精神层面关注了城市形象的客体性，但又忽视了城市形象的主体感受性。"主观印象说"强调了城市形象的主体感受性，同时在一定程度上兼顾了城市形象的客体性，但是在实践中容易陷入过于注重"市场"和"顾客"的需求，而忽视市民的主观感受，过度追求城市扩张，简单化制造城市"视觉盛宴"，习惯集中式、运动式的城市形象宣传攻势，缺乏长期战略规划，热衷模仿不善创造，造成千城一面、缺乏个性等形象的传播误区。因此，科学的城市形象概念应充分考虑城市的客观物态、内在精神及公众感受，着眼城市发展、变化及市民感受来进行界定。按照这几点要求，笔者认为，城市形象指的是城市物质景观、基础设施、经济发展、社会面貌、治理状况、历史文化等城市基本要素的符号化和社会公众及相关机构，依据其对以上城市基本要素的了解和理解而形成的对该城市的总体印象或综合评价。城市形象兼具主观性和客观性：作为传播内容的城市形象更强调客观实存，作为传播目标的城市形象更强调主观评价。客观实存的城市形象并不简单等同于城市的基本要素，而是一系列基本要素的符号化。美国大众传播学者法本曾经说过，"我们借着符号生活，生活符号是人们出于想传播的动机而创造出来的"。因此，符号化的城市基本要素已经超越了其原有的含义而具有了特定的物质和精神意义。主观评价的城市形象则强调了个体因了解和理解的差异而产生的不同印象和感受，也在一定意义上显示了城市品牌形象传播的重要性。

## 二、城市形象的特征

城市形象作为一个特定的概念，具有一系列特征。

### （一）整体性

正如美国城市学家凯文·林奇认为的，城市形象是多个印象的叠加。在众说纷纭的城市形象定义中，无一例外地都特别强调城市形象是人们对城市的总体印象和感受。虽然人们可能由于自身了解所限或其他条件限制，对城市的印象只能局限在一个或几个方面（譬如外地旅游者通过城市旅游景点对城市形成的印象等），但是这并不影响城市形象的综合性。

从内容看，城市形象包含城市发展的各个领域，涵盖了城市的物质文明、精神文明、政治文明和生态文明，并构成相互作用、相互依赖的有机整体。具体而言，城市形象包括城市政治、经济、文化、生态、市容市貌、市民素质、社会秩序、历史文化等方方面面。可以这样说，凡是能给人们产生印象和感受的有关一个城市的东西，就称得上城市形象的基本要素。例如，城市色彩、建筑物、道路、交通、店面、旅游景点、生活设施、市民行为、政府作风、文化氛围、风土人情，甚至方言、小吃、服饰等。以这些元素为基础，分别形成了政府形象、市民形象、环境形象等。在一定意义上，它们是城市亚形象，从而共同构成了整体性的城市形象。人们从北京的胡同和四合院、上海的里弄或石库门、武汉的里份、成都的宽窄巷子，形成对这些东西南北不同城市建筑的独特性印象；从北京烤鸭、上海生煎包、武汉热干面、重庆火锅，形成对不同城市饮食文化的深刻感受；等等。不同的亚形象，最终综合成整体城市形象。

从分析维度看，城市形象具有主体、客体、主客体关系三个维度。从主体的维度分析，城市形象是人们对一个城市的主观印象和感受，是一种主观评价。从客体的维度分析，人们对城市的评价是基于与城市相关的所有外在表现和内在特质，包括城市本身、城市政府及公职人员、城市企业以及其他机构、城市居民等，因而城市形象具有客观对象。随着社会交往的扩大和经济社会的发展，社会流动加快，城市之间的交流与竞争日益扩展，城市形象的主客体关系日趋复杂，不仅作为城市评价依据的内容大大增加，而且城市形象的评价主体越来越具有开放性，本市、本省、全国甚至国际上的人们都可能形成对一个城市的主观评价。而且在媒体十分发达的背景下，这种评价能以极快的速度在世界范围内传播并产生影响。因此，城市形象首先具有整体性特征。

整体性是城市形象的基本特征。城市形象包括诸多要素，公众可以从各个不同角度对城市进行认识和评价。城市在塑造自身形象时可以利用多种多样的媒介、方式和渠道；在城市形象建设过程中，也必须从多方面入手；在设计城市形象评价指标体系时，则须从经济、科技、文化、制度、道德、精神等多方面设立为数众多的指标。但是，社会公众综合多方面信息，往往对城市形成一个整体性的印象，城市传播各种信息的目的也在于让公众形成一个整体的统一的印象，从这一点来说，城市形象具有整体性的特征。塑造一个完善的、整体的城市形象，需要多方面因素的协同作用，一旦某一个维度上出现失误，就会破坏城市形象的整体性，导致整个城市形象塑造的失败。

## （二）差异性

每个城市在长期的历史发展过程中，都形成了各自不同的规模、历史文化、风俗习惯，并且各自的发展理念、方针、战略、规划也截然不同，所以每个城市的形象都呈现出不同的差异性。

这种差异性决定了任何城市都会有自己的地方特色，任何城市也应该有自己独特的个性。城市形象体现了城市的特点，体现了城市与城市之间的个性差异。某种意义上讲，个性鲜明的城市形象往往可以增强城市自身的竞争力，所以城市形象的塑造必须体现出一个城市的与众不同，体现一个城市的独特性。

城市数量成百上千，城市特征也千差万别。尽管在经济市场化和全球化的发展趋势下，中国城市在某些方面越来越表现出"趋同化"，但是城市的大量差异仍然客观存在。从超大、特大、大、中、小等不同的城市规模，到东西南北中的不同地理位置和自然禀赋，再到齐鲁、关中、荆楚、燕赵、吴越、湖湘、岭南、三晋等不同地域文化影响下的城市文化差别；从中央直辖市、副省级市和较大市、省辖地级市、省直管副地级市、县级市等不同的行政级别，到2000万、1000万、几百万、几十万、十几万等不同的人口总量，再到万亿、千亿、百亿、十亿、数亿元等不同的经济总量，城市的自然条件、历史文化、经济实力、发展战略、功能定位等千差万别，这些差异构成城市形象的基础。正是由于不尽相同的自身特征，每个城市的城市形象才具有了差异和特色。城市形象的最大魅力来自与众不同。北京与天安门，上海与外滩，杭州与西湖，武汉与黄鹤楼，在人们的心目中早已难分彼此。"这一个"城市与"那一个"城市，因为各自的特色与差异产生吸引力，被人们轻易识别。因此，城市形象的差异性首先是由城市自身的客观条件决定的。

"横看成岭侧成峰，远近高低各不同。"对于同一座城市，人们可能由于自身条件的差异和理解、分析问题的角度不同而形成不同的主观感受和评价，因而城市形象在不同人群中便产生出差异性。一样的城市，不一样的感觉。有人喜欢东湖的烟波浩渺、大气磅礴，有人则可能更喜欢西湖的小家碧玉、温婉可人；有人喜欢直来直去、热情似火的市民性情，有人则可能更喜欢含蓄委婉、沉静如水的市民风格。因为感受和评价主体的差异，便产生城市形象的差异。当然，城市形象的差异可以通过适当的干预加以调整和修正。

总之，城市自身差别所导致的城市形象差异使城市产生特色之美，评价主体差别所导致的城市形象差异，则使城市的管理者有可能通过各种努力积极扭转不利的负面城市形象，塑造和传播良好的正面城市形象。

## （三）主观性

城市形象虽然以城市具体生动的客观形态为基础，但终归是一种主观的感受和评价，因而具有主观性特征。城市形象的主观性表现为两个方面。

一个方面是城市形象的主观感受与传播。本地市民、流动人口、外来游客和投资者基于主观感受，对城市产生记忆，留下印象，并通过相互沟通交流而产生传播效果。本地市民的主观感受影响其对城市管理者的认同态度，并由此产生不同效果：好的印象会激发市民对城市的凝聚力和认同感，并由此认同城市管理；不好的印象则会促使市民反思城市管理的得失，并可能要求城市管理者改善管理策略、提高管理水平。流动人口对城市的印象可能决定他是愿意继续留在这里，还是远走他乡。曾经，高昂的房价、拥堵的交通、糟糕的空气、过大的压力，使很多年轻人选择了"逃离北上广"。但是，几年过去了，有些人又重新"逃回北上广"。其中的原因是什么呢？显然是随时间流逝，受其他变量影响而发生变化的人的主观判断。在一定时间内，共同的境遇使人们对"北上广"等一线城市产生的相似的负面印象迅速传播，并形成一种思潮，影响到不特定的年轻人；在一部分人返乡和回到二三线城市之后，不同城市之间的落差又使他们念叨起一线城市的优越性，从而产生较之以前截然不同的印象。外来游客和投资者由于自身条件和对城市了解程度的不同等原因，也会对城市产生不同的感受和评价。总之，不同的评价主体可能产生不同的城市形象，同一主体也可能在不同时间产生不同的城市形象，这充分体现出城市形象的主观性。

另一个方面是城市形象的主观塑造与传播。城市形象并非完全被动地取决于评价主体的单方意愿。城市形象虽然是以城市的自然条件、历史文化、经济实力、发展战略、功能定位等因素为基础，但是城市管理者完全可以有选择性地"趋利避害"，淡化和回避城市资源中的短板，通过主观努力刻画和塑造积极有利的城市形象。与传统城市缓慢的自然发展不同，通过人为的大规模改造实现快速扩张已经成为现代城市发展的基本特征。在快速城市化的过程中，很多城市在几年之间实现了城市面貌的"根本改观"。虽然城市化的"大跃进"饱受诟病，但是城市管理者在形象塑造中的主观能动性却客观存在。城市形象还可以通过各种途径的有效传播加以引导和改善。

## （四）标志性

作为对一个城市的综合评价和感受，城市形象因为不同的客观基础而表现出差异性。在这些差异中，有些差异较小，有些差异较大。但要使一个城市与其他城市看起来不一样，就必须有一种不可替代的差异性。这种差异性，就像产品的商标具有独特性一样，使人们容易识别，并产生对这个城市的美好联想。这就是城市形象的标志性。

标志性特征浓缩了一个城市的各种自然和人文资源，凝聚着城市资源禀赋的核心要素，突出了城市的比较优势。突出这个标志性特征的最好办法是设计一套城市的视觉识别体系，既能体现城市的独特性，又能使人产生深刻印象。巴黎与凯旋门和埃菲尔铁塔、纽约与自由女神像、莫斯科与克里姆林宫、悉尼与悉尼歌剧院、北京与天安门和故宫、武汉与黄鹤楼，都是城市与城市标志建筑的"黄金搭档"，它们之间紧密的关联性已经产生了广泛而恒久的影响。1955年以后，正是因为悉尼歌剧院这个奇形怪状的建筑带来的文化和经济效益，使得悉尼的城市形象得到极大提升，其风头甚至远远盖过了堪培拉和墨尔本。

20世纪，国内一些城市也开始搞了一些象征性城市标志，如评选市树市花、竖立城市雕塑、谱写市歌、制作城市象征物和简单的徽标。像大连的足球、深圳的拓荒牛、武汉的梅花、洛阳的牡丹花等。当时，由于人们对城市形象的认识还不全面，所以往往简单地从城市地理、体育、政治等方面思考城市标志。结果是全国一窝蜂地评选市树、市花、市歌，有的地方甚至还设计了市徽、市旗。1997 年 11 月，中共中央办公厅、国务院办公厅发布了《关于禁止自行制作和使用地方旗、徽的通知》。各地的市树、市花、市歌虽然不在禁止之列，但由于不能完整诠释城市的精神内涵和文化特质，无法承载城市的功能定位和发展战略，不能体现市场竞争的比较优势，因此渐渐被束之高阁甚至销声匿迹。进入 21 世纪，出于更加便利地传播城市形象的需要，国内很多城市开始积极制定城市形象标志，力图以简单、明了、生动的视觉方式向人们传达统一的城市印象与感受，提升城市价值和吸引力。目前，上海、深圳、成都、杭州、重庆、大连、青岛、济南、贵阳、长沙、威海、锦州、宜宾、赣州、赤峰等几十个城市制定了自己的城市标志（城市 LOGO）。虽然，一些城市标志并未能诠释出城市的核心形象价值，一些城市制定的也仅仅是城市旅游标志，但毕竟反映出该城市某一方面的独特性。如今，越来越多的城市加入征集和制定城市标志的行列，这表明，城市的管理者们越来越认识到城市形象标志性的重要性。

## （五）公益性

城市是人类生存和发展的重要单元，积聚了人类文明的各种成果，传达着特定国家和民族的文化特征与人文风貌。城市形象作为人们对城市的主观感受和评价，实际上包含着对城市发展现状的评价和对未来发展前景的期许。城市形象作为城市的无形资产，其优劣直接或间接地与生活在这个城市中不特定市民的切身利益息息相关。

首先，城市建筑规划、道路、交通、就业、住房、医疗、教育、人口、公共安全、收入水平、环境状况等决定城市形象的基础要素，直接影响市民的宜居感受和幸福指数。在城市化的浪潮下，即使是偏居一隅的小城市也日益面临"现代城市病"的困扰：城市建筑的趋同化、城市人口的过度膨胀、城市交通的拥堵、城市环境污染的加剧、城市传统文化的迷失、城市风险的日趋增加等。这些困扰影响着千家万户，解决这些问题、改善城市形象也绝不是若干市民可以办到的，而必须通过城市管理者的主导和努力才可能达成。城市形象改善的利好必定是惠及广大市民的。法国巴黎和英国伦敦是知名的世界城市，但又都受到移民问题的困扰。2005 年和 2011 年，巴黎郊区和伦敦分别发生严重骚乱事件，两个城市的形象严重受损。英国《太阳报》悲伤地写道："在伦敦奥运会即将开幕的一年时间里，我们的名誉在这个最糟糕的时刻受到了严重的破坏……这是绝对的混乱状态，它对生命和财产来说是严重的威胁。"这个报道指出了伦敦民众在城市形象灾难中同时受到的利益损害和威胁。

其次，从经济层面考量，好的城市形象可以增强本地区的发展活力和竞争优势，提高本地区的知名度和美誉度，提高城市对资金、人才、技术的吸引力，促进城市经济社会协调发展。在经济总量和可用财力增加的基础上，城市政府可以更好地解决城市发展中的一些矛盾和问题，提高市民的福利水平。如增加对公共交通、地铁的财政补贴，降低票价；加大对教育、医疗、养老、住房等民生问题的财政补贴力度；提高对城市弱势群体的补助水平等。反之，不好的城市形象会降低对外来资金、人才的吸引力，最终累及市民利益。如一些城市因为缺少产业支撑或产业呈现衰退而逐渐出现"空心化"现象，人口流失，缺乏活力。

最后，通过对城市历史和人文的挖掘、整理与保护、传承，形成具有地域文化特色、符合居民生活和审美需求、体现城市独特性的精神形态和物质形态的城市形象。城市的这种形象可刻画城市个性、弘扬城市精神、传播城市文化、陶冶市民情操，既体现城市的差异之美和文化之魅，又激发人们对城市的认同之感和亲近之情。市民既是城市形象的客体，也是城市形象的主体；既是城市形象的评价者，也是城市形象的感受者。

因此，城市形象就像指引城市发展的灯塔，光被全城，是全体市民共同受益的公共财富。城市形象与市民，一荣俱荣，一损俱损。好的城市形象有利于城市经济社会与文化协调、可持续和健康发展，也有利于增进市民的幸福感。城市形象一旦受损，城市和市民将共同受过。正是由于城市形象的公益性，城市管理者、市民、企业等相关利益方必须共同对它加以呵护。

### （六）可塑性

城市形象涵盖的内容丰富而复杂，无论是外在的客观物质形态，还是内在的文化意蕴，在城市的发展过程都不是一成不变的。在历史的长河中，城市内容和功能的点滴变化都离不开人的活动，集中反映了人类改造自然的成果。在城市的自然发展阶段，城市形象的人为塑造相对较少；而在现代城市发展阶段，人们对城市形象的改造与日俱增，超过了历史上的所有时期。在当代中国，无论是城市形象的差异性还是趋同化，都与人类对城市的刻意塑造密切相关。

作为客观物态的城市形象元素，城市的建筑、道路、边界、节点、标志物、空间及其组合关系、城市色彩等，无一例外地打下了人类创造活动的烙印。从秦汉的渔阳、魏晋隋唐的幽州、辽之南京、金之中都、元之大都、明清之北京，再到民国的北平、现在的北京城，北京的城市面貌在历史的进程中发生了天翻地覆的变化。伴随着这种变化，不同历史条件下的人的活动创造出形态各异的文化财富，并逐渐与城市的建筑等客观物态结合在一起，形成蔚为大观的文化形态，成为城市的文化之根和特定精神内涵。因此，可以这样说，城市是人类创造性活动的产物，立足于城市发展基础之上的城市形象，当然也离不开人类的塑造之功。

事实上，城市的每一个组成部分都能反映城市面貌，都能代表城市形象。现代城市管理者出于提高城市竞争力的目的，也往往根据现实需要有选择地对体现城市形象的各种元素进行取舍，并通过各种形式对城市进行包装和美化。如征集城市形象标志、城市旅游宣传口号、提炼城市精神等。至今，已有近百个城市提炼出自己的城市精神，有的城市精神甚至已经有了多种版本。例如，"爱国、创新、包容、厚德"的"北京精神"，"互信、互利、平享、协商、尊重多样文明、谋求共同发展"的"上海精神"，"敢为人先、追求卓越"的"武汉精神"等。城市形象具有可塑性。通过努力，人们不仅可以化解城市形象危机，而且能够创造城市发展的契机。

此外，城市形象还具有层次性和长期性的特点。城市的建筑、道路等反映出城市的直观面貌和视觉印象，城市公共管理效率和市民行为反映出城市的行为印象，城市的文化内涵和精神特质则反映出城市的软实力和文明程度。从视觉、行为到理念，人们对城市的印象由表及里、由浅入深，表现出明显的层次性。浅则易改，深则难于更张。因此，城市形象的塑造和传播绝不可以完全无视城市实际情况和城市发展规律，良好的城市形象必然需要长期的塑造和遵循规律的传播。

## （七）相对稳定性

城市形象一旦在公众心目中形成，便具有相对的稳定性。首先，城市的基础设备、建筑风貌等物质基础在短期内从整体上不会有很大的改变，而城市形象的树立在很大程度上依赖于城市的物质基础；其次，人们往往具有相似的审美观和好恶感，这也决定了城市形象具有相对稳定性；最后，社会公众改变对一个城市的集体印象，一般需要经历一个重新接受信息、重新评价新信息并重新感知被评价对象的复杂过程，因此，短期内公众对某一城市的形象评价具有相对稳定性的特性，这个特征在城市形象重新定位时表现最为突出。

## （八）综合性

城市形象是由多种复杂的因素形成的，其丰富的内涵表现为城市形象的综合性。从城市形象的概念中可以看到，城市形象既有具体物质要素，如城市的道路、桥梁、建筑、设施等；又有抽象精神要素，如城市的价值观念、发展方针等，这两方面的诸多要素共同构成城市形象的客观存在。

## 三、城市形象的功能

虽然规划学（美学）意义上的城市形象早已进入人们的研究视野，但是直到 19 世纪后半叶，随着生产力水平的提高和经济一体化程度的加深，传播学意义上的城市形象才逐渐被人们所重视。20 世纪 90 年代以后，随着西方城市营销理念的推广，国内各个城市对提升城市形象的热情史无前例地高涨起来。实际上，城市形象确实具有一些重要的功能。

### （一）凝聚和整合

人类历史发展的总趋势就是城市化，人的生存乃至全部生活方式逐渐向以城市为中心的特定区域集聚，在这个过程中，城市在物质和空间上发展得越来越多、越来越大，并以特定的城市精神凝聚起居住在城市中的市民的忠诚度和荣誉感。

不同于传统城市的是，现代城市是一个开放系统，它既对外吸收资金、信息技术、人才等要素，也对外输出各种要素。在城市竞争日益激烈的时代，城市之间比拼实力主要取决于城市吸收各种要素和释放城市影响力的能力。通过塑造良好的形象，树立共同的目标，提炼共同的精神，人们可以最大限度地实现一个城市的内部整合，使城市更有感召力和凝聚力。对于普通市民来说，再宏大的经济社会发展雄心，再具体的经济社会发展指标，都与他们的日常生活离得太远。反而是一个形象生动的城市标志，一句韵味十足的城市精神表述语，一条激动人心的城市宣传语，更能够激发他们作为城市主人翁的责任心和自豪感，也更能鼓励他们积极参与城市形象的建设与维护，为城市的经济发展和社会进步做出贡献。近几年，国内一些城市大张旗鼓地面向全省、全国甚至全球征集城市精神表述语、城市标志、旅游宣传语等，虽然很多地方最后宣称并未能征集到中意的作品，但是一些城市似乎乐此不疲，有的城市甚至隔两年就要征集一回。其原因何在呢？其实，醉翁之意不在酒。征集的过程虽然面向全国、全球，但是城市管理者借助本埠传媒做足了文章，一次征集活动往往发动和吸引了几十万、上百万的市民参与。如北京城市精神征集活动吸引了 290 多万群众投票评选。因此，通过发动市民参与征集活动，实际上能起到凝聚市民智慧、整合市民力量、激发市民热情的作用。这正是城市形象凝聚和整合功能的生动体现。

### （二）传播和识别

世界旅游业理事会秘书长李普曼认为，城市形象将决定旅游业的发展，而旅游业又直接与城市经济发展产生联系。城市形象的这种促进作用，正是其传播和识别功能的体现。

城市形象的识别功能源于其差异性。虽然快速城市化使人们发出了城市趋同和千城一面的慨叹，但是世界上绝没有两个完全相同的城市，一个城市总是会在某一个或几个方面表现出与另一个城市截然不同的独特性。这种独特性使城市产生独特的形象魅力，吸引着外部的公众。人们经常说，旅游就是外地人到本地人看厌了的地方来观光。因此，城市形象最重要的意义就是发现和渲染城市的差异性和独特性。

城市形象还具有对外的传播作用。对一个城市而言，城市形象既可能通过旅游者、投资者的人际关系实现被动传播，也可以通过城市有关各方的努力进行多途径的主动传播。由于被动传播的不可控性，城市管理者应该更加重视主动传播。被动传播可能产生两个层面的传播效应：压力效应和动力效应。不利的城市形象对城市管理者和市民产生一定压力，并可能转化成改善城市形象的动力。

主动传播通过对城市客观物态和文化内涵加以选择地烘托渲染，可以产生两个层面的传播效应：吸引力效应和竞争力效应。通过城市品牌形象传播，充分展示自我，让外界了解城市，促进城市对外开放，加深与国内外其他城市和地区的合作与交流，在分工与协作之中获得大量资源、信息、资本、人才、技术和市场，增强城市的吸引力，并在此基础上提高城市在市场经济中的竞争能力。近年来，拍摄城市形象宣传片、广告片，进行城市旅游推介等活动风生水起，一些地方不惜财力在国家级甚至国际媒体投放宣传片、广告片。由此可见，人们日益认识到城市品牌形象传播功能的重要意义。

# 第二章　城市品牌形象的构成要素

## 第一节　城市品牌形象的视觉符号

### 一、城市视觉符号的概念与特征

#### （一）城市视觉符号的概念

《现代设计辞典》对视觉符号（Visual Sign）解释："它是使抽象信息的传播得以实现的可被视觉所感知的符号。视觉符号是符号中的一种，具有符号的一切共性。它的主要特点是：①具有确切的、与欲传播的信息完全相同的内容；②具有诉之于视觉的形式。它是视觉传播的主要手段。属于视觉符号的有照片、图表、图形、图像、箭头、文字与图形文字等。"

广义上的城市视觉符号应该囊括了城市所有的二维和三维物象符号，包括了城市标志、城市导识、城市色彩、城市空间环境等。狭义上的城市视觉符号是视觉传达意义上的城市视觉符号，包括城市标志、城市象征物。城市视觉符号是城市视觉识别系统的核心，通过符号化的文字、图形、色彩等视觉元素，将复杂的城市信息简约地、理性地、条理地、有序地传达出来，从而提高城市形象识别能力，使其能够在信息社会中迅速发展，增强竞争力。

城市品牌形象是城市品牌的视觉化、可视化与可体验化。城市品牌形象是一座城市内在综合实力、外显表象活力和未来发展前景在公众心目中形成的对城市的具体感知、总体印象和综合评价。

城市品牌形象是城市精神系统、行为系统、视觉系统和空间环境系统等的有机统一体，是在调研基础上，综合城市历史及现状进行客观定位，以长远的目光来发展和建设城市。

阿尔多斯·赫荷黎在其著作《观看的艺术》中提出："感觉＋选择＋理解＝观看。"他认为，能够看清楚的往往是能够想清楚的结果，并强调了从"看"到"看到"的过程。在城市品牌形象塑造中，城市视觉符号所表达的不仅有在表面上所描绘的各种视觉符号，还有隐藏在视觉符号背后的意义。

### 1. 城市标志与城市视觉符号

象征物是表示某种抽象概念、特殊意义和思想感情的实体符号。风俗习惯中的许多行为方式都具有一定的象征意义，象征物也是一种社会规范和角色的外部标记。其形式通常有语言符号、仪式动作、建筑形式、服饰、特定的动植物和自然现象、手工制品等。各民族或团体选择哪些事物作为象征，与其文化背景有关。

城市象征物是城市中非物质化的精神与理念，依附在某种物质形式上，或者借助于物质形式传达给人以心理的暗示。

城市象征物一方面可以弥补城市标志对城市形象塑造的不足，能够更加丰富城市视觉符号的内涵；另一方面，城市象征物的典型形象可以物化，直接进入城市标志，组成城市标志系列。

### 2. 视觉化城市

21 世纪被称为信息时代，人们更愿意以视觉的形式接收信息，所以又被称为读图时代，实质上就是符号时代。无论是在产品设计上，还是在城市建设上，信息的可视化、图标化已成为不可逆转的发展趋势。信息的视觉化指的是，以图像符号为构成元素，以视知觉可以感知的形式为外在表现形态，把非视觉性的东西图像化，人们可以通过符号化的形态、色彩等视觉元素轻松快捷地获取信息。同样，城市形象是视觉可以感知的，依据视觉传达设计原理，通过符号化的图形、色彩等，将城市的信息转化成视觉形式。城市形象的视觉化，正是通过城市视觉识别符号系统实现的，是从美学的价值上，形成社会象征意义。城市视觉符号承载着城市的文化内核，以象征性的视觉语言和特定的视觉形态，将城市的信息快速、准确地传播给社会公众，社会公众也是通过城市视觉形象符号识别城市。城市视觉符号运用其独特的视觉语言形式，能够跨越文字语言和地域的局限，瞬间引起人们注意，达到形象的识别并产生深刻的记忆。城市视觉符号一旦得到了人们的认同，它所表现出的信息传播功效就远远超越了文字语言的功效。

视觉化城市就是将城市的本体文化、精神内涵等诸多信息转换成可视的视觉识别符号系统，以解决人们的方向迷失问题、规范人们的行为。城市形象的塑造依赖于城市视觉识别符号系统，城市形象的识别也依靠视觉识别符号系统。视觉化城市已成为信息化时代现代化城市发展的必然趋势。城市视觉识别符号系统作为城市信息的载体，也是视觉化城市发展的必然产物。城市视觉识别符号系统，不仅构成了城市的视觉形象，也构成了城市视觉识别的语言基础。

## （二）城市视觉符号的特征

城市视觉符号能否全面地、准确地概括城市形象，是否能够代表城市形象进行推广，是否具备长期性、规划性，是否获得城市居民的普遍认同感、亲切感，都值得我们进一步研究和商榷。

借鉴众多国内外城市优秀的视觉符号设计，结合艺术设计的相关理论和城市规划与建设经验，城市视觉符号的设计应该具有以下特征。

### 1.易识别性

易识别性是城市视觉符号设计的最基本的特征。识别性是易辨性和易明性的总和，识别性要求事物的独特性。城市视觉符号正是运用简约、清晰、准确而生动的图形语言，传达复杂的城市信息，让人容易理解、乐于接受，这样视觉传达效果才能发挥"形象竞争"的强烈冲击力。对城市视觉符号来讲，识别性增强了其存在的价值。

目前，大多数城市都是缺乏特色的，给人"似曾相识"的笼统印象，具有个性特色的城市似乎不多。这是一个靠形象赢得机会的时代，与企业形象识别相同，城市视觉符号的最突出的特征就是识别性。好的设计使人识别事物，同时表现其个性，不仅是现在，甚至未来的个性也需要表现。城市视觉符号特点鲜明，并且容易辨认、记忆含义深刻、造型优美，能凸显城市个性，区别于其他城市，使公众对城市留下深刻印象。塑造城市视觉符号的目的，就是为复杂的城市形象提供一种经过升华凝练的印象符号，使公众透过视觉形象符号，把握城市的本质特征，把某座城市与其他城市区别开来。

### 2.差异性

差异指事物之间的相互区别（外在差异）和自身区别（内在差异）。城市视觉符号的差异性，主要指外在差异，指的是存在于城市彼此之间的不同点，表明世界上没有绝对相同的事物，任何城市都各有自己的特点，即与其他城市的视觉符号有鲜明的差异。任何城市形象中，都蕴藏着城市过去的历史遗迹、城市现在的文化特质和城市未来的战略规划，城市视觉符号使人能够感知城市形象鲜明的个性，具有明显的差异性。城市本身就存在差异，而城市的差异是通过视觉差异体现的。斯宾格勒说过："将一个城市和一座乡村区别开来的不是它的范围和尺度，而是它与生俱来的城市精神和独具匠心的城市个性。"

在当今社会，一个有个性、有精神的城市才是最具发展潜力的城市。随着城市现代化建设速度的加快和城市之间频繁的交流，当今城市形象的同质化现象更加明显，只有挖掘"不同"的内涵、塑造"不同"的形象，才能以个性化的特色更清楚地凸显自己。例如巴黎是"时装之都"，维也纳是"音乐之城"，威尼斯是"水上乐园"……

城市视觉符号是城市自身各种特征在某一方面的聚焦和凸显。这种特征往往是透过文化这个深度层面折射出来的，它可以是历史遗留、自然所有、社会需求等多种因素积淀的结果，也可以是经济的、政治的或民族的。只有依据城市存在的差异基因，坚持城市视觉符号的差异化特性，创造城市视觉符号的差异性特色，才能吸引城市市民的关注，并使人们产生与城市形象的共鸣。因此，我们只有对城市形象进行准确的定位，才能获得特色鲜明、独一无二、个性化的城市视觉符号，才能更好地使城市相互区别，独立于世界城市之林。

3.对应性

对应指的是事物之间的彼此对照和呼应的关系，又称呼应。城市视觉符号的对应性指的是，城市视觉符号与城市精神、内涵、文化等的"一致性"和"呼应性"，也是城市视觉符号的形式和意义的完美结合。

城市视觉符号的设计不是几个设计人员闭门造车、自我陶醉地搞创作，而是要植根于城市的地域文化，与城市的政治经济、民族历史文化、地域环境等特点相对应，塑造具有该城市特色的城市视觉符号。从人的心理需求出发，考虑人在环境空间里的视觉感受，符合人们的时空感和审美感。关注人们对美的本能渴望，在设计过程中与形式美法则相对应。

从城市的文化特征、精神内涵、本体特征出发，在充分进行市场调查研究的基础上，设计出与城市核心理念相对应，同城市定位相一致的视觉形象符号，从而使其既能与城市的文化特征、精神氛围相对应，又能与城市的市民心理需求相对应。

4.象征性

象征性是城市视觉符号设计的主要表达手段。象征指的是对某一复杂的事物或抽象的思想与概念等，用某一与之相关联的物象或词汇来代表它的意义。

城市视觉符号的象征性侧重以象征手法通过具象或抽象的图形来传达城市的理念内涵。孔子云"圣人立象以尽意"，是较早谈及意象的言论。

阿恩海姆在《视觉思维》中谈道："在任何一个领域，真正的创造性思维活动都是通过意象进行的。"城市视觉符号的设计，从某种程度上说，是寻找意象的过程，意象的形成过程就是通过理念与形象的和谐结合，把感知的东西变成视觉语言，即是一种"立象以尽意"的过程。

城市视觉符号是城市中那些非物质化的精神与理念，往往依附在符号的形式上，或者借助于符号形式，给人以心理的暗示得以传达，这就是城市视觉符号的象征性。城市视觉符号是城市独特、鲜明的标志性象征物。从某种意义上来说，它就是城市的一张名片，它传递和演绎着城市所特有的灵魂和形象，逐渐成为一座城市的代表，成为一座城市不可泯灭的象征。

## （三）城市视觉符号的相关学科原理

城市视觉符号不仅是一种视觉语言，而且是一种有意味的形式。它最终的目的就是迅速准确地传达城市的信息，为城市建立良好的视觉形象。由于城市视觉符号主要传播视觉信息，因此，就必须要考虑到信息传达的有效性、准确性，同时，要易于受众认知和记忆。若要城市视觉符号具有强烈的视觉冲击力，就必须可辨性高、信息完整，并能够使公众产生美好的联想。目前，城市视觉符号的设计和视觉心理、语言符号、艺术造型等多个学科交叉。因此，从视觉传达设计的角度，探讨城市视觉符号设计的相关学科原理，可为城市视觉符号系统提供一种设计方法和设计思维。

### 1. 格式塔心理学原理

从视觉心理学的角度来看，城市视觉符号就是让人们通过视觉感官在大脑中形成关于城市的整体印象，简而言之，就是对城市的一种知觉，即城市形象的再现。那么，对知觉进行的一整套的心理研究并由此产生的理论就是格式塔心理学，也被称为完形心理学。格式塔心理学产生于20世纪初的德国，"格式塔"是德语"Gestalt"的译音，表示一种经由知觉组织或建构的"形"，或称"经验中的整体"。"格式塔"这个词最初由奥地利哲学家埃伦费尔斯在1890年提出："其有两个本质特征：指的是它虽然由各种要素或部分组成，但并非所有成分的简单相加，而是一个独立于这些成分的全新的整体，大于各部分之和；它具有不变的质量，即'格式塔质'，即使构成它的各种成分均改变，它也依然存在，仍能为知觉意识辨认出来。"

从以上对格式塔含义的描述中可以看出，所谓"形"，乃是经验中的一种组织或结构，而且与视知觉密不可分。格式塔心理学的代表人物之一——美籍德裔心理学家库尔特·考夫卡认为："每一个人，包括儿童和未开化的人，都是依照组织律经验到有意义的知觉场的。"从中不难看出，格式塔心理学对人的知觉做了详尽的研究。如果说眼睛是心灵的窗口，那么心理学与设计就必然存在某种联系。我们对某些图形的认知及视觉理解，与人的心理有着非常密切的关系，而对心理学某些原则的了解，则有助于我们对设计的整体把握。

（1）图底（Figure- Ground）原则

图底原则是格式塔原理中最基本的原则，即在人的知觉系统中，最基本的一种知觉能力，是在图形与背景之间做出区分。究竟如何将图从底中分离出来，一方面取决于设计者根据自己的意图运用平衡原理对形的铺排；另一方面取决于观看者的知觉判断能力。"观看者的判断，主要根据某些形的突出程度，但突出程度又是通过加强某些形的色彩和轮廓线的清晰度和新颖度，内部质地的细密度，以及对其大小、粗细等的适当掌握决定的。"就像我们比较熟悉的埃德加·鲁宾在1921年用自己创造的实验心理学图形"鲁宾之杯"形象地揭示了图底关系的视知觉现象。同时，他在研究的基础上还总结出了许多图底关系的规律："封闭的面更易被看作'图'，而它之外的部分已被看作'底'；有清楚形状与轮廓的部分易被看作'图'，而没有形状、轮廓的部分易被看作'底'等。"

当然，很多情况下图底所形成的独立的知觉整体，两者都含有信息并能够产生视觉刺激，它们会随着人的视觉焦点改变而相互转换。因此，城市视觉符号能够以最简约的视觉形式传递出最丰富的信息，并增添了趣味性。

（2）闭合（Closure）原则

闭合原则是完形心理学的核心概念，指人可以把不连贯或有缺口的图形尽可能在心理上使之趋向一个整体。这种现象说明人的心理有着某种推论的倾向，在某些情况下知觉有着使轮廓线弥合而形成完整的图形知觉的趋势，将有间隙的图形组合得更加紧密或单个图形单元更加完整的倾向。

城市视觉符号的视觉形式比较简洁，所以运用的视觉图形要能够引起观者的思考或互动。依据闭合原则能引发观者的好奇心和观者产生互动，利用视觉心理使观者自己把图形补充完整，这样就能吸引观者的注意力，也使城市视觉符号的形式更加丰富，使观者在观看的同时留下深刻印象。

（3）简洁（Simplicity）原则

简洁原则指的是："人们往往根据由过去的经验所形成的预期，有意识地简化他们感知的东西。"格式塔心理学对视知觉的研究成果表明："人们在感知不完整、不规则的图形时，总是想竭力改变这些图形，使之成为完美简洁的图形，对获得信息总是按照心理追求简单化的原则进行加工处理。"这一心理追求简单化的原则要求我们呈现给人们事物时，并非都要把事物整体形象表现出来。

格式塔心理学家认为，眼睛只能接受少数几个不相关联的整体单位，如果一个格式塔中包括太多不相关的单位，眼睛就会试图将其简化，把各个单位加以组合，使之成为一个知觉上易于处理的整体。否则，整体形象将无法被正确感知，这种形象势必会被人们忽视，以致拒绝接受。城市视觉符号设计中应该注意应用简明规则，让观者自己将不完整的图形通过心理感知使图形连接，使城市视觉符号给予观者更多的想象空间。

（4）解构（Deconstruction）原则

解构指的是对图形分解重构，是将某些完整的图形进行分割，或将其分割后的独立元素重新组合，进而创造出更为新颖的视觉形式。解构是格式塔原理应用于城市视觉符号设计的又一个方面，打破常规依据人的"完形"心理进行反向设计。依据解构原则，城市视觉符号在设计过程中，应强调元素的综合协调，并利用形式美法则创造出内容更加丰富、形式更加多样的视觉图形。

格式塔心理学视知觉理论明确地提出：眼和脑的作用是一个不断组织、简化、统一的过程，正是通过这一过程，才产生出易于理解、协调的整体。特别是在城市视觉符号的设计中，视觉图形应尽可能紧凑、简洁、完整，并能够把城市形象完整地展现于公众面前。城市的信息能否被公众接受，这和城市视觉符号的设计能否和人的视觉心理信息接收能力相吻合。因此，基于格式塔原理的视角下，并在了解人的视觉感觉与知觉特点的基础上，更加优秀的城市视觉符号才能被设计出来。

2. 符号学原理

德国著名哲学家恩斯特·卡西尔在他生前发表的最后一部著作《人论》中提出关于人的定义："人与其说是'理性的动物'，不如说是'符号的动物'，亦即能利用符号去创造文化的动物。"这一著名观点，阐述了人与动物的区别是人能创造符号，并揭示了符号化思维与符号化行为，是人类生活中最具有代表性的特征。事实正如恩斯特·卡西尔所言，我们生活在一个充满着符号的世界。

（1）符号的"双层"结构

符号学的概念是瑞士语言学家索绪尔在1894年提出的，虽然他是从语言学的角度来研究"符号"的，但是，今天对视觉符号的研究同样具有实际的指导意义。依据索绪尔的学说，"符号是由能指和所指构成的统一体。也就是说，符号的二元关系能指和所指结合构成了符号"，说明符号具有"双层"结构的特征，城市视觉符号也是如此。

符号具有符号形式和符号内容两种基本属性，符号的能指是通过符号形式表达出来的，符号的所指是通过符号语义表达出来的。符号的能指与所指构成了符号的底层与上层的"双层"结构，符号的"双层"结构每个部分都有自身的组合规则。符号的底层结构是城市符号的物质基础（符号的"形"），底层结构的符号形式是上层结构赖以依存的媒介。视觉符号的形式就像文字语言符号中的字母和笔画一样，都是为符号语义准备的物质基础，而符号的上层结构则是由物质基础所构成符号形式所承载的精神内涵——符号的意义。

（2）符号的"形"与"义"关系

通过对城市视觉符号"双层"结构的分析，我们清楚地知道，城市视觉符号设计中的"形"与"义"不是孤立存在的，而是相互依存、密不可分的。"形"必须能够承载"义"，它才能称为符号，"义"必须依附于"形"，否则，无法传达，即"形"可生"义"，"义"可塑"形"。阿恩海姆有关"所有的形状都应该是有内容的形式"论述，就精辟地反映了城市视觉符号形式与符号语义二者之间的关系。

在城市视觉符号设计中，城市视觉符号的外在形式是语义附着的有力载体，而语义的准确传达又是通过图形和谐的组合才能实现的。城市视觉符号的底层基础元素通过组合构成符号的物质形式，而符号形式因为城市的特性生成了具有特殊信息内涵的符号语义。根据尹定邦先生的观点：一方面，"用图形去吸引意义"；另一方面，"由意义去创造图形"。这就是说，在完成城市符号形式的同时，也建构了符号的语义和符号本身。从某种程度上讲，设计的过程就是符号化的过程，就是赋义赋值的过程。通过符号化过程，也使得符号的形式与语义、符号的能指和所指、符号的底层和上层结构有机结合为一个不可分割的整体。

人类对城市视觉符号语义的解读，首先取决于视觉的感知，然后通过大脑的分析与想象，辅以一定的文化知识、审美经验得以认知，从而实现城市符号与受众之间的视觉沟通与互动，城市符号的意义也旨在于此。

城市视觉符号作为一种视觉语言，与文字语言有着共通性，是人类社会文化与思想沟通、互动的有效传播媒介。从视觉传达的角度上来讲，城市视觉符号以其独特的、准确的、简约的方式，将城市复杂的多元信息，清晰有序地传达出来。人类是通过视觉感官接受城市符号所承载的文化与内涵信息，同时，也是依据符号学原理进行语义的解读。

## 二、视觉符号与城市品牌形象的关系

对于一座城市来说，视觉符号是城市的一张名片，是城市营销的手段，是市场竞争的原动力，有时候甚至可以改变一座城市的命运，带动经济的飞速发展，有效提高城市居民的生活质量和水平，甚至对城市形象也产生了深远的影响。通过这些视觉、声音、颜色、形象等各种各样的符号，成就了众多伟大的城市品牌形象。城市不仅表达着生活，也表达着秩序、观念和文化。所谓"城市视觉秩序"是通过对城市视觉符号、建筑景观、户外广告等各个视觉元素的统筹和总体把握而形成的视觉结构，表现为城市外在视觉的有序性。

今天的视觉符号不单是一种广告载体，它还发展成为一座城市视觉形象中重要的亮点，是一座城市商业文明重要的组成元素，更是流露和体现了城市大众的审美品质。中国城市快速发展，在创造了无数奇迹的同时，城市同化现象也尤为严重，城市建设过程中，大量无序、低质量的视觉符号，剥夺了人们享有视觉的权利，造成城市信息的无效传播，视觉污染无时不存在于我们生活的环境中。许多原有的城市个性和符号，完全被无关的元素所取代，从而丧失了自我特性，使得城市变得不伦不类，缺乏个性。国内众多城市品牌的建立，应该在保护城市文化内涵和特征的基础上，构建合理的视觉秩序，建立具有城市个性的视觉符号品牌。

## （一）视觉符号改变城市面貌

优秀的视觉符号能够反映一个城市的概貌，更是带动城市发展的主要因素，"北京故宫""上海东方明珠""哈尔滨冰雪世界""新加坡鱼尾狮"等这些符号，在人们心中已成为各个城市最受瞩目的标志，它们寓意着不同的文化和生活观念，传达着厚重的历史信息和时尚脉动，让各自的城市品牌犹如新生一般活力无限。

香港素来被中外游客称作"购物天堂"，在香港购物无论是货品种类、价格还是服务，都是世界知名的。香港在近年重新审视自己在亚洲的地位和角色的基础上，隆重推出"亚洲国际都会"的品牌形象。在推行城市营销时，吸纳了世界众多一流的机构合作，保证了项目参与者的水平，项目运作的科学性、专业性，为最终的成功提供了保障。

## （二）品牌唤醒城市活力

品牌可以唤醒一个城市的活力，面貌更新了，城市自然就"活"了起来，人们也会变得更加从容自信，进而增强城市的凝聚力。这些优秀的、高质量的、世界性品牌的建立，意味着享有全球声誉和稳定的拥护者，为城市的长远发展注入了新的活力和生机。因此，在竞争日益激烈的今天，城市只有有效地运用自己的视觉符号语言，向世界提供高质量的城市品牌，才有可能创造出完美的城市形象，才会让城市拥有持久的生命力。

### （三）生态符号增添城市魅力

当今世界，城市扩展往往以牺牲自然环境为代价。随着生态环境日益受到关注，城市生态面临着"保护与发展"的问题。城市是众多符号的载体，保护生态环境是每个国家、每座城市的责任和义务，这也是构筑城市品牌战略的具体行动。

人类创造的古老文化与地球上的风景名胜，以及各类遗址古迹，这些生态符号美化了大自然的生态景色。创造绿色、低碳的生态环境，是每个人的责任和义务，绿色环保的城市生态符号不仅增添了城市魅力，也提升了城市品位。

## 三、视觉符号在城市品牌形象设计中的应用

### （一）从不同文化背景下看城市品牌中的视觉符号

#### 1.国内城市品牌的视觉符号现状

没有视觉符号的城市，等于一座没有生命的孤城。视觉符号让城市体验了生命的诞生。目前，国内许多城市逐渐开始意识到了城市品牌的重要性，以及视觉符号的影响力。全国有上百座城市正以视觉符号为突破口，着手进行城市品牌形象塑造，使得城市品牌的创建工作开展得有声有色，并在符号的理论与实践方面都取得了很大的成绩。

举例来说，湖南汨罗的城市标识以龙舟为主体，提炼出自己的视觉符号语言，它预示着汨罗作为一座新兴的城市，承载着悠久而沉重的历史文化，不断奋进，勇往直前，整个标志从图案到字体，都运用了一种古朴的风格，张扬城市的个性。

#### 2.西方城市品牌的视觉符号现状分析

众多欧美发达国家，对城市视觉符号的研究十分关注，并且巧妙地用它来塑造自己的品牌城市。波德莱尔曾将巴黎形容为"一座热闹非凡，充满梦想的城市"。大巴黎是法国的城市建设规划方案，就是通过扩建、美化、整形，将巴黎改造成"后京都议定书时代全球最绿色和设计最大胆的城市"。在80岁高龄的法国摄影学者高特兰的心中，巴黎是一座他"从未离开"的城市。由他编撰的摄影集《巴黎，一座城市的肖像》一书中，承载着他对这座城市的深深迷恋，呈现的是一本关于巴黎的美妙视觉符号之旅。

### （二）视觉符号对城市品牌形象设计的影响和意义

对于一座城市来说，视觉符号是城市的一张脸，是城市营销的工具，是城市文化的载体，是市场竞争的撒手锏，是城市发展的催化剂，是振兴城市经济

的原动力。它可以改变一座城市，带动城市经济的飞速发展，有效地提高城市质量水平、品牌效应，甚至对国家形象也会产生深远的影响。正是通过这些视觉、声音、颜色、人物形象等各种各样的符号和城市居民在精神层面上的沟通，才成就了伟大的品牌城市。视觉符号可以改变世界，改变时代，改变城市，改变你我。

### 1. 视觉符号捍卫城市秩序

城市不仅表达着生活，也表达着秩序、观念和历史。所谓"城市视觉秩序"是对城市内在结构和特征有规则的外化，是通过对城市视觉符号、建筑景观、户外广告等各个城市视觉元素的统筹和总体把控而形成的视觉结构，表现为城市外在视觉呈现的有序性。这些元素间的比例关系、视觉秩序、质量等是判断一个城市品质优劣的核心。在这种关系中，任何一个元素的快速扩张和发展，将直接影响整体城市空间的视觉关系，就像人口膨胀会压迫城市空间，使人们的生活空间质量下降一样。

视觉是城市居民的一种权利。今天的视觉符号不单是一种广告形式载体，它还发展成为一座城市视觉秩序中重要的亮点，是一座城市商业文明非常重要的组成元素，更是流露和体现了城市大众的审美品质。中国城市快速发展，在创造了无数奇迹的同时，城市同质化现象尤为严重，城市建设过程中，大量无序、低质量的视觉符号，剥夺了人们享有视觉的权利，造成城市信息的无效传播，城市空间的视觉污染和人们视觉生活的品质低下。许多原有的城市个性和符号，被完全无关的元素符号所取代，从而丧失了自我。只有共同承担起构建城市视觉秩序和优化城市视觉节奏，让视觉符号和谐共处的重任，城市品牌才会在新一轮城市竞争中披荆斩棘。

### 2. 视觉符号推进城市品牌与文化的发展

21 世纪进入品牌竞争时代。城市品牌化成熟的重要标志：有组织、有定位、有规划、有管理、顾客满意。在信息文明为主要特征的知识经济社会，财富价值的高低、商品价值的高低、品牌价值的高低，不再取决于原料的成本，而取决于它的符号价值，以及包含在符号价值后面的知识价值的高低。所以，今天我们一定要充分认识到文化和品牌已经成为城市配置资源的核心，而视觉符号又成为主要的推动力量。

当你去嫁接和挖掘人类文化资源，寻找强有力的传播符号，获得和受众沟通、分享的超级载体之后，品牌就有了一个灵魂，当品牌符号成为全世界熟知的符号之后，品牌就已经达到了最高境界。

# 第二节　城市品牌形象的识别系统

为了增加城市的知名度，每个城市都需要有一张既光彩夺目又实实在在的"名片"，而城市名片的设计则需要全新的理念和方法。企业形象识别系统（CIS）设计作为一种组织识别系统的设计，根植于社会心理学、传播学、战略学、经济学、管理学等诸多学科，运用了系统论、信息论、运筹学等基本原理和方法，它所包含的形象设计思想非常富有启迪性。它首先在企业中得到了广泛应用并取得了骄人的业绩。到目前为止，CIS 理论的运用不再局限于企业，在城市形象设计、社区形象设计、个人形象设计等方面正显示出强大的威力。作为城市形象设计的重要工具，城市品牌形象识别系统的规划与实施，可提高城市的整体素质、扩大知名度，从而产生良好的社会和经济效益，已经成为一个树立形象、规范行为、提高景观效果的综合系统。城市品牌形象识别系统的核心是形象识别，着眼于把城市理念等形象要素信息进行编码，集合成包括城市理念识别、城市行为识别和城市视觉识别三个有机组成部分。城市理念识别就是设计并制定具有鲜明个性的城市经济文化发展战略、城市精神和城市意识；城市行为识别就是设计城市政府行为，包括保护自然环境和历史文化，设计与导向市民行为以及城市社会活动等；城市视觉识别就是设计城市标志、城市空间形象、城市公益资源的配置等。

## 一、城市品牌形象识别系统的基本特征

作为一个新兴领域与新兴学科，人们在对 CIS 实践总结的基础上提出了不同的定义，从不同的侧面揭示 CIS 的本质。随着 CIS 理论在城市形象领域内的广泛应用，CIS 的含义逐渐得到了拓展。因此，城市品牌形象识别系统具备了多重含义和特征。

城市形象是建立在城市本身固有的特征之上的，它是城市社会、政治、经济、文化等客观因素的综合反映。城市品牌形象识别系统的标识主体是城市，而城市是一个大的系统，包括城市建筑、街道、公园、广场等客观要素，还包括城市色彩、市民行为、形象广告、文化传统等主观性要素。因此，城市品牌形象识别系统具有综合性的特征。在信息化时代，公众如何把各个城市相互区分开来？也就是说，城市如何在公众心目中留下深刻的印象呢？如果不进行城市品牌形象识别系统的设计，公众很难从纷繁复杂的城市系统中接收到清晰可辨的

要素信息，也就谈不上把握它们背后所蕴藏的统一的城市形象。城市品牌形象识别系统设计的第一个步骤就是对城市发展状态进行调查与把握，其后才是提炼城市理念并进行编码。离开了城市客观事实的城市品牌形象识别系统是无源之水，是不可能最终为公众所认同的，也谈不上塑造出良好的城市形象。城市品牌形象识别系统的一个重要功能就是通过统一的信息编码，使得各个要素所传达的信息是统一的，使得公众在统一的信息冲击中把握住城市形象，最终实现与其他城市相区别的目的，给公众留下鲜明而独特的综合印象。

城市是社会经济网络中的一个"节点"，是区域经济中的一个"增长极"。城市的发展和城市形象的塑造都是在城市与社会之间相互作用中实现的。因此，城市品牌形象识别系统又一个重要的特征就是社会性，也就是说，城市应该从社会发展的要求、从区域经济的角度来确定城市功能，在促进区域发展的同时谋求自身的发展。从社会群体的角度来看，城市品牌形象识别系统的作用在于证明、验明和识别。在城市形象识别的设计过程中，通过确定城市形象战略，制定具体可行的行为规范，使得具有不同价值观、不同利害关系和不同行为准则的个体归属于同一个城市群体，并从整体上显示出城市特有的价值取向和发展理念，从无序中导出有序。这是城市品牌形象识别系统设计所具有的归属化、一体化的功能。

城市形象设计的目的在于让公众识别。在公众每天接收到无数信息的背景下，独特性决定了城市识别系统所传递的信息能否让公众产生兴趣并牢牢地记住。城市品牌形象识别系统产生于标识主体自身的独特性和个性，没有个性的东西就没有存在的价值。从社会心理学的角度而言，群体的同一性来自个体的个性特征，群体的识别与归属是个体的个性特征的延伸与投影。我们可以把整个群体的行为活动和行为准则视为个体特征的扩大。城市个性是城市形象的灵魂与核心。因此，发掘并彰显出城市个性是城市形象设计全过程中的指导思想。在城市品牌形象识别系统设计时需要确定城市在区域经济中独特的形象定位，确定独特的城市理念、独特的行为识别和视觉识别要素。没有个性，意味着没有特色，也就无法与其他城市区分开来。城市形象相互混同，会导致城市之间在低层次展开过度竞争。可以说，没有个性的城市是难以生存下去的。

由于公众对城市形象认同的过程需要一定的时间，需要城市形象设计者和管理者做出长期不懈的努力，不可能指望立竿见影；也就是说，城市形象设计必须立足于长远，具有战略眼光。迈克尔·波特认为，战略的核心在于营造和维持差别优势。发挥城市所固有的超乎对手而又能为公众认同的战略优势是制定城市形象战略措施的目的之所在。差别优势是回避竞争和成功塑造城市形象的关键。

## 二、城市形象与城市品牌形象识别系统的异同

城市形象与城市品牌形象识别系统是两个不同的概念，两者之间既相互区别又相互联系。

### （一）城市形象与城市品牌形象识别系统的区别

城市形象作为一种城市风貌的美学性表述，有着极为丰富的内涵与外延，一般包括城市精神形象和城市物质形象两个方面。城市精神形象指的是城市理念、市民行为、人际关系、精神状态、艺术品位、道德意识、文化教育等项内容，它反映着一个城市的精神品位和人文境界；城市物质形象指的是建筑设施、空间环境、道路交通、生活消费、经济发展等，它往往直观地反映出一个城市的物质生活环境和消费条件。优化的城市形象是在物质形象和精神形象高度和谐基础上的产物。城市形象作为社会公众（包括内部公众和外部公众）对城市的认识和评价，它比较注重公众的感觉、知觉、认识、记忆等心理过程。

相比较而言，城市品牌形象识别系统则是由理念识别系统（Mind Identity，MI）、行为识别系统（Behavior Identity，BI）和视觉识别系统（Visual Identity，VI）等三部分所构成，具有比城市形象更具操作性的特征。城市品牌形象识别系统是城市在社会经济结构和城市网络中的特定地位和个性化特征的表现，它是通过不同传播方式在公众心目中产生对城市认同并形成共同价值观的结果。城市品牌形象识别系统首先注重的是城市理念和价值观要素的维护，以及城市传播过程中信息的统一性；其次才是理念识别系统统摄下的行为识别系统和视觉识别系统等。

### （二）城市形象与城市品牌形象识别系统的联系

城市品牌形象识别系统是塑造城市形象的重要手段；塑造城市形象是为了实现城市识别，是城市识别系统设计的目的之所在。城市形象与城市品牌形象识别系统之间有着很强的联系。

城市形象是城市品牌形象识别系统设计的起点和终点。城市品牌形象识别系统是一种逆向的思维方式，它首先是城市提出希望在公众中树立一个什么样的形象，然后将构成城市形象的各种要素进行编码，再转化成统一的视觉识别系统和行为识别系统。按照这些要素的要求来协调市民行为和调配城市有形要素，借助于信息传播把城市形象准确而又清晰地展示给公众。通过信息传播者

和接收者之间反复的交互作用（信息的传播与反馈），公众不断地对城市进行认知和评价，最终可以达到塑造城市形象的目的。由此可见，城市形象是城市品牌形象识别系统设计的起点。没有城市形象，就无法进行城市形象编码及其后续的工作；同时，城市形象又是城市品牌形象识别系统的终点，是城市品牌形象识别系统设计的最终结果与目的之所在。

此外，城市品牌形象识别系统也是塑造城市形象的有力手段。城市品牌形象识别系统不仅仅停留在对城市现有形象的传播，更重要的是，它是新型城市形象塑造的有力手段。城市品牌形象识别系统为城市形象与社会经济变迁之间保持动态调适关系提供了有力的帮助。城市品牌形象识别系统在传播城市形象的过程中，并不是被动的，相反，它却占据积极主动的地位。这种积极主动表现为城市品牌形象识别系统对城市形象构成要素所进行的统一化和系统化处理。依靠城市理念识别、行为识别和视觉识别三大系统融合而成，城市品牌形象识别系统构成了一套完整而独特的符号系统，增强了城市形象的表达力。城市品牌形象识别系统设计过程中，要求城市不断地审视自己的发展理念、行为规范和城市组织机构等方面的内容，并且要把公众的需求放在第一位。这些都是成功塑造良好城市形象的关键。

## 三、城市品牌形象识别系统：三轮驱动

### （一）城市品牌形象识别系统的三大组成部分

城市品牌形象识别系统是城市理念识别系统、行为识别系统和视觉识别系统三者协调运作的整合性成果，是三者的有机统一体，如图 2-1 所示。城市理念识别系统、行为识别系统和视觉识别系统三者相互协调和相互作用，共同构成了城市与公众之间的有效沟通。塑造城市形象时，需要所有要素的共同作用，三者缺一不可。

图 2-1　城市品牌形象识别系统的构成

理念是一个抽象的概念，它包括观念、指导思想、文化、道德、伦理等多方面的内容。城市理念识别系统，可以定义为推动城市发展的团体精神、行为规范和指导思想的统一化的集合。它是城市在各类活动中秉承的价值取向的总和，是形成城市个性的基础。城市理念识别系统包括城市使命、城市管理哲学、城市行为准则等三个方面的内容。城市使命主要是确定城市存在的意义、城市在社会分工中的地位以及城市在社会范围内的独特定位。管理哲学反映了城市所奉行的价值取向和指导原则，它决定了城市对各项活动的取舍，决定了城市面对各种机会时的决策和选择，从而确定了城市发展的方向。制定城市发展战略和进行城市产业结构调整是城市管理哲学中最重要的两个方面。城市行为准则指的是城市内部各种行为主体（包括市民和市内的各种组织）应当具备的基本心理和活动状态，表现为规范化的准则、制度、规定等。它是保证行为主体的个体价值取向与城市整体价值取向一致的制度安排。

城市行为识别系统指的是城市及其市民和城市内部组织机构在实际活动与具体操作中规范化、协调化、统一化的行为总和。城市行为识别是城市理念识别的具体体现。城市理念中的价值判断决定了城市活动类型、产业结构调整、行为方式选择等方面内容。根据信息传播渠道和传播的性质不同，可以把城市行为识别系统分为对内行为识别和对外行为识别两方面。一方面，对内行为识别是将城市理念推广普及至内部公众的所有行为，主要包括城市内部组织传播和组织行为规范。而内部组织传播是城市以及城市行为主体之间的信息沟通；组织行为规范则指的是城市行为主体应该遵守的一些限制和规定。具体而言，对内行为识别包括市民教育、城市环境营造、交通行为规范等多方面内容。另一方面，对外行为识别则是把编码后的信息统一传播给于城市有关的外部行为主体，以引导他们做出越来越适合城市发展的决策。

城市视觉识别系统指的是纯属视觉信息传递的各种形式的信息的统一化，它是静态的识别系统，是城市理念的外在表达。在整个城市识别系统中，它囊括的项目最多，层面最广，效果最直接。城市视觉识别系统包括实体要素和属性要素两大类。实体要素指构成城市实体的实物以及由它们围合、波及或统治而成的城市空间。它是客观存在的能被直接感知的因素，包括城市建筑地形地貌、城市布局、街道、广场、公园、路标、轮廓线等多方面的内容。属性要素则是附加在实体要素之上的属性，如空间形态、尺度大小、形状、色彩、质感、亮度等。实体要素是视觉识别设计的具体操作对象，属性要素是城市设计的基本语言。

此外，还有听觉识别系统与嗅觉识别系统等。根据实验统计表明，人在接收外界信息时，83% 的信息来自视觉，11% 的信息来自听觉，3.5% 的信息来自嗅觉，1.5% 的信息来自触觉，1% 的信息来自味觉。由此可见，视觉识别在整个城市识别系统中占有的重要地位。对视觉以外的器官接收的信息也是不容忽视的。尽管它们本身占全部接收信息比重较小，但是它们可以帮助提高视觉接收的效率。研究表明，单独视觉接收的信息，记忆保持时间在 3 天以上的只占 20%，听觉和视觉两相结合所接收到的信息，3 天之后仍能记忆的占 65%。由此可见，视觉以外的感官的作用意义重大。因此，有人认为，除了城市理念识别系统、行为识别系统和视觉识别系统之外，在城市品牌形象识别系统中应当再添加听觉识别系统和嗅觉识别系统。听觉和嗅觉的识别是最直接、最自然、最轻松的信息感受过程。它们都是在潜意识指导下进行的，故而异常敏锐。前已提及，听觉、嗅觉和视觉等多种感觉器官的综合运用的效果，远远大于单独运用某一种器官的效果之总和。在城市识别系统中，公众接收到的听觉信息很多，如城市形象广告语言的运用，城市广播、市歌、音乐喷泉、市民语言、城市钟声、汽车喇叭声、工厂轰鸣声等。公众接触到的嗅觉信息也很多，如公园里的花香、臭水沟里的臭味、工厂废气和垃圾堆的异味等。在这些听觉与嗅觉信息中，有一些帮助公众在心目中塑造城市良好形象，另一些作用则正好相反。在城市形象设计过程中，应该充分予以注意。

## （二）三大识别系统的逻辑关系

尽管城市理念识别系统、行为识别系统和视觉识别系统三者之间是紧密相连的，但并非在同一水平层次上的关联。理念识别系统是形象识别系统的核心，是其中最为根本的东西；而行为识别系统和视觉识别系统是理念识别系统的具体的、外在化表现。它们之间的关系类似金字塔图形（见图 2-2）。

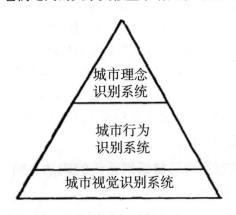

图 2-2　城市品牌形象识别系统结构

城市理念识别系统是形象识别系统的基础和基本精神。它是城市在长期发展过程中形成的具有独特个性的价值体系，它决定着城市形象的差别性，确定了城市功能、性质、存在意义、指导思想、发展宗旨等诸多方面的内容。理念识别系统中的价值体系，对城市所有行为识别和视觉识别要素设计都具有指导意义，理念识别系统对行为识别系统和视觉识别系统具有统摄作用。行为识别系统和视觉识别系统是理念识别系统的外在体现。在行为识别系统和视觉识别系统的设计过程中，都必须贯彻理念识别系统中的指导思想。行为识别系统是城市理念的动态表现，是所有反映城市理念的行为活动的总体集合。它规范着社会的一切活动，实际上是城市的所有运作模式的统一。城市视觉识别系统则是城市理念的静态表现，是所有反映城市理念的实体要素和属性要素的集合，是城市形象设计的外在硬件部分，也是城市形象最外露、最直观的表现。

理念识别系统又是形象设计的逻辑起点。在城市形象设计过程中，首先进行的是城市实态调查，然后是城市形象定位，提炼出城市理念的内容，确定城市使命和城市价值体系。下一步工作就是把城市理念转化为公众所能接受的信息符号，即编码。信息符号包括两大类：一类是动态的行为，如城市展览活动、礼仪庆典活动、招商活动等；另一类是静态的实体要素，如建筑、街道、广场、绿地、雕塑等。前一种编码也就是城市视觉识别系统设计。从这个角度来讲，城市理念是 CIS 设计的逻辑起点和基础工作，城市视觉识别系统和城市行为识别系统设计是城市理念的逻辑延伸和后续环节。

城市理念识别系统也是公众认知的终点。公众在认知一个城市时，首先接触到的是城市的具体实物和各项活动。由于经过了整体的行为识别设计和视觉识别设计，公众所接收到的信息是系统而富有个性的，在不断的信息冲击下，经过大脑的感觉、感知、记忆、认知、评价等过程，由感性思维上升到理性思维，最终把握住城市理念的真正内涵，形成对城市的印象。在此之前，公众大脑接收来自行为识别系统和视觉识别系统的信息数量众多，但是容易逝去，不能持久。只有在形成城市综合印象以后，公众所把握到的信息才是深刻的、持久的。因此，从这个角度来说，城市理念识别系统是公众认知的终点，是城市形象设计的目的之所在。城市行为识别系统和视觉识别系统是公众认知的起点，充当了公众认知城市理念的中介。

## （三）导入城市品牌形象识别系统的成功之路

在城市建设中导入城市品牌形象识别系统是 21 世纪城市发展的新动力。作为一种城市发展战略，城市品牌形象识别系统设计的目标是建设高品位的城市环境，创造宜居城市和增强城市经济活力，使城市居住者自豪，来访者羡慕，外来投资者满意。一个现代化的城市一般具有合理的布局、有序而高效的运行机制以及富有个性的城市风貌，而这一切可以通过 CIS 来完成，否则人们将会付出较大的代价。城市品牌形象识别系统也有利于改善投资环境和加强对外开放，树立城市精神，改善市民心态，形成良好的城市发展氛围，带动整个城市综合功能的增强，提高城市综合竞争力。

要成功导入城市品牌形象识别系统需要注意四个环节：一是要讲求科学决策，尊重科学，实事求是，建立合理的程序；二是必须由城市政府牵头，各部门分头负责，有关专家共同参与，成立专门的城市品牌形象识别系统工作委员会，并充分发挥各方面专家的作用，要求专家及时提供咨询并具体指导和从事设计工作；三是积极动员广大市民参与，广泛听取公众的意见，既汲取各阶层、各方面的智慧，又进行必要的宣传教育，创造认同、爱惜、保护城市形象的社会基础；四是在具体项目的实施中，要开放市场、公平竞争，避免不必要的浪费。塑造城市形象不仅是一个形象产品的生产、制作过程，而且在这个过程中伴随着对形象产品的维护和保持，因而城市形象管理的作用显得特别重要，尤其要加强法制宣传和教育，既要管理政府、企业和市民的行为，把人为因素对城市形象的消极影响控制在最低限度，又要降低和减少自然力的作用因素，保护城市形象的清晰、鲜活和原汁原味。

大连、厦门、无锡等城市发展的经验向我们展示了城市形象的魅力和风范，印证了导入城市品牌形象识别系统设计是塑造高品位城市环境的成功之路。例如，大连市以"不求最大，但求最佳"为城市建设的基本原则，以"北方的香港"为目标，通过十大文明工程、机关干部星期六义务奉献日活动等，提高了大连城市形象识别的独特性；厦门市通过市政广场、白鹭洲文化休闲中心、航空港、环岛路等十大城市形象工程的建设，大大改善了厦门的形象；无锡市明确提出体现现代文明特色的"四化"目标，即绿化、美化、净化、现代化，重点实施五大形象基础工程，即交通枢纽工程、公用设施工程、城市环境工程、小康居住工程和城市管理工程，着力营造"美的空间、人的乐园"的理想境界。

# 第三节　城市品牌形象的指标体系

从多个方面考虑城市品牌建设，并将其作为当代全球化环境下城市营销的重要策略，这一观念已被人们广泛接受。然而，以往对品牌问题的研究和实

现代城市品牌形象塑造与传播研究

践，主要以商品品牌或企业品牌为主体。相对于产品和企业而言，城市具有更大的复杂性和更多的不确定性。作为具有特殊性的区域品牌，城市品牌的整合性、复杂性、地线性、品牌组合共存性等特性，都是一般意义上的商品品牌和企业品牌所不可比拟的。在城市品牌建设过程中，建立科学的城市品牌建设要素指标体系具有重要的意义。城市品牌建设的要素指标体系一旦建立，则可成为指导城市品牌建设工作的基本框架，同时也可作为评价城市品牌建设的基础依据。

一个极具实力且被广泛认知的品牌是一种珍贵的财富，是一种能抵抗负面影响、树立良好声誉的保险策略。建立良好的城市品牌，是城市在市场竞争中的一种无形的资产，能促进城市的发展。

## 一、经济发展

城市品牌建设离不开经济的发展，找到生财之道是品牌形象建设的一个前提。菲利普·科特勒认为，贫困是一个恶性循环，在当今社会，工业、旅游业、文化产业都是经济建设的重要产业，是提高人民生活水平的重要途径。应挖掘城市的资源进行整合，以创造经济利益。

城市品牌建设可以说是经济发展中的一环，形象的建设需要建设者的资金投入和悉心发展，同时城市品牌的建设也能够极大地促进城市经济的发展，起到招商引资等效果。

## 二、文化资源

城市品牌建设重在突出其理念，可以说，理念是制胜的法宝，文化则是城市品牌的核心，突出城市的文化理念，也就是城市品牌形象建设能够成功的地方。文化的力量是历史的力量，是城市历代传承的内涵，也是城市品牌所展现出来的独特品牌力量。

凭借有效的资源，创造出独特的城市品牌形象，成为城市之间竞争的有效法宝，例如嘉兴和丽江两个中小城市，能凭借其独特的资源，创造出独特的城市品牌资源。

## 三、品牌定位

定位是品牌建设的第一班，在营销学中定位被认为是关键步骤，做好定位，就意味着品牌或者城市找准了自己的位置，并在今后的发展中朝着该方向发展。

## 四、媒介力量

媒介在我们的生活中无处不在，如网络、报刊、电视等，媒体则负责报道各地实事。对媒介和媒体做到良好的运用，凭借其力量，可以让城市品牌形象更为广泛地为人所知。

品牌形象的宣传少不了特有的机会，我们要抓住机遇，做出好的应对措施，进行积极的宣传，利用城市品牌效应，将城市品牌形象在短时间内进行深刻而广泛的宣传。例如，奥运会、世博会等大型盛会就是城市品牌建设的重要机遇。

# 第三章 城市品牌形象的塑造

## 第一节 城市品牌形象的定位

国际市场的竞争表现为以品牌为主导的竞争，因此，一个国家不但需要有代表性的产品和服务品牌，而且需要有代表性的城市品牌，作为国家和地区经济、历史文化、生态环境等形象传播的重要组成部分。

一座城市对其自身品牌的构建和传播，是对城市理念、城市文化、城市生态等方面的推广并得到认同的过程。同时，随着市场经济体制的确立，中国城市间也面临着对优势产业（企业）、人才、资金、信息等稀缺要素和竞争要素的争夺，国内城市间的竞争也对城市品牌构建的合理性、紧迫性提供了现实依据。城市品牌试图寻找竞争环境中的差异性，并使这些差异性能够被受众所认同，继而转变成为较长期的竞争优势。当然，城市品牌的受众通常指的是游客、投资者、新的人才和劳动力以及城市居民，等等，与商业品牌的营销传播相比，城市品牌的传播是一个互相沟通和认同的过程，但并不完全也不应该意味着是对城市的经营或"销售"。

### 一、形象的传播即定位的传播

品牌是消费者对企业、产品或服务在营销传播过程中传达的视觉要素、消费利益和价值观念等信息所形成的一种独特的综合认知关系。

品牌是产品与消费者之间的纽带。消费者面临着众多的产品选择，对市场履行承诺的品牌可以简化消费者的决策过程，减少购买风险并产生期望和认同，构建品牌就是通过品牌传播构建与目标受众的关系，目的是获得并提升产品的竞争优势。

对消费者而言，品牌提供重要的象征意义和质量信号；对企业而言，品牌赋予产品和服务独特联想，并且它是竞争优势的来源，也是财务回报的来源。

## （一）关于形象

成功的品牌无一例外地告诉受众，同类产品中差异是存在的——产品差异或形象差异，这也是迈克尔·波特竞争战略理论的重要表述之一。在产品同质化的今天看来，产品差异或形象差异更多地偏向于消费者或受众的主观感受，受众如果没有感受到并认同那个对他有价值的差异，进而形成购买理由，品牌的价值就无从体现。

## （二）关于定位

"定位"一词是由艾·里斯和杰克·特劳特在1972年提出的，给营销理论的发展和营销实践带来重要的影响，是建立在目标市场营销战略基础上的带有强烈竞争意识的战略环节构想，并从一种沟通策略演变成为营销策略的基本环节。

有研究者认为：定位的基本方法，不是去创作某种新奇或与众不同的事项，而是去操作已经存在于心中的东西，去重新结合已存在的联结关系。

还有研究者认为：定位是先在各种各样的维度上把拟定位的产品与其他竞争产品加以衡量和比较，然后选择该产品在某一维度上独特的、具有较大相对优势的或在多维坐标上独特的位置。用来衡量产品的各种维度，可以是产品有关的客观属性，也可以是产品有关的心理属性……找出一种最恰当的位置，使该产品的位置在消费者的心目中突出出来，让消费者感觉到该产品某一方面在同一产品类别中是最为突出的。

依据市场定位的概念，城市定位也可表述为根据竞争对手在细分市场（相同或相近的城市发展要素选择）或所处区域的地位和受众对城市某些属性的重视程度，塑造出城市与众不同的鲜明个性或形象并传递给目标受众，以占据强有力的竞争位置。城市定位是受众满意和认同的重要基础，同样也是谋求竞争中的差异性并获得竞争优势的战略选择。

由此可见，品牌传播首先应是定位内涵的传播，即具备竞争价值的差异性传播，其有效性表现为受众接收并接受了相关传播信息，品牌在与受众的互动中建立了某种体现竞争优势的重要的关联性综合表述——被受众认可的形象，继而产生具体行为。而受定位差异性要求的制约，由良好定位形成的有效形象必定是与竞争对手有差异的形象——被目标受众认同并产生共鸣的个性表述。与产品同质化大环境下的产品或服务品牌传播不同的是，城市品牌在形象创建与传播的过程中，首先要关注城市的文化传承和现有优势，在此基础上探求城市未来的发展，这样才能避免现代化过程中的"千城一面"。目前国内城市建设和发展过程中的趋同化现象正使越来越多的城市丧失原有的个性，这与打造城市品牌的初衷是背道而驰的。

## 二、以品牌资产联结定位与形象

品牌资产概念是 20 世纪 80 年代出现的最有价值的营销概念之一。品牌资产是企业在营销实践以及对品牌的不断投资中获得的无形资产，是企业获得未来市场的重要保证——表现为消费者继续购买的意愿。品牌资产评估和品牌资产管理也成为重要的研究与实践领域。

如果肯定某些品牌是有价值的，这已经在一系列的品牌企业兼并和收购以及品牌拍卖过程中明显地表现出来，那么如何提升品牌价值成为关注焦点。从品牌资产客观内涵的角度，美国 MSI（Marketing Science Institute，营销科学研究院）认为品牌资产是一系列关于品牌顾客、渠道成员和母公司的联想和行为，这些联想和行为使得该品牌比没有品牌名字的产品获得更多或更高的利润，并给该品牌一个强的、实质性的和差异化的竞争优势。品牌的价值是通过品牌对消费者的影响产生的。

品牌资产的构成现有多种模型，戴维·阿克在《管理品牌资产》中构筑了品牌资产的重要元素：品牌忠诚度、品牌知名度、品牌认知度、品牌联想度及其他专有权。凯文·莱恩·凯勒认为："当顾客对品牌有高度的认知和熟悉度，并在记忆中形成了强有力的、偏好的、独特的品牌联想时，基于顾客的品牌资产将会产生。"市场由消费者构成，品牌资产实质上来自消费者。品牌资产之所以有价值，是因为在受众心中产生了广泛而高度的认知度、良好且与预期一致的知觉质量、强有力且正面的品牌联想以及稳定的忠诚消费者。

品牌资产的各部分告诉受众这个产品是做什么的（品牌认知），为什么要购买（联想与知觉质量）并再次购买（品牌忠诚）。

品牌认知是消费者认出、识别和记忆某品牌是某一产品类别的能力，从而在观念中建立起品牌与产品类别间的联系。品牌认知在品牌资产中的角色依赖于获得认知的程度——品牌无意识、品牌识别、品牌记忆、深入人心，品牌资产价值随着程度的提高而提升。消费者在购买商品或服务时，面对众多品牌，他们往往选择自己最熟悉、最喜欢的品牌。因此，能被人们记住的品牌，尤其是深入人心的品牌，在消费者的购买决策中起着至关重要的作用。品牌认知强调的是行业内的知名度以及进入消费者购买时的待选名单并且排名尽量靠前。

品牌联想指的是人们的记忆中与品牌相连的各种事物，是消费者购买的理由。品牌联想是与受众获得的"形象"关系最为紧密的品牌资产。一个品牌的正面联想越多，其对市场的影响力就越大。一些著名品牌往往在消费者心目中有很多的联想和想象，通过品牌联想和其目标受众形成一系列有益的关联。品牌的根本价值在于其联想的集合对人们的意义。它帮助消费者得到信息，造成目标受众对品牌特定的感觉，在明确的定位基础上确立品牌形象，从而建立强有力的市场竞争优势。

品牌体现的质量和品牌忠诚分别是售前和售后的消费者感受，是与"顾客满意"营销观点相关的品牌资产，也是"购买理由"的重要组成部分。品牌体现的质量是品牌在消费者心目中感受的质量，是一种主观判断，消费者对品牌体现的质量因人而异。同时较高的品牌忠诚在拥有维持老顾客的同时，也有利于吸引新的消费者，从而巩固提升现有的正面形象。

一个良好定位的品牌必将占据一个由强劲的联想所支持的有竞争力并吸引人的位置。在品牌认知和知觉质量的共同影响下，品牌联想这个最接近于形象的品牌资产通过有效的传播和受众沟通，就有可能被受众认同并产生价值。一个积极的品牌形象，是通过营销传播活动将强有力的、偏好的、独特的联想使受众与品牌建立关联，它为受众创造积极的态度与感觉并影响行为的产生，在商业行为中主要表现为购买和再购买，或者影响他人购买。

有学者认为：定位不仅意味着所涉及行业（通常涉及其他竞争关系）的框架结构，而且定位与品牌联想、形象的概念密切相关。定位准确的品牌具有强有力的品牌联想，从而能够在吸引顾客方面产生竞争优势。

形象的获得需得到消费者的认同。在品牌资产逐渐积累的过程中，消费者心理上逐渐形成了品牌形象的集合体。品牌资产的形成，也立足于基于定位的消费者对品牌形象的认同。定位准确清晰基础上的品牌形象的接受、形成和完善的过程，也是品牌资产积累升值的过程，品牌资产同样依附于消费者。同时，较明确的资产要素也为塑造品牌形象这一专业工作提供了较清晰的操作思路和工作路径，在提供树立品牌形象工作的阶段性目标的同时，传播的有效性也得到了更有力的保证。

根据以上的工作思路，城市品牌形象的建立也应在对城市政治、经济、人文、历史、区位、环境等各方面优劣势详尽分析研究的基础上，结合同类城市竞争因素和城市发展的趋势判断，做出准确的城市定位。继而在合理、明确、清晰的城市定位基础上筛选传播主题，明确优势产业和现有及未来可能的核心竞争力，关注品牌资产的积累以及品牌资产各要素之间的关联，使城市形象得到有效认同并最终形成，完成定位传播到形象获得的过程转变。

对国内的大多数城市而言，在城市品牌形象传播过程中涉及的受众包括境内外游客；意欲得到帮助和发展的相关产业、企业及投资者；出口市场；新的城市居民，包括与发展产业相关的各层次人才与劳动力；现有的产业、企业、雇员和居民；相关各级政府；等等。同样，城市品牌在传播过程中要获得良好的形象，在明确受众的基础上，也要得到他们的认同，要注重受众对品牌传播信息的判断、感受与共鸣，避免自说自话的低效传播甚至是无效传播。只有各利益相关方和受众认同的城市品牌才能成为城市良好发展的助推器，并形成较长期的产业发展和城市竞争优势。

城市面对竞争要获得发展所需的稀缺要素，需要对城市品牌进行投资，使受众取得对品牌的认同和认可，从而对城市品牌的标示物进行体验和"购买"。品牌应带来有效的受众反应，并与受众建立紧密、积极、忠实的联系。未得到受众和市场认同的所谓形象，只能是一厢情愿的"形象工程"，无法建立良好的受众关系和提供有效的市场竞争力，对城市品牌资产的投资也无法带来资产增值和满意回报。

## 三、案例：杭州的"休闲"与"品质"

2007 年，杭州提出"生活品质之城"作为城市品牌，试图来概括和体现城市的整体特色。生活品质表示人们日常生活的品位和质量，包括经济生活品质、文化生活品质、政治生活品质、社会生活品质、环境生活品质五大品质。

"生活品质之城"品牌在提出时也考虑了多种的统一性，包括传承性与时代性的统一、整体性与独特性的统一等，也考虑了与现有行业品牌、企业品牌的组合运用。

城市品牌应给其受众适度的质量信号，良好且与预期一致的产品知觉质量能够让受众满意。提高生活品质，是杭州每个普通市民的愿望，也是杭州城市发展的长远目标。"生活品质之城"城市品牌通过几年的宣传实践，在政府工作层面成效显著，但在具体传播和运用方面应能进一步完善。

从城市定位的角度来看，"生活品质之城"差异性特征欠缺，城市个性表达不够，因而品牌在竞争性和进攻性方面不明显。同时，与原有优势产业特别是旅游业关联不够。从受众角度来看，"生活品质"在传播过程中由于各受众群体诉求不一，标准难以统一，认同不易，而且与产业联系不够紧密。比如，投资者可能更看重"服务品质"，而普通市民会首先关注"经济生活品质"。按照马斯洛的需求层次理论，基本需求未满足之前，较高层次的文化生活、社会生活、政治生活等较难获得更多关注。再加上城市化进程中的"城市病"——交通拥堵、空气质量不高、医疗设施和服务不足以及城市贫困人群等普遍的城市问题都带来一定程度的品牌形象认同困难。但"品质"这个词汇无论是作为发展方向、工作目标还是一种愿景、精神、态度或质量评价和联想,都值得肯定。

从品牌资产角度,应充分关注原有具有较高认知度和竞争优势的产业,如旅游业、文化业、互联网信息服务业及特色传统工业等,在此基础上拉动其他相关产业共同发展,产业升级的同时提升其在国际、国内行业中的知名度。整合现有的正面联想,围绕"品质"与"休闲",进一步形成城市发展过程中的品牌群。关注受众对城市品牌的形象期待与情感归属,在认同的基础上研究其再传播和主动传播的可能性。

从传播角度,"生活品质之城"在对外国际传播中较难清晰表述杭州的城市特点,建议仍直接采用"东方休闲之都",与国内其他面向境外游客的城市产生明显的竞争差异,占据先发定位优势,同时也符合国内旅游的未来发展趋势。

同时,国内杭州城市品牌形象传播建议改进为"杭州——休闲之都,品质之城"。这一改进主要表现为对旅游休闲产业的强化认知,增强城市特性在受众中的辨识度、可接受性及认同感,进一步强化城市品牌在传承性与前瞻性的统一以及整体性与独特性的统一。

"品质之城"在大众传播中不建议单独使用,其他的传统城市称谓或优势行业品牌也可以经评估后许可联合使用"品质"一词,以提升行业品牌和城市品牌的关联度以及质量评价,如"品质之城,中国茶都","品质之城,动漫之都"等,传播范围也一般控制在浙江省和杭州市内,从而形成多层次、有重点、特色明显的、可控的城市品牌形象传播体系。

若能确立"休闲之都"作为新世纪杭州的主要发展方向,整合城市其他优势产业和文化力,把"品质"作为城市管理、行业提升、改善市民生活的具体工作目标,则应能在优势产业集群、城市布局的合理性和可持续性、城市文化的传承与发展、改善民生以及国际化等方面产生积极影响并保持杭州现有城市发展的竞争力和吸引力。注重工作细节的品质提升也一定能得到越来越多市民和新市民的认同和支持,共建共享最具幸福感的杭州必将是品质生活的集中体现,这也是城市化进程的最终目标。

城市化进程中,越来越多的地方政府将打造城市品牌作为一项核心工作,城市宣传片通过大众媒介广为传播,向多元受众群体展示美好的城市未来,同时也承载着转变经济发展方式、区域经济转型、创新发展、文化强市、精神文明建设、生态城市等多重政府诉求。城市品牌的传播在突出针对性、增加认同感、追求有效性、扩大城市核心价值的影响力等方面面临挑战。这里以杭州为例,借鉴商业品牌的运作原理和方法,提出城市品牌形象的塑造和传播应回归理性基础，基于城市历史和现实资源的"定位传播"，同时形象地获得需得到城市品牌形象传播各受众群体的认可和认同，以期获得长期的地区吸引力和城市竞争优势。

# 第二节　城市品牌形象塑造的现状

## 一、城市品牌形象的建设与发展

城市是当代社会活动的中心，城市形象是城市给予人们的综合印象和观感，是城市性质、功能和人们对其外在表现的领悟。城市对外形象可细分为视觉形象、历史文化形象、经济形象、政府形象和市民形象。美国的苏珊博士认为，城市综合形象可从以下五个方面来体现：

①城市实力。指城市的经济实力、城市居民的生活状况、城市的产业结构和城市的生产力要素配置；城市在国民经济中的功能或者城市在国防、交通等方面的功能，城市文明与城市社会进步状态等。

②城市能力。指城市的吸引力、扩张能力、反辐射能力；城市的流通能力以及经济增长能力。

③城市活力。指城市企业的活力、资本的活力、文化科技教育的活力；城市对世界开放的程度；城市的创新能力；城市的治理结构以及城市政府与企业间的关系处理等。

④城市潜力。一是自然资源潜力，包括实际具备的自然资源及利用程度；二是人文资源，包括城市的市场空间，即投资能否赢利，吸引投资的原因是区位优势还是综合服务质量，是优惠的投资政策还是良好的社会治安，是高度的国际化水平还是基础设施的适应度；三是社会风险成本和机会成本；四是最重要的一点，是一个城市的人力资源成本。

⑤城市魅力。指一个城市所焕发出的文化光彩。包括人们对城市的认识程度，城市形象的影响力以及城市文化的凝聚力等。

由此可见，城市形象是城市展现给公众的综合性物质和文化印象，是一个城市的内在素质、发展水平和文明程度的综合反映，是城市竞争力的重要组成部分，是一个城市综合实力的反映。

### （一）塑造良好城市形象的现实意义

任何一个城市，塑造自身形象，不仅能够改变自己，也能改变周围世界对城市品质的认识，从而提高城市自身的社会和经济价值。城市形象的优劣会影响到人们对城市的认同和评价，关系到城市经济和社会的整体发展。"物品有价，名誉无价"，一个城市的良好形象，被认知的范围越大、时间越久其价值就越高。因此世界上一些著名城市都非常注重塑造和设计自己的形象。随着中国城市的发展，越来越多的城市认识到，良好的城市形象对于城市自身的发展有着以下几个重要的意义。

### 1. 有利于形成凝聚力

良好的城市形象是一个城市极为重要的"无形资产"，它就像一个"城市凝聚力倍增器"，能增强市民的自豪感和认同感，提高市民的精神文明水平，使市民能够为给城市增光添彩而努力工作；还可以使城市在竞争中占据主动，增强城市的外交力量和发言权，促进城市目标和城市利益的实现。同时，良好的城市形象对本市居民和外界公众均能产生生理及行为上的潜移默化的影响，从而产生比经济效益更加显著的综合效果。此外，一个城市如果拥有了国际品牌形象，就能在全球市场上拥有巨大的吸引力，在世界舞台上产生重要影响。

### 2. 有利于整合资源

良好的城市形象能渗透到经济、社会、文化及人的品位等各个方向，进而形成城市的包容力和竞争力。周边地区乃至海内外各地便会根据其城市形象所反映出来的产业结构、经济类别、市场容量、资源优势、生产力水平、投资环境状况和人的素质等因素，选择和确定与其进行经济技术合作和交流的内容和方式，从而推动该城市经济的发展。在城市形象建设中，如果能够形成自己明确的定位和独特的形象塑造，就能把城市的综合实力整合起来，最终为经济文化的发展开辟更广阔的空间。

### 3. 对人口、人才、资金和技术具有更大的吸纳力

城市良好的形象，不仅能折射出城市的魅力和吸引力，也能提高城市的知名度、美誉度，在国内外引起更多人士和机构的关注。良好的城市形象犹如一个巨大的磁场，使周边地区乃至海内外的生产要素（如人力资本、货币资本、商品资本、技术资本等）源源不断地被吸引进来进行配置，从而把无形的精神财富转化为有形的物质财富。

### 4. 有利于增强城市产品的知名度，促进城市产品的外销

城市形象的优劣一方面会影响人才、资金等各种资源的进入，另一方面也会影响本市产品的输出。例如，我国最大的工业城市上海，长期以来以其国际

大都市的形象为上海产品增添了信誉，在国内市场上树立了"买货就买上海货"的口碑。

5. 有利于城市的对外交流和国际化

国际公众对中国的了解可以通过城市这个窗口，借助中国城市的点点滴滴来了解中国人民的生活、中国经济的发展以及民主的进步的，所以良好的城市品牌形象传播有利于增强国家的"软实力"，营造国家层面的良好国际舆论环境。同时，好的城市形象更易于搭起与世界各国交流、合作的平台，从而赢得国际公众的了解、扩大共识。

## （二）以人为本的城市品牌观

1. 以人为本与可持续发展的辩证统一

（1）人本主义思想概述

以人为本是一个古老而永恒的话题，中国道家哲学中就有"贵人重生"之说。它提倡以人为贵而不以物为贵，提倡追求人本身的价值而不是用外在物质的获得来取代人生存的目的，倡导返璞归真的高质量的人类精神生活，反对因追求外在物质享受而损害人的本质和生命，可谓朴素的人本主义思想。

在西方历史上，人本主义指的是 14 世纪下半叶发源于意大利并传播到欧洲其他国家的哲学和文学运动，同时也指承认人的价值和尊严，把人看作万物的尺度，或以人性、人的有限性和人的利益为主题的任何哲学。它与超自然信仰和中世纪的亚里士多德主义相对立，是构成现代西方文化的一个主要要素。而在当代，人本主义思想已经发展成为一股错综复杂的思潮。它与科学主义相结合，发展出实用主义；又主张反对科学主义，如存在主义和法兰克福学派；甚至与后现代主义相结合，如反人本主义等。人本主义也渗透到多个学科领域中，如伦理学、心理学、教育学等。

鉴于西方人本主义思潮的错综复杂，笔者主要借鉴其"以人为本"的基本出发点来探讨问题，并主要引用马克思人本主义思想作为理论依据。马克思认为，"人是人的最高本质""人的自由全面发展则是共产主义社会形态的最高原则"。具体来讲，即作为社会关系总和的人，需要求得自身的生存、发展，需要人际关系（社会）的和谐，需要人与自然的和谐。人的自由全面发展是社会发展的根本动力和终极目的。

（2）以人为本的可持续发展

"贵人重生，天人合一"这一中国道家在两千多年前提出的主张，可谓穿越千古的惊世洞见。"贵人重生"强调追求人本身的价值。"天人合一"又补充了人还要和自然和谐相处。如果说前者是以人为本的朴素思想，那么后者可谓最古老的可持续发展观念。

而今天，当经历了"以资本为核心"的传统工业时代，当赖以生存和发展的环境和资源遭到了严重破坏，并饱尝了环境破坏和价值失落的苦果时，人类开始重新审视自身和社会的发展。"可持续发展"（Sustainable Development）即是在这样的背景下提出的新发展观。1987年，世界环境与发展委员会在东京召开的环境特别会议，时任挪威首相的布伦特兰夫人做了著名的报告《我们共同的未来》，报告第一次明确提出，可持续发展是"既满足当代人的需要，又不损害子孙后代满足其需求能力的发展"。她的这一概念得到了与会人员广泛的接受和认同。通过世界环境与发展委员会的一次次呼吁，可持续发展从一个生态学概念逐渐质变成一个指引人类发展的重要发展观。可持续发展观主张建立在保护自然系统基础上的持续经济增长，即人类的经济和社会发展不能超越资源与环境的承载能力；主张公平分配，以满足当代和后代全体人民的基本需求，即一代人不要为自己的发展与需求而损害人类世世代代的自然资源与环境；主张人与自然和谐相处。

由此，我们可以看出可持续观中包含了"以人为本"的思想。可持续发展的本质意义就在于人类的持续生存和发展，以及人与社会、人与自然的和谐共生。1992年的《里约环境与发展宣言》指出"人类处于普遍关注的可持续发展问题的中心，他们享有以与自然相和谐的方式过健康而富有生产成果的生活的权利"。1994年，在开罗举行的国际人口与发展大会上通过的《国际人口与发展大会行动纲领》指出"人人有权为自己的家庭获得适当的生活水准，包括足够的食物、衣着、住房、饮用水和卫生设备"，并明确提出了"可持续发展的中心是人"。

因此，我们可以得出结论：以人为本与可持续发展是辩证统一的，马克思人本主义的"人的自由全面发展"目标实现需要经济、社会、文化等的可持续发展来保证。同时，可持续发展的终极意义和具体主张中都充溢着"以人为本"的人文色彩。

可持续发展的观点目前已经被世界上大多数国家或地区的政府所接受，走可持续发展之路是人类文明发展的一个新阶段。我国也将可持续发展作为摆脱人口、资源和环境困境，赢得国际竞争的新战略，并把可持续发展原则贯穿到了各个领域。

### 2. 城市品牌与城市可持续发展的关联分析

在城市经营的研究中，探讨可持续发展概念的较多，许多学者都提出了城市经营旨在实现城市的可持续发展。但是在涉及城市营销和城市品牌的研究中，多着重于发展城市经济、提高知名度、赢得竞争力等短期目标。城市品牌建设实践中也存在着重抓经济建设、形象工程、品牌知名度，却忽视城市经济社会以及环境协调和谐发展的现象。

城市品牌的塑造与城市的可持续发展也存在关联。在城市竞争力研究中，城市品牌是作为城市综合竞争力的一个外部因素和城市价值链的一个环节而存在的（见图 3-1）。

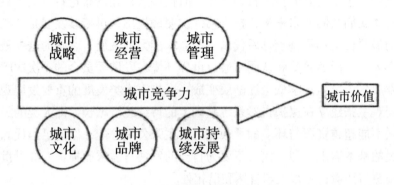

**图 3-1　城市价值创造外部因素示意图**

城市竞争力指的是"通过提供自然的、经济的、文化的和制度的环境，集聚、吸收和利用各种促进经济和社会发展的文明要素的能力，并最终表现为比其他城市具有更强、更持续的发展能力和发展趋势"。而城市价值表现为两个层面：一是城市价值的最大化；二是城市形态的高层化。因此，城市竞争力和城市价值的最终指向是城市的可持续发展，城市品牌亦可融入城市可持续发展的系统之中。

（1）城市品牌是城市可持续发展的外部表现

城市可持续发展指的是"在一定的时空尺度上，以长期持续的城市增长及其结构变化，实现高度发展的城市化和现代化，从而既满足当代城市发展的实现需要，又满足未来城市的发展需求，它包括城市经济、环境、社会可持续发展三个系统，具有区域性、综合性与层次性。其中，城市经济可持续发展是条件，环境可持续发展是基础，社会可持续发展是保证"。

城市品牌是城市个性化的沉淀，是在竞争激烈的市场中所引起的受众偏好的重要识别特征，是城市在长期的经营或服务过程中形成的无形资产，是一种系统合力的体现。这一无形资产和系统合力能够给城市的发展带来良性循环，品牌知名度和美誉度的提升可招揽更多的投资，从而促进区域经济的发展；品牌个性在与城市文化和城市精神的交融中得以彰显和升华。城市公民在强烈的品牌归属感下创造出新的文明。如同一个成功的产品或企业品牌具有强大的生命力一样，一个卓越的城市品牌也能够促使城市挖掘自身潜力，突破发展瓶颈，赢得超越竞争者的竞争优势，从而达到经济、文化、环境等方面的和谐发展。

因此，可以说城市品牌是城市可持续发展的外部表现，它直接体现了城市可持续发展的程度。

（2）城市可持续发展是城市品牌的最终指向

城市品牌既然是城市可持续发展的外部表现，那么反过来，实现城市的可持续发展就是城市品牌塑造的最终意义所在。城市经济的发展、城市形象的塑造、城市知名度的提高等，都只是城市品牌塑造的阶段性目标，都只是实现城市可持续发展道路上的一个个步骤。如果把过程、步骤视为最终目标，必然出现目光短浅甚至歪曲理解等现象。将城市可持续发展纳入城市品牌的视野和范畴中，无疑赋予了城市品牌战略一个全局视野和全新高度，也赋予了其新的内涵和本质。

同时，城市品牌也要实现自身的可持续发展。在品牌学理论中，品牌的成长过程可分为导入期、推广期、成熟期、衰落期四个阶段。城市形态也有五种演化模式，即开放型城市、成长型城市、停滞型城市、衰退型城市和濒危型城市。因此，一个城市品牌的建立不是一劳永逸的，而是长期持续的、系统的，与城市的发展变化相适应的一系列品牌战略和规划。如何针对不同的成长阶段采取不同的品牌策略，使品牌资产实现由积累到释放的过程，对品牌竞争优势加以创建、维护和充分发挥，从而实现城市品牌的持续发展？城市可持续发展可谓一个终极指南，它可让城市品牌不没落于城市沧海桑田的变化中。

城市的可持续发展与城市品牌存在如此紧密的关联，可持续发展中又包含了以人为本的思想。所以我们可以推演出一个核心概念——以人为本的城市品牌观。

3. 城市品牌形象塑造应以人为本

城市品牌是一个系统、综合的概念，从不同的角度可以看到它的不同侧面。如从价值论角度，我们看到城市品牌在战略层面的意义、目标、价值取向等；从认识论角度，城市品牌识别系统包含着品牌精髓、品牌个性、核心识别、延展识别等；从方面论角度，可看到城市品牌化过程，如品牌定位、品牌策略、品牌推广、品牌管理等战术层面的内容。以人为本的城市品牌观就是从以人为本的发展观来审视这方方面面，将人的全面发展和城市可持续发展纳入城市品牌战略的意义和价值范畴，从人与社会、自然和谐发展的角度重新认识城市品牌识别系统的社会与文化内涵，并将以人为本思想运用到城市品牌化的具体步骤之中，实现品牌定位、传播、管理等的创新。笔者在此用一个模型来呈现这一观点（见图3-2）。

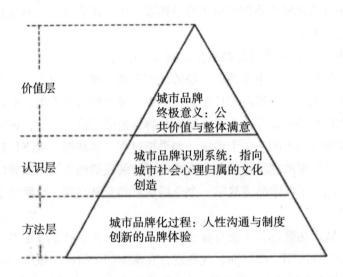

**图 3-2　以人为本的城市品牌观**

（1）城市品牌终极意义：公共价值与整体满意

在有关城市品牌的研究中，研究者多将城市品牌运作的目标和意义锁定在城市价值上，城市营销、城市品牌作为提高城市竞争力、实现城市价值增值的因素而存在。城市价值是城市管理研究中的一个概念，价值原本是经济学的一个基本概念，对城市价值的研究也是以经济利益为起点的。如城市价值链、城市价值网络、城市收益等理论。随着工业化、城市化和商品经济的发展，价值主体之间的竞争、多元价值并存乃至冲突，逐渐成为人类社会的部分突出问题，价值概念也开始向更广泛的意义渗透。对于城市价值的探讨也进入了一个新的领域，如公共管理研究中的"公共价值"，城市价值的人本主义回归倾向等。

美国哈佛大学肯尼迪政府学院的马克·莫尔认为，公共管理的终极目的就是为社会创造公共价值。城市营销、城市品牌的运作即是公共价值与私人价值之间的一个博弈和激励过程，旨在实现公共价值的最大化。张鸿雁提出"城市社会整体满意系统"，指出进入工业化，甚至后工业化时代以来，人类的民主进程加快，城市与国家都面临着存在价值的转型，现代城市与现代国家的市民社会一样，都不再是少数人的，而是全民的。城市存在的价值是社会整体——

市民社会的整体利益，集中表现为城市社会整体财富的利益公共性。从更完整的意义上说，城市的发展包含着社会整体满意的体系，即城市市民满意、城市游客满意、投资者满意、环境满意、管理者满意、社区满意、机制满意、历史满意以及未来满意等。这个"满意范畴"的深刻内涵还包含着市民社会的个体选择宽度和城市社会整体民主程度。"公共价值"与"城市社会整体满意系统"有异曲同工之妙，都体现了民主思想以及以人为本的宗旨。

　　将城市品牌的根本目的和终极意义指向公共价值和城市社会整体满意系统，无疑是将城市品牌从促使产业发展、突破城市发展瓶颈的经济目标中升华，并与城市和人类发展最终目标相融合。在促进城市财富增长、经济发展的同时，城市品牌运作亦追求人类自身的完善发展、人际社会的和谐性以及人与自然关系的可持续性，将城市可持续发展、城市社会的和谐度和城市居民的幸福感视为己任。此为"以人为本"城市品牌观的价值视野。换句话说，城市营销、城市品牌对城市价值的促进和提升，不仅指对城市经济价值，也包括了人文价值、社会价值、环境价值等在内的各种价值的综合和系统的提升。

　　市场营销学的品牌理论为城市品牌识别系统描绘了层次清晰、极具操作性的模式，如从品牌精髓到核心识别再到扩展识别三个层次，又如消费存在（产品、顾客）、空间存在（城市特性、空间价值）、文化存在（城市历史、文化特征）、符号（视觉标志、建筑、行为事件）等各种意义上的多元城市品牌识别等的城市品牌。而"以人为本"将给这些抽象的概念带来灵动和生趣。

　　"城市文化资本"是张鸿雁在城市形象研究中提出的一个概念。其借鉴布尔迪厄的"文化资本"概念，从个人文化资本——教育和相关文化资源的意义上延伸到城市，强调城市业已存在的精神文化、物质文化、制度文化和财富的"资本性"意义，如城市自身的文化遗存、流芳千古的人物和精神价值，以及城市自身创造的一系列文化象征与文化符号等，都具有鲜明的资本属性和资本意义。同时，与单纯的经济资本的差异是，"城市文化资本"是人类精神与物质文化的一种新内涵，是人类发展的一种精神支柱，是人类社会进化的文化"动力因"。张鸿雁指出，城市形象系统具有城市文化资本的意义，"城市文化资本"运作即是城市经营、城市营销的最新创造和运用。

　　（2）城市品牌识别系统：指向城市社会心理归属的文化创造

　　国内外有关城市形象和城市品牌的研究多有交叉重叠之处，尤其是城市形象识别系统与城市品牌识别系统两个概念，虽然一个来自企业 CIS，一个植根于品牌理论，但研究对象很是相似。因此。当我们尝试从城市形象研究中的社会人文关怀角度来看时，发现城市品牌系统也属于城市文化资本范畴，也是城市发展的一个文化"动力因"。

从这个意义出发，城市品牌识别系统的人本主义含义可以理解为是城市社会心理归属的文化创造。城市是人创造的一种环境，这个环境被人们所依赖：城市可以使居住者产生心理归属感，甚至是荣誉感和优越感。如芒福德提道："最卑微的居民则可以将自己同城市的集体人格联系起来，同城市的权力和光彩联系起来。"同时又为人们所改造：城市品牌塑造是这种改造的外部表现，它能够使城市更加彰显个性，发挥现代化成就以及历史文化底蕴、精神传统的魅力，进而增加城市的凝聚力和吸引力，慰藉人类渴望家园和归属的心灵。城市品牌识别系统本身就是这种个性与魅力的外部表现，也是城市社会归属的文化表现。

（3）城市品牌化过程：人性沟通与制度创新的品牌体验

城市品牌化过程是寻找城市品牌定位、品牌传播与推广、效果评估、品牌资产管理、危机管理以及其他过程的组织协调。将以人为本的思想贯穿到这个过程中，则将使这些程式化的操作模式更加人性化。如城市定位着眼于人居、健康等人本概念，品牌推广强调沟通、互动，组织管理进行制度创新、公私协同、全民参与等。

城市社会的到来为中国社会带来了巨大的变迁和转型，在整体文化行为意义上，促进了"城市新文化行为"的兴起。"城市新文化行为主义"是张鸿雁提出的又一概念，他认为，城市形象塑造和建设过程，是"城市新文化行为主义"的一个表现形式。"城市新文化行为"运动是工业社会向后工业社会转型过程和全球化、民主化趋势中的一个潮流，是人类的社会理性和自然理性的一种归属，它使城市社会的个体成员获益。

以人为本的城市品牌化过程也可以表述为一种城市新文化行为。本着人本观念对城市品牌化过程进行操作和治理的创新，必然使城市社会的价值观、城市的精神理念、城市存在的意义、城市空间符号的社会与文化属性、城市人的行为礼仪、城市人与自然环境的关系、城市人与社会空间的互动关系、城市与社会生态和谐的共生竞争关系等得以重构，进而获得新的含义。

城市品牌化是一个系统、综合的工程，它涉及多学科领域的理念运用，如城市规划学、城市社会学、公共管理学、营销学、传播学、广告学等。同样，其以人为本的创新也可以借鉴各学科的前沿理念，如城市规划中的"人居"概念，营销学中的"关系营销""体验营销"，城市管理领域的"城市治理"等。

## （三）我国城市形象的发展

城市形象在我国的发展，可以划分为以下四个阶段。

### 1. 萌芽期

城市形象在中国最早可以追溯到上古时代，那时还没有"城市形象"的叫法。《周礼·考工记》有关"前堂后室，左祖右社"的记载就是对城市结构的一种描述。20世纪20年代末，陈植在《东方杂志》上撰文，专门强调："美为都市之生命，其为首都者，尤须努力改进，以便追踪世界各国名城，若巴黎、伦敦、华盛顿者，幸勿故步自封，以示弱与人也。"20世纪30年代的大学教材《都市计划学》中也专门设列"城市美观"一章，并论及："城市计划家均公认，美为人生之一需求，美学属于精神上卫生之一道也。"这表明20世纪二三十年代，城市形象设计的理论与实践都已在我国崭露头角。

### 2. 探索期

20世纪70年代中期，国外的一些学者提出了"城市形象建设"这一新概念，并展开了深入的研究和大胆的探索，逐步认识到城市形象在城市经济、社会和文化整体协调中的重要作用，并强调在城市发展规划中要注意塑造和设计自身独特的形象。与国外城市形象理论研究和我国城市形象建设的实践相比，我国城市形象理论研究工作明显落后，20世纪80年代以前，在计划经济体制下，中国的城市形象是自发形成的，且城市产业居于核心地位。

### 3. 发展期

20世纪80年代到90年代初，随着改革开放的推进，我国的城市化步伐加快，这一时期城市美学、城市景观建设理论蓬勃兴起，在这些理论的孕育推动下，在20世纪90年代初则明确提出了城市形象建设的概念范畴和战略理念。与此同时，城市形象设计建设在许多城市相应开展。1992年7月，广州花都区在全国率先进行了形象设计。

### 4. 竞争期

20世纪90年代以来，城市间竞争加剧，部分城市开始用营销理念规划城市。1994年，广州地理研究所的陈俊鸿在花都城市形象设计的基础上，提出了中国城市形象设计必须遵循的"四大原则"，即城市形象的整体性原则、个性化原则、多样性原则和同一性原则。认为城市形象包括城市的总体形象、城市的景观形象和城市的标志形象三个部分，城市形象是这三种形象有机结合的整体。1995年12月15日，广州成立了地区形象研究所。1997年5月，广东兴宁市在广州举行"兴宁市形象设计论证会暨地区形象理论研讨会"。1997年8月，"全国城市形象设计研讨会"在浙江金华市举行，与会者探讨和交流了城市形象设计的理论和经验。在本阶段，城市形象改变了以往"以城市为中心"的营销理念，开始注重"以城市消费者为中心"的营销型念，城市形象的差异化开始兴起。

## 二、城市品牌形象塑造存在的问题

在我国城市形象建设实践和理论研究蓬勃发展的同时，还应当看到目前国内的城市形象设计与建设，由于缺乏系统理论的指导，尤其是缺乏科学的管理方法和手段的应用，也存在许多问题，主要表现在以下几个方面。

### （一）城市形象定位存在的问题

城市形象定位有很多要素，这些要素能够帮助公众进行判断。比如大家一提到北京，就想到了文化、政治中心，东方古都；一提到上海，时尚、商业化的形象就会浮现于脑海；而提到成都和广州，马上会想到代表川、粤两地的美食。城市定位看起来只是简单的几个字或一句话，但这简简单单的一句话里包括一系列的东西，历史的、地理的、经济的、社会的因素，甚至影响广泛的创意活动，对城市发展的定位产生影响。为城市定位能够帮助城市定调子，指明今后的发展道路。但目前我国城市形象的定位较混乱，普遍存在着优势未能彰显，越位、错位和定位单薄等问题。

1. 城市形象定位缺乏文化内涵

很多城市在定位自身形象时片面地认为，城市形象建设就是通过建造外观雄伟的城市标志性工程来体现城市的综合实力和影响，从而强调重大的硬件建设，忽视城市形象中文化背景与风格等软件的建设。在我国城市快速发展的今天，一些原本颇具地方特色或民族特色的城市，正在被造型无特点、似曾相识的新建筑所湮没，这就是人们所说的特色危机。

2. 城市形象定位不准，盲目营销

城市在为自己的形象进行定位时，要么觉得自己的文化古迹值得说、山水秀美值得说、文化名人也要宣扬，哪个都不舍得放弃，结果给自己的定位含混不清，毫无特色可言；要么是在还没弄明白什么是品牌营销的情况下，盲目地搞城市品牌营销，为了出名，采取急功近利的营销做法，什么名都要，什么牌都定，什么热闹事都要营销一把，结果城市品牌不但没有营销出来，反而把城市品牌弄得越来越杂乱，越来越模糊，最后把自己弄成了一个"四不像"。

### （二）城市形象规划建设存在的问题

我国城市在进行城市形象规划和建设时普遍存在一些问题，需要引起重视。

**1. 城市规划的前瞻性不够，使城市形象内涵单薄**

有些城市在进行城市规划时仍停留在传统的功能界定上，定位于组织生产、流通的消费城市、生产城市。即使有些城市逐渐认识到了文化营造的重要性，在建设的重心上仍然存在偏差，要么追求做大、做强，要么把服务对象定位于少部分人群。这样的城市规划只形成了城市形象的物理空间表象，无法体现城市形象的精神内涵。

**2. 城市建设趋同性严重，使城市视觉形象缺乏特色**

在当今"全球化"浪潮的冲击下，我国的城市也变得越来越相似，昔日多姿多彩、各具特色的城市面貌迅速消退。城不分大小，地不分南北，千城一面，趋于同一。人们从绝对的经济角度、旅游角度强调城市的重要性，却忽视了城市的另一面——悠久的历史、丰富的文化是公共交流的介质和文明社会的结晶。正如英国城市建筑学家刘易斯·芒福德所说："城市是文化的容器。"没有文化，城市就失去了它的精神维系。缺少自身文化气质的城市形象很容易趋同。

**3. 城市建设价值取向错位，使城市形象成为"表面工程"**

城市建设的最终目标是让居住在其中的人感到满意，也就是说，城市应当为人服务。因此，城市设计的价值取向应该是：面向广大的城市市民，面向大众。城市设计的目标应是创建适宜大众生存的现代环境，坚持功能与审美相结合的原则。但是，由于中国的城市建设主要是由政府导向的，不少城市的建设多为展示而规划，将建筑和城市空间作为表演的舞台，设计的目的是令观众激动，让参观者惊叹，从而突出政府的工作业绩。这也使得城市形象成为"表面工程"。

# 第三节　城市品牌形象塑造的媒介

随着社会的发展，科技的进步，城市之间的竞争越来越激烈。现代城市之间的竞争已从单纯硬件条件的比拼转化到软实力的较量，而在软实力的竞争中，对于城市的形象宣传，成为至关重要的环节。因为一个城市的形象是吸引外界关注的一个窗口，一个城市形象的好坏，在一定程度上可以影响人们对这个城市的印象。

现如今，越来越多的城市都在如火如荼地进行着各自城市的形象宣传，不过在宣传的过程中出现了一种"千城一面"的现象，造成这种现象的原因就是这些城市没有为其城市制定整体的宣传战略目标，没有准确地进行城市的形象定位，没有分析各种影响城市宣传效果的因素等，以至于一些城市宣传毫无特色，不能被人们所喜欢和认同。为了突破这些瓶颈，越来越多的城市开始走品牌化的道路。品牌是一门沟通的艺术，它的目的是持续地创造品牌的个性，影响目标受众的行为、态度、价值取向等，是长期的持续性的创建活动。与以往的城市形象宣传相比，城市品牌形象宣传视野更加广阔，传播效率更高。

媒介是城市品牌形象塑造过程中必不可缺的要素，它是整个城市品牌形象塑造过程中的载体，所有的城市品牌形象宣传都必须通过媒介来完成，媒介在整个城市品牌形象塑造过程中起着至关重要的作用。而随着新媒体的不断发展，越来越多的媒介环绕在我们身旁，令人应接不暇。事实证明，只有选择最适合自己的媒介，才能有效地进行城市品牌形象宣传。换言之，只有精准的广告投放才能减少不必要的资源浪费。

# 一、城市品牌形象塑造过程中的媒介选择

## （一）背景

伴随着社会的不断发展、科技的日新月异，我国的城市经济与社会文化都发生了很大的变化。而随着城市化进程的不断推进，我国城市的数量得到了大幅度增加，城市人口也急剧增长。城市规模的扩大，让城市成为我国经济发展的引擎。在如此激烈的竞争环境下，我国的城市开始转变发展模式，由单纯的硬件设施的比拼转化为综合实力的较量，特别是软实力的竞争，各个城市纷纷制定整体的城市发展战略目标，对其城市进行合理的定位与分析。而在整个城市品牌形象塑造过程中，媒介起到了至关重要的作用，合理地选择媒介可以快速有效地进行城市形象宣传，并且减少不必要的资源浪费。现如今，我国的城市形象建设正处于稳步向前发展阶段，我们对城市形象的传播也在积极地探索当中，各方面的理论、实践经验并不丰富，媒介资源浪费现象很严重。所以这里把写作重点聚焦到如何进行媒介选择上，希望通过对媒介选择的研究，可以使城市形象得到更好、更为深远的传播和发展。

## （二）目的和意义

在城市品牌形象塑造的相关研究中，对城市品牌形象塑造过程中的问题研究、城市品牌营销战略研究、城市品牌策略研究以及城市品牌个案研究得比较多，而对城市品牌形象塑造过程中的媒介选择研究比较少。作为宣传载体的媒

介，对城市的宣传效果起着至关重要的作用。目前，媒介选择还是一个比较模糊的概念，并且存在着很多问题，这在一定程度上，不仅对城市品牌信息的有效传递产生了影响，而且也造成了资源极大的浪费。因此精准地选择恰当的媒介进行城市品牌形象宣传，具有重要的理论价值和实践意义。

这里对城市品牌策略中的媒介选择策略进行深入研究，目的是通过对城市品牌形象传播过程中的媒介选择因素进行分析，综合考量这些影响因素后提出合理的媒介选择策略，继而使城市品牌形象得到有效的传播，进行精准的城市形象广告投放，减少不必要的资源浪费。

### （三）关于媒介选择的研究

国外对媒介选择的研究主要集中于两种。其一，媒介选择影响因素分析。包括 1949 年香农和韦弗提出的"香农－韦弗数学模式"，这种模式是为了说明信息的传递和信息的接收之间会受到渠道当中的噪声影响，这种噪声来自社会当中的方方面面。霍夫兰的"信源的可信性效果"理论认为，信源的可信度越高，其说服效果越大；可信度越低，其说服效果越小。这个概念说明，媒介的可信性在整个信息传播过程中具有至关重要的作用。其二，受众媒介选择的行为分析。包括"使用与满足"理论。该理论把能否满足受众的需求作为衡量传播效果的基本标准，把受众成员看作有着特定"需求"的个人，把受众的媒介接触活动看作基于特定的需求动机来"使用"媒介，从而考察这些需求得到"满足"的过程。

新闻传播学领域下，国内关于媒介选择的研究大致分为三类：广告的媒介选择研究、受众的媒介选择研究、产品品牌推广过程中的媒介选择研究。

### （四）城市品牌形象塑造过程中的媒介选择现状

现如今的城市品牌宣传中所运用的媒介可谓是纷繁多样，它们不仅在以报纸、杂志、广播、电视为主的传统媒体上刊载，而且在以网络为代表的新媒体中广为运用。纵观这些媒介，各有各的风格，各具各的特色。不过，不同媒介的运用所带来的效果可能是不同的，并且这种差距可能是非常大的。同样的媒介，不同城市运用，有的城市在宣传过程中会产生良好的广告传播效果，而有的城市却适得其反，不仅没有达到理想的宣传状态，还造成了一定程度的经济损失。

1.媒介选择的盲目性

当今社会，各种媒介铺天盖地，层出不穷，充斥在我们的身旁，令我们应接不暇。而有些城市在进行品牌形象宣传中，盲目选择媒介，传播的效果当然不尽如人意。例如，某些城市在进行品牌形象宣传过程中，没有好好地把握自身的特点、分析自己的具体情况而盲目选择知名大媒介，像中央电视台这样收视率高、覆盖范围广的媒介，虽然这样的媒介优势显著，但广告费却不菲，一旦达不到理想的传播效果，就会有"赔了夫人又折兵"的情况发生。

2. 媒介选择的单一性

目前，有些城市在进行城市品牌形象宣传的过程中所利用的媒介形式表现单一，例如某些城市只利用报纸、电视或网络进行形象宣传，虽然每一种媒介都有其各自的优点，但单一的媒介在大多数情况下毕竟覆盖面有限，并且辐射力也有约束。单一的宣传模式容易给人们带来枯燥和乏味的感觉。

3. 媒介选择缺乏专业性

有些城市在进行宣传的过程中，它所选用的媒介可以用一个词语来形容，就是"东一榔头，西一棒子"，时间安排上也是随意的，没有一个宏观的把控。例如，有些城市在宣传过程中既用报纸、杂志，又用电视、网络，但这几种媒介都是孤立地在战斗，并没有有机地结合在一起，这样造成的结果是花了几倍的价格换来一分或者更少的效果，得不偿失。

## 二、城市品牌形象塑造过程中的媒介选择因素

媒介作为信息传递的载体在城市品牌形象塑造的过程中起到了至关重要的作用，而如何选择媒介则是其中的重中之重。那么研究如何选择媒介的首要任务就是要分析影响媒介选择的各个因素，从而有的放矢地选择适合自己的媒介，达到良好的宣传效果。

城市品牌形象塑造过程中的媒介选择受到多方面因素的影响，大致可以分为三种：社会环境因素、媒介环境因素、受众因素。其中，社会环境因素又包括社会政治、经济和文化方面的影响；媒介环境因素包括传统媒体、新媒体以及媒介融合的影响。

### （一）社会环境因素导向

任何存在于社会环境下的个体都会在不同程度上受到社会环境的影响与制约，大体上主要来自社会的政治、经济和文化方面的影响。这些因素在潜移默化之中影响着宣传主的媒介选择活动。

1. 社会政治环境

爱默生曾经说过："城市是靠记忆而存在的。"一个城市的政治环境与这

个城市的历史是息息相关的。换句话说，一个城市的政治环境受到这个城市的历史影响，它继承了这个城市悠久的历史文化，使之传承与发扬光大。对于这些城市的宣传，主要选择官方媒介，因为官媒在所有的大众传媒中最具权威性和厚重性。在这里列举几个典型的受政治环境影响比较大的城市。

首先是中国北京。北京是中国的首都，同时也是中国四大古都之一，从西周开始直至今日，很多帝王都设都于此，这个城市便成为中国的政治中心。现如今，北京的政治地位更加突出，无论是会见各国元首、政要，还是各大政府会议的召开，都在这座城市。2008年，北京代表中国举办了世界奥林匹克运动会，这更加说明它的政治地位是如此的重要。

其次是英国著名城市考文垂。考文垂得以闻名于世是由于其特殊的历史原因，第二次世界大战将这座千年古城夷为平地，许多历史建筑与文物都化为灰烬。第二次世界大战结束后，考文垂重新建设了自己的家园，座座现代化的高楼大厦拔地而起，公园绿树成荫，鸟语花香，被誉为"灰烬中飞出的金凤凰"。各种媒体对考文垂的介绍基本上是从其特殊的历史政治事件讲起的。

最后是墨西哥著名旅游城市坎昆，它不仅是一个风光旖旎的城市，而且由其举办的"坎昆会议"被人们所熟知。坎昆会议是发展中国家首脑和发达国家首脑第一次坐在同一张谈判桌上，正式地专门讨论南北关系问题的会议，具有历史性意义。

由于上述城市具有的特殊的历史地位和历史意义，并且这些城市被世人熟知是由于其独特的历史和政治事件，所以这些城市的宣传所选择的媒介大多是政府官方媒体，或是具有一定严肃性的媒体，这样能够体现城市的历史独特性与厚重性。例如，对于首都北京的城市宣传来说，大多利用的是中国的官方媒介，像中国中央电视台、中国国际广播电台、新华通讯社、人民日报、新华日报、人民网、新华网，等等，近年来的宣传趋势为以对外传播为主，并且利用国外知名度高的媒介，如BBC（英国广播公司）、CNN（美国有线电视新闻网）等进行海外宣传。所以，官方媒体是这些城市在形象宣传过程中首先要考虑的媒介。

2. 社会经济环境

经济基础决定上层建筑，一个城市的经济决定了这个城市的发展，经济是一个城市显著的符号，而有些城市以其显著的经济特征被世人所熟知。

纽约，美国第一大城市，世界著名的金融区。它是世界的经济中心，也是世界三大金融中心之一。纽约以曼哈顿下城的华尔街为龙头，被称为世界的金融中心，同时世界上最大的证券交易所——纽约证券交易所也位于此地。经济成为纽约的一个最为显著的城市符号。

东京，日本首都和最大的城市，同时也是世界五大全球性国际金融中心。丸之内和银座是东京的心脏，这里汇集了全日本几乎所有的顶级公司总部。这里每天指挥着全球无数的日资企业进行经济活动，每天都有无数从全球获得的利润汇入这里。一提到东京，我们就会联想到繁华的都市和商业区域，繁荣的经济以及现代化的高科技产品。东京以其卓著的经济特征被世人所熟知。

沈阳，辽宁省省会，东北老工业基地的中心城市，它是中国最重要的以装备制造业为主的重工业基地，随着国家振兴东北老工业基地的政策出台，以沈阳为首的东北老工业城市的经济地位又得到了进一步的提高。然而，无论是美国的纽约、日本的东京，还是中国的沈阳，一提起这几座城市，人们首先想到的就是它们显著的经济特征，它们以其特殊的经济使命对其国家的发展起着至关重要的作用。

对于这些城市的宣传，大多数媒体的侧重点是围绕其显著的经济性特征来宣传，然后再延伸到城市的各个领域中去。相对于其他城市来讲，包含这些城市的新闻大多数出现在以经济类为主的媒介当中，如经济新闻联播，经济类的报纸、杂志等，所以对这些城市进行形象宣传时，它们显著的经济特征是不容忽视的。

### 3. 社会文化环境

一座城市的社会文化，反映了这座城市的精神面貌。一座城市的社会文化同时也是这座城市的灵魂所在。随着社会的不断发展，人们的物质生活不断得到满足的同时，人们对于精神文化的需求也就越来越高。而文化符号以其强烈的感染力和冲击力影响着人们对城市的印象和看法。现如今，越来越多的城市以其生动的文化感召力，吸引着人们的眼球，推动着城市快速发展。

巴黎，城市与艺术的双重结合。将"时尚"与一座城市联系在一起，想必大家会第一个想到这座城市——巴黎。没错，巴黎一直都是一座魅力非凡的时尚之都。巴黎是法国文化的中心，拥有众多剧场和电影院，最著名的当属巴黎歌剧院。巴黎的街头艺术十分活跃，在城市西北部的泰尔特尔艺术广场是世界闻名的露天画廊，每天都有不少画家在这里即席作画出售。凡尔赛宫、卢浮宫、巴黎圣母院等都是具有独特文化艺术的殿堂。

维也纳，世界音乐之都。维也纳既是奥地利的首都，也是奥地利最著名的城市。这里是每一个爱好音乐的人向往的圣地，久负盛名的维也纳金色大厅，是维也纳最古老、最现代化的音乐厅。这里不仅有音乐，还有精美绝伦、风格迥异的建筑。古罗马式、洛可式、巴洛克式、哥特式等建筑风格在这里被展现得淋漓尽致。这里的文化源远流长，这里的装饰艺术享誉全世界，所以这里还是"建筑之都、文化之都、装饰之都"，这里是完完全全的艺术的天堂。

上海，最具魅力的文化都市。除了蓬勃发展的经济以外，上海更多给人的感觉是时尚的，具有活力的。并且上海以其独具的海派文化，被人们所熟知。海派文化既有江南文化的古典与雅致，又有国际大都市的现代与时尚，它具有开放而又自成一体的独特风格。

在激烈的城市软实力竞争下，城市更应该顺应时代的发展，加强对文化的建设。而对于像巴黎和上海这样本身具有浓厚文化底蕴的城市，更应该继续不断地去塑造自己的文化特性。在其城市的宣传过程中，通常需要的媒介也应该是活跃的、时尚的，不失沉闷的，也就是说从传播内容到传播手段都要互相契合，这样才能达到良好的传播效果。在比较活跃和时尚的媒介当中，杂志不失为一个首选。除了保存性高、没有阅读时间限制、发行量大以外，其最大的特征就是内容编辑的精细和印刷的精美。彩色的图片，高质量的纸质，精心的排版，无不在给大众带来视觉冲击力的同时带来美的感受。如《城市画报》，它是以原创为主的反映年轻人生活状况和生活态度的一本杂志。这种文艺小清新的风格吸引了很多读者的关注，因为受众在阅读故事的过程中就会感受到城市的魅力，这种传播方式会给受众带来自然和亲近的感觉，相比其他城市形象宣传方式而言，这种宣传方式更能吸引受众的关注，特别是追求时尚和艺术的年轻人。这种宣传方式在无形之中使城市的形象得到了广泛的传播，同时这种传播方式正吸引着越来越多的年轻人的关注。还有一种类型的杂志也是非常不错的城市形象宣传的媒介选择，如《中国城市旅游》杂志，它是中国第一本真正意义上的城市旅游文化类主流期刊，全景式展现城市风采，塑造城市形象，对城市品牌形象的传播有着很强的影响力。类似的还有《中国国家旅游》《旅游天地》《当代旅游》等。所以，杂志具有的独特的风格，应该被这类城市所重点关注。

## （二）媒介环境因素导向

随着经济的不断发展，社会的不断进步，新媒体层出不穷，大众传播对现代社会的影响越来越大，与此同时，受众获取信息的方式与途径也越来越多，受众已不是处于一个单纯的被动接收信息传播的状态。在这个纷繁复杂的信息社会中,各种各样的信息充斥着我们的生活,令我们应接不暇。在这些信息当中,相当一部分是被浪费掉的,真正映入受众眼帘的信息是屈指可数的。李普曼的"拟态环境"理论指出,"现代社会越来越巨大化和复杂化,人们由于实际活动的范围、精力和注意力有限,不可能对与他们有关的整个外部环境和众多的事情都保持经验性接触,对超出自己亲身感知以外的事物,人们只能通过各种新闻供给机构去了解和认知。因此,大众心目中的城市形象很大程度上来自传媒,传媒自身的强大功能对城市形象能够产生很大影响。城市形象通过媒介在民众心目中形成印象,在构建城市形象中,媒介具有不可替代性,现代社会城市形象的构建依赖于媒介的传播"。

这里所指出的媒介环境因素大致分为三类:一是新媒体的崛起;二是旧媒体的发展;三是新旧媒体的融合。

### 1. 新媒体的崛起

新媒体是新的技术支撑体系下出现的媒体形态,如数字杂志、数字报纸、数字广播、手机短信、网络、数字电视、数字电影、触摸媒体等。相对于报纸、广播、电视、杂志四大传统意义上的媒体,新媒体被形象地称为"第五媒体"。新媒体的迅速发展为新时代的城市形象宣传提供了一个崭新的传播途径,这种新兴的媒介同时也给它所宣传的城市注入了新的生机与活力,并且推动着城市的迅速发展。在这里列举几个具有代表性的新媒体与城市宣传结合在一起的案例。

微博。时效性强、互动性高,方便、简单、易操作是微博最为显著的新兴媒介特征。我国各个城市纷纷开发自己的城市微博,吸引广大受众的关注。例如,北京发布、上海发布、南京发布、沈阳发布、成都发布,等等,这些微博都是其城市的政府官方微博,目前粉丝数量都达几百万,可见其影响力不容小觑。而每一个城市的微博简介,虽然字数不多,但反映的都是这个城市的缩影。通过简介我们可以读出这个城市的定位和内涵,在头脑中可以勾勒出这个城市的形象。例如上海,它的政府微博简介这样写道:"飞驰中构建城市蓝图,奔跑中传递城市变迁,信步时欣赏城市美景,闲坐时叙说城市故事。"简单的几句话,传递出上海是一座发展迅速、环境优美、休闲时尚的城市。南京的城市简介这样写道:"六朝古都新天地,人文绿都新风貌,青奥南京新梦想,创业之城新发展。"简短的四句话反映出这座六朝古都新时代的发展与魅力。

App 开发,指的是专注于手机应用软件开发与服务。App 是 application 的缩写,通常专指手机上的应用软件,或称手机客户端。现如今,很多城市也将目光投到了 App 的应用上，创作属于自己城市的 App 软件。例如，"北京城市 App"，它是中国首个在世界移动互联网平台上进行城市形象推广的App。

微电影，顾名思义，就是浓缩版的电影，时长三四十分钟。微电影由于其播放时间短，在人的头脑中存在的时间相对长一些，所以不容易被忘记。将微电影与城市形象宣传相结合，开辟了城市形象宣传的新篇章。例如，南京旅游微电影《我和南京有个约会》，电影讲述的是一个法国小伙与一个南京姑娘的浪漫爱情故事。故事中穿插着南京的各大景点，活泼、生动。《苏州情书》是一部关苏州城市形象的微电影，于 2013 年上映。随后，《苏州情书》的姊妹篇《时间里》登上荧幕，这两部城市形象微电影得到了社会各界人士的广泛关注。

### 2.旧媒体的发展

旧媒体又称传统媒体。相对于新媒体而言，传统媒体指的是电视、广播和报纸、杂志。近年来，传统媒体受到新媒体的冲击很大，甚至有人提出传统媒体即将退出历史舞台的言论。的确，传统媒体正在面临着来自新媒体的严峻挑战。为此，这些传统媒体正在进行着自我的改变和突破，来迎合社会的发展趋势。

首先，报道内容更加丰富。与新媒体相比，传统媒体的时效性远不如新媒体的时效性，所以，为了弥补这一缺陷，传统媒体对其传播的内容尤为关注，要求也很高，力图以其精彩的内容来捕获更多的受众。

其次，新闻版块增多。增加新闻版块是为了吸引更多不同类型的人群的关注，现代社会，信息繁杂，受众趋于小众化。为了满足小众化受众的需求，传统媒体通过建立更多的新闻版块，将信息进行逐一分类，这样可以极大程度地吸引更多的受众关注。

### 3.新旧媒体的融合

随着科学技术的发展和时代的变迁，媒介融合已逐渐成为现代媒介的一大特征。所谓媒介融合，指的是将不同的媒介"融合"到一起，产生质的变化。在当今的媒介环境当中，无论是新媒体还是传统媒体，它们自身都存在着各自的优点和缺点，所以，将新旧媒体进行资源整合，信息传播的速度会更快，传播效果也会更好。

新旧媒体融合对城市形象宣传成为当下最为流行和有效的媒介传播方式。成都市在进行城市形象宣传中不仅运用传统媒体，还利用新媒体，是将新旧媒体综合运用的一个成功的典范。《成都，一座来了就不想走的城市》是由著名导演张艺谋执导的成都城市形象宣传片，该片一登上荧屏便得到了广泛的关注，反响甚好。而成都的城市宣传不仅出现在中国的各大媒体和报纸杂志上，还走出了国门，2011年CNN、BBC等西方主流媒体播出，向世界展示了成都这座"天府之国"的独特魅力。在新媒体方面，成都开设了自己的官方新浪微博，建立了自己的门户网站，将自己的城市形象宣传片投放在了各大网站上，拓宽宣传渠道，让人们更加有机会，并且全面地了解这个城市。

### （三）受众因素导向

随着社会的不断发展，科技的不断进步，人们获取信息的途径越来越多。所以受众已然不是单纯被动的信息接收者，而是积极主动地去寻找与自己利益相关的或者是满足自己需要的信息，在整个信息的运行当中处于主导地位。

首先，不同的受众对媒介会有不同的态度。出现此种现象是受众的年龄、性别、性格、教育背景、职业背景等条件的不同所导致的。有些受众对某些媒介本身带有主观的印象或是偏见，这些都是其本身所具有的刻板成见。

年长的人对中国人民广播电台、人民日报、光明日报等媒介所发布的新闻和信息比较认可，对这些媒介的忠诚度很高，而对像以互联网为代表的新媒体就表现得并不那么热衷了，同时还在一定程度上持有怀疑的态度。相比而言，年轻人对官方媒介表现得就不是那么热忱了，因为他们觉得这样的媒介所发布的信息内容大多枯燥乏味，存在着严重的教条主义倾向。相比年长者来说，年轻人更愿意接触新媒介。

其次，不同的受众对媒介会有不同的需求。受众在对媒介进行选择的过程中一定是出于满足自己的某种需求，不同的受众对媒介会有不同的需求。比如，对于要出门旅游的人群来说，他们往往会主动选择那些与旅游相关的媒介进行信息的搜集，像一些专门的旅游网站、旅游杂志、报纸的旅游专栏等，这些媒介都是他们的首选。而对于有购房需求的受众来说，他们会主动地去选择那些与房产相关的网站、搜索引擎，或是报纸的房产专栏等去了解楼市的各种信息，获取更多的资料。

最后，不同的受众对媒介会有不同的选择。受众在参与大众传播活动的过程中并不是完全被动的，对信息的汲取也不是不加区分的，而是更加倾向于接触那些与自己既有立场、观点、态度相一致或者相接近的媒介或内容，而有意无意地回避那些与自己既有倾向相反或者相左的媒介或内容。这说明，受众在大众传媒面前并不是完全被动的，而是具有某种能动性，大众传媒并没有随心所欲地支配和左右受众的力量，反而受众的态度、行为决策影响和制约着媒介的定位、发展和策略。

综上所述，城市品牌形象塑造过程中的媒介选择不仅受到社会环境因素的影响、媒介自身环境因素的影响，还受到来自受众方面的影响。由此可以看出，城市品牌形象塑造过程中的媒介选择是一项非常复杂的过程，广告主要想准确、有效地选择适合自己的媒介，就需要花费大量的时间去思考和研究，从而制订整体的媒介选择策略和计划，这样才能使广告得到良好的传播，从而产生更大的经济效益。

## 三、城市品牌形象塑造过程中的媒介选择策略

一个城市在对其进行自我形象塑造的过程中必不可少地都会利用媒介，而不同的媒介传递的信息效果是不一样的。同时，当今的社会是个信息化的社会，各种广告铺天盖地，正像法国广告评论家罗贝尔·格兰所说："我们呼吸的空气由氧气、氮气和广告组成。"的确，我们正被大量的广告信息所吞噬与淹没。要想在众多的城市品牌形象广告中脱颖而出，就要有比别的城市更加突出的特点，当然最重要的是要选择好自己的媒介，因为就像广告界的一句名言说的那样："我知道我的广告费至少浪费了一半以上，但我不知道究竟浪费在哪里。"如果广告投放不当，媒介选择不当的话，那么不但不能产生预期的良好效果，反之是对资源的一种浪费。

### （一）明确目标受众，有效地选择媒介

现代社会中的受众已从单纯的被动接受信息转化成为主动选择媒介去了解自己所需要的信息，他们已经慢慢地转变了在信息接触中的地位，成为选择信息接触的主人。而与此同时，媒介也并未完全丧失它的地位，媒介对受众的影响却是潜移默化的，"媒介不可避免地改变着它所处理的任何事物"。

那么，在进行城市品牌形象塑造过程的第一步中，我们就要首先明确我们的受众目标，换句话说，我们要把自己的城市推介给谁看，分析其目标受众的个性、特点、心理等因素，从而有的放矢地选择适合自己的媒介，将城市形象广告准确投递到目标受众人群当中，从而达到良好的广告传播效果。明确目标受众的首要任务是要进行受众群体细分，其次是要进行受众心理分析，最后就是要重视受众的反馈。而最后一点受众反馈将作为第四个策略在后文中进行详细阐述。

1. 受众群体细分

针对不同的人群进行具体的受众分析，了解不同受众群体的需求和特点以及爱好，逐一突破，方能产生良好的传播效果。在众多的受众细分方式当中，这里主要是以地域性这个角度来进行具体区分的，其他方面并不是我们研究的重点，故没有详细论述。受众细分分类表如表 3-1 所示。

表 3-1　受众细分分类表

| 分类标准 | 分类情况 |
| --- | --- |
| 按照接触的媒介类别 | 报纸受众、期刊受众、广播受众、电视受众和网络受众 |
| 按照人口统计学原理 | 性别、年龄、职业、地域、教育水平 |
| 按照接触新闻媒介的频率 | 稳定受众和不稳定受众 |
| 按照受众的不同需求 | 一般受众和特殊受众 |
| 按照接触新闻媒体的确定性 | 现实受众和潜在受众 |
| 按照新闻媒介明确的传播对象 | 核心受众和边缘受众 |

首先，要明确的是城市形象塑造给哪些地域的人群看，换句话说它的受众群体是国外的人群还是国内的人群。对于不同地域的人群，宣传的方法和宣传的媒介是不一样的。对于国外宣传，通常利用官方媒体如中国中央电视台、新华通讯社等进行对外宣传，利用官方媒体的传播力度、广泛性、权威性和影响力可以在对外宣传过程中达到良好的传播效果。同时，利用国外媒体进行宣传也是一个非常好的宣传途径，如成都市就曾在美国 CNN 和英国 BBC 电视台播放过城市形象宣传片，因为利用外国主流媒体，其传播速度和范围以及影响将会大幅度提高。同时，利用国外其他媒介配合进行宣传，在对外传播中将会获得更好的传播效果。比如，湖北武当山的形象宣传片在美国纽约时代广场的一块户外大屏幕上全天滚动播放，在外国人员密集的场地进行城市的形象宣传吸引了很多当地人驻足观看，这样不仅可以向外国民众展示自己城市的魅力，还可以产生良好的广告传播效果。其次，对于国内受众群体的宣传，与对外宣传不同的是，某些城市在国内已经被人们所知晓，甚至受众对某些城市会带有一些刻板印象。所以，城市在进行对内宣传的时候，在宣传内容上要有自己的独特性、创意性，在宣传媒介上不仅要利用传统媒体，还要利用新媒体，将传统媒体与新媒体融合，双管齐下，才会达到理想的传播效果。

2. 受众心理分析

研究表明，受众的心理因素对受众的观点、态度以及行为方式是有很大影响的，受众本身对某些事物是具有一些自己的认知的。正如现代心理学研究所说，人凭借着片段的信息来辨认物体与认识事物，这被称为主观认知。与此同时，媒介对受众的心理也会造成一定的影响。而媒介能对受众造成心理影响，本质上是产生于受众对媒介的"共有默认"。从以上观点可以看出，受众与媒介是相互作用、相互影响的。

受众认知心理。基于受众的认知心理因素，城市在进行形象宣传过程中需要考虑到不同受众群体的认知能力，在所有的媒体当中，电视媒体以其传播范围广、速度快、画面感、视觉冲击力强、内容便于理解等特性，成为最佳的城市宣传媒介。

受众审美心理。对于一个城市形象宣传片来讲，人们首先关注到的就是这则宣传片所呈现出来的样貌，而对于每一个人来说，对于美的事物，都是乐意去欣赏的。并且这种美丽的画面会带给人们一种美的享受，人们在沉醉于美丽画面中的同时，对于这个城市的整体印象也将会大大提高。

受众猎奇心理。众所周知，好奇是人类的天性。人们往往对新奇事物有着极大的兴趣，那些特殊的、标新立异的事物具有超强的吸引力。正是这种猎奇的心理使得受众不断去试图尝试、了解与发现。正是由于受众受这种窥探心理的驱使，才会不断去探寻发现，去了解和体验。所以，对城市形象的宣传来说，其宣传的内容不能过于死板，要有新奇感、新鲜感，要捕捉到受众的好奇点，这样才能吸引更多受众的目光。

受众选择心理。研究表明，受众在信息的汲取过程中并不是盲目被动的，而是有选择性的，他们对信息进行选择性注意、理解和记忆，对那些自己感兴趣的信息主动接近，而对于那些自己不喜欢的进行有意回避。所以，了解受众的选择性心理非常重要，只有对症下药，投其所好，方能取得更多受众的青睐与支持。

## （二）根据自身特征，合理选择媒介

城市品牌广告可以分为多种类型，大致包括城市形象广告、城市旅游广告、城市招商广告、城市节庆会展广告等。不同类型的城市广告不仅宣传的内容不同，而且宣传手段不尽相同。盲目地进行广告媒体投放不但不会产生良好的广告传播效果，还有可能产生反作用。所以，明确自身的广告特征，根据自己的特点来选择适合自己的媒介变得尤为重要。

### 1. 城市形象广告

城市是当代社会活动的中心，城市形象是城市给予人们的综合印象和观感。城市形象指的是一个城市在其经济、文化、生态综合发展过程中形成的物质精神，自然与社会的整体风貌，及其在社会公众心目中形成的对于城市的印象看法和总体评价。城市形象往往综合各种因素，形成一种氛围和个性，对城市的发展具有极大的影响力。

城市形象广告旨在展现城市的历史文化、外观建设、人文风貌等整体形象，目的是从整体上全方位地展现城市独特的自然风光、人文风貌，强化其在受众心目中的地位和形象，塑造其城市品牌，从而达到增强城市整体竞争力的目的。城市形象广告对广告媒体经济的覆盖面和权威性要求较高。因此，覆盖面广、权威性强、可信度高的媒体成为城市形象广告的首选。例如，中央广播电视总台、国内各省级卫视、各大主流报刊、国外知名媒体，等等。

### 2. 城市旅游广告

城市旅游广告广义上是一种付费的、传播区域旅游信息的活动，即宣传区域旅游营销主体、旅游市场主体，推广、介绍旅游产品、劳务、服务、观念、主张等有关信息的有偿活动；而狭义的城市旅游形象广告指的是由广告主付费，运用各种媒体，介绍城市旅游的整体性特点，树立城市旅游形象，以刺激旅游消费，增加旅游业收入的信息传播活动。

城市旅游广告主要包括该城市景区和景点的广告，是城市广告的重要组成部分。旅游广告特点突出，要求媒体具备覆盖面广、表现力强等方面的优势，增大广告的接触率和到达率，充分保证广告的效果。比较适合的媒介有以下几种。

户外媒体广告。户外媒体广告清晰醒目，便于受众观看。机场、火车站、高速公路、码头等都是非常不错的广告投放地点，因为这些地方是游客最先直接接触的地方，也是对这座城市产生第一印象的地方，起着非常重要的作用。

电视广告。电视广告最大的特点和优势就是声、图、文并茂，生动形象，具有感染力，吸引着众多的受众。在这里要介绍的是马来西亚的一则旅游形象广告，无论从内容来讲还是制作来说它都是非常优秀的。广告中所有展现的画面犹如诗一样美丽，不落俗套，清新自然，温暖着人们的心灵。动静结合恰到好处，虽然时间不长，但却具有故事性情节，人与自然和谐共生，让人觉得这则广告寓意深刻。广告中的背景音乐是由马来西亚著名女歌手梁静茹演唱的歌曲，旋律甚是优美，配合结尾的广告语："分享你的故事、真爱的回忆，我的家，我的爱，尽在马来西亚，亚洲魅力所在。"整个广告给人带来的不仅是一种美的享受，而且也激起了人们去马来西亚旅游的欲望。

报纸、杂志。相对于电视媒介来说，报纸、杂志的影响力小一些，但针对性强的旅游报纸、杂志的影响力要大一些，如旅游杂志、报纸的旅游版面等。在这些媒介上可以发一些旅游散文或旅行游记、故事等，增强趣味性，以便吸引受众。

城市旅游宣传手册。精致的图片配上详细的解说文字，会使游客清楚地了解城市的基本概况，是游客最便捷的旅游指南。这些宣传手册可以放在机场候机室、火车站大厅、候车站大厅等地方供游客自行取阅。还可以放在旅行社的展架上供人阅读，同时还可以由旅游局或相关部门进行发放。

### 3. 城市招商广告

城市招商广告指的是通过介绍城市投资环境、投资项目、优惠政策等方面的情况，达到招商引资目的的广告。相对于其他城市广告类型来讲，城市招商广告是一种针对性、指向性很强的广告宣传形式，是一种面向特定人群进行的广告宣传。比较好的城市招商广告媒介平台有：电视台的经济频道，如中央广播电视总台经济频道；经济类的报纸、杂志，如《中国经济周刊》《财富》《第一财经周刊》；经济类的网站，如中国经济网、东方财富网、和讯网等。这些媒介通常是城市招商广告的首选媒介。

### 4. 城市节庆会展广告

会展是"不冒烟的工厂"，是无污染的绿色产业。城市节庆会展广告是为宣传推广节庆会展而做的广告。节庆会展与城市品牌结合越来越紧密，开始成为许多城市最为亮丽的名片之一，对城市整体品牌形象的影响也越来越大。由于会展的时间普遍都比较短暂，所以会展广告追逐的是"短时间、高效应"，这就要求会展广告所利用的媒介必须具有广泛性、权威性，同时还应具有猎奇性，因为只有具有新颖独特形式的广告才能吸引受众的目光。那么，对于会展广告来说，它主要依托多种媒介的综合运用，最大限度地进行广告的宣传。例如，上海世博会。上海世博会的宣传方式主要还是以报纸、广播、电视为代表的传统媒体为主。网络媒体中以官方网站和新闻网站为主，同时还在 Facebook（脸谱）、Twitter（推特）等国际性社交网站上推广。国内运用新浪微博、豆瓣、手机客户端等社交媒体进行传播，其综合利用了各种媒介，尽最大的努力使传播效果达到最大化。

## （三）分析媒介特征，准确选择媒介

随着科技的不断发展，社会的不断进步，广告业也在蓬勃迅速的发展。现如今，广告媒介的种类可谓纷纭繁复杂，种类繁多，而将其系统分类的方式也不尽相同。例如，按广告媒介的表述方式可分为五种类型：电子、印刷、展示、户外和其他媒介。而按照广告媒介功能分之为三类：视觉型广告媒介、听觉型广告媒介、视听两用型广告媒介。不同媒介在广告活动中发挥的作用是不同的，因为不同的媒介在传播范围和传播对象方面是有差异的。

1. 视觉型媒介广告

视觉型媒介广告以其强大的画面感和视觉冲击力吸引着受众的目光，带给受众真实的感觉。典型的视觉型媒介如报纸、杂志、旅游手册等平面广告，它们的广告费用较低、信息接收选择性强、保存性较强、可重复阅读、目标受众明确、内容丰富，适合深度传播。但这种媒介传播速度较电子媒介慢，而且对文化程度是有一定要求的，对文化程度低者传播功能较小。

冲击力、震撼力强的画面对受众的影响力是非常大的，传播效果也是非常显著的。例如澳大利亚的城市墨尔本推出的城市形象平面广告以其鲜明的色彩碰撞、抽象简洁的艺术风格吸引着许多受众的关注，一时间好评如潮。这则广告是由专注于品牌设计、平面设计，曾获多项国际设计大奖的法国设计师杰森设计的，它是一则集创意性、艺术性、时尚性、美观性于一体的城市品牌形象广告设计。

2. 听觉型媒介广告

听觉型媒介广告以其强大的听觉刺激震撼着受众，对不同文化程度的受众均有效果，具有代表性的就是广播媒介。随着一项城市形象国际推广工程正式启动，中国著名侨乡温州的方言"温州话"被正式列入中国对外广播的新"语种"。这项推广工程由中国国际广播电台和温州市共同实施，旨在利用中国国际广播电台的国际传播平台，更好地向世界介绍温州，同时也让世界各地的温州华侨华人更多地听到来自家乡的声音。实施温州城市形象国际推广工程，将进一步提升温州的海外形象与影响力。

不过由于听觉型媒介广告没有画面，"只闻其声、不见其形"的传播方式不能给人以真实感，所以不易给人带来深刻的印象。这种媒介虽然有其自己的优势和特点，例如传播速度相对较快，而且不受时空的限制，不过由于其单纯的声音传播，缺乏生动性与形象力，故在现实生活中运用不是很普遍。

3. 视听两用型媒介广告

视听两用型媒介广告既有着视觉感受，同时也兼顾着听觉感受，是一种具有很强的传播能力的媒介。最典型的代表是电视。电视媒介的覆盖面大、感染力强、生动形象，能够更好地吸引受众的关注。例如，江苏盐城以"东方湿地，鹤鹿故乡"为主题拍摄的城市形象宣传片，特色鲜明。宣传片娓娓道来了一对主人公的成长故事，中间穿插了许多城市景象，自然地向人们展示了城市的风采，使城市的形象得到了良好的传播。不过电视媒介的制造成本高，难度大，画面转瞬即逝，不易保存是其一大缺陷。

### （四）进行效果评估，完善媒介选择

#### 1. 广告效果分析

广告效果是广告信息通过广告媒体传播之后对消费者产生的所有直接和间接的印象总和。主要表现为传播效果、经济效果、社会效果和心理效果，其中心理效果是整个广告效果的核心。通常来说，媒体广告效果的体现主要在说服的广度和深度这两个层面。说服的广度主要指投放的广告能够有多大的曝光量，广告能够到达多少一般受众，到达多少目标受众；而说服的深度主要指广告说服被接受的程度，一般通过了解受众对广告的记忆、理解、偏好等情况以及最终产生一定的购买行动来评价。对于不同类型的媒介，不同类型的广告内容来说，它们所产生的广告效果是不一样的。

首先是广播、电视广告的心理效果。广播是一种通过声音向受众传递信息的媒介，通常广播通过声音、音效、语言来传递广告信息。使用音乐可以舒缓人们的心情，通过制造气氛和情调，既可以加深受众对广告的印象，还可以减少单纯声音带来的枯燥和乏味感。所以在广播广告中配上悦耳动听的音乐，可以产生意想不到的传播效果。在语言的表达上，通常那些富有感染力和煽动力、生动简洁的语言更能打动受众的心，通过这些富有渲染力的语言描述，广告往往会吸引更多受众的注意。音效是除了音乐、语言之外的各种声音，如"风声、雨声、读书声"，这些自然生活中具有的声音能够拉近与受众的距离，从而消除受众的疑惑和紧张的情绪，达到良好的心理效果。而电视广告除了具备广播广告音乐、音效、语言的特点外，最大的特质就是其强大的画面感。在画面的展现中，动静结合、高低相间、特写与全景的拍摄，有助于加深受众的记忆，产生良好的心理效果。

其次是报纸、杂志广告的心理效果。报纸和杂志最大的特征就是文字和图片的展现。色彩搭配鲜艳的图片夺眼球。在整体画面色彩搭配上面，杂志要优于报纸。杂志大多制作精良，印刷方面也比较考究，而且其色彩是非常丰富的。而颜色对于受众来讲是有一定潜在影响的，它会给受众带来思想情绪上的变动，不同的色彩会对不同的人产生不同的效果。例如，研究发现红色能够产生唤醒

头脑的感觉，并且可以刺激食欲，而蓝色会令人更加放松。报纸可以通过版面的设计，适当运用颜色，巧妙运用留白来给受众以舒适的感觉，这样不仅会取得更多受众的青睐，还会使广告心理效果得到显著提高。

最后是网络广告的心理效果。由于网络中的信息非常繁杂，有些网站密密麻麻的文字让人看起来十分不舒服，这会给受众带来焦躁感。所以，对于网络来讲，清晰的画面、简洁的版式会缓解大量的信息带给受众的压迫感。

广告活动是一项非常复杂的经济活动，它所产生的效果往往并不是一蹴而就的，很多广告的效果产生于一段时间之后。对广告效果进行综合分析，可以全面了解广告在整个媒体运行活动中状态、问题、影响，通过这些分析结论，可以对整个广告活动进行整体的评价。

*2. 广告效果测量*

广告效果的测量方法一般可以分为事前测定、事中测定、事后测定三个部分。对广告效果的事前测定往往都是邀请专家进行评判，或是在实验室中进行的，其评判方式简单、易行，可作为一个参考，对未来有一个预测作用。具体方法有：专家意见综合法、消费者评定法、仪器测试法等。对广告效果进行事中评估，可以在广告宣传过程之中，直观地了解和观察广告的运行情况，及时发现问题，以便做出适当的调整。具体方法有市场实验法、函询法等。对广告效果进行事后测定，可以全面了解和掌握广告的运行情况，总结成败得失，做出理性的选择，减少不必要的资源浪费。具体方法有回忆测量法、投射法、态度测量法等。广告效果测量是一项专业而复杂的广告活动，这里不做深入的研究。

## 四、新媒体环境中的城市品牌形象塑造

随着科技的不断发展，各种媒介层出不穷，如何选择适合自己的媒介，如何才能使媒介发挥最大的效果是值得深思的问题。美国著名商人约翰·华纳梅克曾经感叹："我知道我的广告费有一半是浪费的，问题是我不知道浪费掉的是哪一半。"这种问题困惑着许多广告主。在这些被浪费掉的广告费当中，很大一部分是由于媒体选择的不恰当。而在城市品牌形象广告的宣传过程中也面临着同样的问题，如何选择适合城市品牌形象传播的媒介成为最后广告效果好坏的关键。

### （一）媒介选择应多元化

我们可以看到，目前城市品牌形象宣传大多运用的是以电视为代表的传统

媒体，新媒体虽然也有应用，但相对传统媒体来讲还是比较少的，单一的媒介选择固然有其一定的传播效果，可这种效果毕竟是有限的。所以对于媒介的选择应该尽量多元化，不拘泥于一种或几种媒介，这样才会增强广告的影响力。

1. 集中式媒介传播

媒介的选择是一个复杂的过程，其选择的方式不尽相同。有的在宣传过程中采取集中式媒体宣传，把全部的资金和资源大部分投入一个媒体，对指定的目标施加最大限度的冲击力。某些城市不惜重金将自己的广告宣传片全部投放到央视这个影响力和覆盖率最大的平台上，采用这个策略可以使受众获得更高的亲密度。例如，山西晋城针对以往对外宣传推广力度不够、城市知名度和影响力不高等问题，从2010年起进驻央视，并在中央电视台一套和新闻频道推出了城市形象宣传片，同时制订了长期在央视投放城市形象广告的计划。宣传片一经播出便引起了广泛的关注，据相关部门人员称，自从晋城在中央电视台进行大规模的广告投入后，全市接待游客数量剧增，旅游的总收入的增长幅度高居全省第一。不过这种单一的媒介宣传方式由于其传播范围和传播力度终究是有限的，所以有时候并不能产生良好的广告传播效果。还有一种情况是，某些城市并没有分析自身的特点而盲目地跟风攀比，将资金大部分投入了影响力和知名度大的媒介，从而不仅没有达到预期的广告传播效果，还造成了严重的资金、资源浪费。

2. 分散式媒介传播

相对于集中式媒介传播，分散式媒介传播的优势与效果突出。采用分散式媒体策略，利用不同的媒体进行信息的传播，并且针对不同的受众，能使广告信息分别流向不同的人群，使广告信息得到广泛的传播。不过，分散式媒介传播过程较集中式媒介传播复杂，需要考虑的条件和问题较多。辽宁省大连市是分散式媒介传播运用得非常好的城市代表之一。第一，大连自从2001年起就在中央电视台进行了城市品牌形象广告的宣传，并常年保持在央视的广告投放，经过多年的经营，大连"浪漫之都"的城市品牌形象已经深入人心。第二，大连第一个利用旅游节目宣传大连的城市形象。第三，大连在全国各地火车站的大屏幕上播放城市形象宣传片。第四，大连不仅在国内进行广泛的城市品牌形象宣传，还将宣传触角伸向了国外，大连是国内第一个在日本、韩国等多个国家进行广告宣传的中国城市。第五，大连利用大型节庆会展的机会进行对外城市形象宣传。例如"大连国际服装节""大连国际啤酒节""大连国际沙滩文化节"等。大连对媒介的组合运用、分散式传播运用方法，对大连的城市品牌形象宣传起到了重要的作用。

## （二）媒介选择应专业化

现如今，在城市品牌形象宣传过程中出现这样一种现象，一些城市在进行宣传时，并没有分析自身的特点和媒介的情况，只是一味追求大平台、知名的媒介来进行自我形象的传播，例如，一些城市不惜重金全部砸在央视的某个时段上，来进行形象宣传，但最终并没有取得良好的传播效果。所以，媒介选择不应盲目跟风，应该更加专业化、理性化。

### 1. 媒介联动与城市品牌形象传播

中国传统的媒体管理体制是依据政治体制而建立起来的中央、省、市、县四级管理体制，除中央级媒体外，各级各类媒体机构不得跨地区进行活动。但随着媒体之间竞争的加剧，媒体想要做大做强就需要冲破这个体制，为自身的发展打造更好的平台。

所谓媒介联动，指的是在一定时期内，媒体之间既包括不同介质的媒体，也包括同一介质的媒体，以一定的方式进行信息互助和信息交流的现象。例如，中国名城苏州，苏州在城市品牌形象推广过程中整合了各种渠道资源，利用当地主流媒体，苏州电视台、《苏州日报》、《姑苏晚报》等，同时还利用网络媒体进行城市形象的宣传。各大知名媒体还开辟了苏州频道，中央电视台也推出了《苏州印象》等大型纪录片。再如，东北五个城市合力打造旅游品牌，这五个城市指的是哈尔滨、沈阳、大连、长春和鞍山。五个城市分别拍摄宣传片，共赴天津、石家庄、郑州等城市，联合当地媒体进行城市品牌形象的推介。媒介联动有利于资源的整合，因为不同的媒介都有其各自的特点和优势，通过媒介之间的合作，可以找到互补之处，并且可以得到资源共享。

在信息高度发达的今天，单个媒体的声音是微弱的，其获取受众的注意力也是有限的，所以多家媒体共同关注与合作更能产生轰动效应，达到良好的广告传播效果。

### 2. 媒介整合与城市品牌形象传播

根据全美广告代理联合商会的定义，整合营销传播（IMC）是一个关于营销沟通计划的概念，它认为整合性的计划是有附加价值的。这一计划对各种营销沟通项目（如广告、直接营销、销售促进、公关关系等）的战略性角色进行评价，并将这些项目加以综合运用，使分立的信息一体化，以提供明晰、持续且效果最大的营销沟通。

媒介整合是一种对各种营销工具和手段的系统化结合，根据环境进行即时性的动态修正，以便交换双方在交互中实现价值增值的营销理念与方法。媒介整合的目的是让更多的受众有机会接触到媒介所传递的信息，从而达到宣传的目的。而提升城市形象最有效的方法就是在开展城市内部建设的同时，积极利用各种传播媒介开展城市形象的整合传播活动。如何使城市在不同时间里向不同区域传播一致性的信息，如何使城市形象信息的传播既适合不同人对城市形象的认知与评价规律特点，又不失信息的一致性，这是城市形象塑造过程中富有挑战性的难题，也是城市形象营销的关键所在。

# 第四节　城市品牌形象塑造的方法

## 一、城市品牌形象体系

### （一）主副品牌体系

主副品牌体系，即城市品牌形象体系由城市主品牌、城市子品牌、城市原品牌三个品牌层级缜密构成。该品牌体系呈现金字塔结构（见图3-3）。

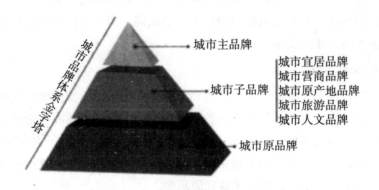

**图 3-3　城市主副品牌结构体系**

1. 城市主品牌

主品牌位居金字塔的顶端，是城市品牌体系的核心和灵魂，决定城市品牌形象的内涵与呈现，统领并规制城市子品牌与城市原品牌。城市品牌形象定位就是城市主品牌的定位。城市品牌形象即营销传播城市主品牌而形成的城市形象。构建城市主品牌形象是城市品牌形象工程的终极任务。

### 2. 城市子品牌

子品牌位居金字塔的中间，是城市品牌体系的中坚力量，对城市主品牌起到有力的支撑作用。城市主品牌形象要通过城市子品牌的构建和营销传播得以丰富和落地。每座城市依据城市本体竞争力情况，围绕主品牌形象定位，选择既可以突出城市个性、强化城市综合竞争力，又能有力支撑城市主品牌的领域提炼并打造子品牌。一般情况下，城市子品牌包括宜居品牌、营商品牌、原产地品牌、旅游品牌、人文品牌。

宜居品牌指向了城市定居者细分市场，凸显该城居住环境的质量和特性。宜居性在诸多城市子品牌中具有举足轻重的地位。只有适合居住的城市，才能留住人；只有宜居城市，才能吸引更多的人才资源。

营商品牌指向了城市投资者细分市场，凸显该城投资环境的开放性、法治化及国际化程度。

原产地品牌指向了城市原产地产品和服务的外部消费者细分市场，凸显该城的产业结构、产品服务力、营销传播力和产品服务品牌形象力。

旅游品牌指向了城市旅游者细分市场，凸显该城的旅游资源整合、旅游产业开发、旅游服务等综合能力。

人文品牌指向了城市的所有利益相关人。一座城市的历史、人脉与文化是城市个性的核心，是确定城市身份最有力的砝码。当下的国际城市竞争，已经是文化创意与人才的竞争。

### 3. 城市原品牌

原品牌位居金字塔的基层，是城市品牌体系的基石，支撑城市主品牌和子品牌。原品牌即在营销传播城市品牌的过程中，围绕城市品牌打造的富有一定影响力和生命力的基础性品牌，或是某大型活动，或是某展会，或是某市民行为，或是某种城市经营模式。构建城市品牌形象需要持续的经营、维护和营销传播推广。在这个过程中，就会产生系列原品牌。

构建城市主副品牌体系的中心任务是创立一个个性鲜明、形象卓越、具有强大吸引力的城市主品牌形象；同时，着力塑造多个具有鲜明个性和吸引力的子品牌形象，凸显城市个性，为城市主品牌的发展提供有力支撑；为了打造城市主品牌和子品牌，在城市各个领域开展的城市原品牌塑造，则是城市品牌体系的基础，为城市主品牌、子品牌提供支撑，最终形成城市品牌体系的结构性力量。

杭州在确定"生活品质之城"的城市主品牌后，就在旅游、宜居、投资、文化和原产地品牌如茶叶、丝绸、电商、女装等领域围绕"品质"打造城市子品牌；继而展开"生活品质"系列年度点评等原品牌建设，通过原品牌与子品牌来支撑"生活品质之城"这一城市品牌形象。

深圳于2008年启动城市品牌形象工程，围绕城市主品牌重点培育四大城市子品牌：一是以大运会为契机，推广深圳城市人文形象品牌；二是以深港合作为契机，推广深港大都会形象品牌；三是以文博会为契机，推广深圳城市文化形象品牌；四是以高交会为契机，推广深圳城市科技形象品牌。

### （二）联合品牌体系

联合品牌体系指城市品牌在营销传播过程中与其他品牌捆绑营销而形成的品牌联合体。

一是与区域战略合作伙伴城市的联合。区域战略合作伙伴城市之间具有命运共同体的关系，城市品牌的捆绑营销传播最具有共同利益。例如，深圳借深港合作的契机，在推广深圳城市品牌形象方面与香港形成整体捆绑效应，与香港共同举办提升深圳城市品牌形象的活动，学习香港品牌推广工作经验，借助香港城市效应提高深圳城市品牌形象的推广效果。又如，处在成渝经济圈内的成都与重庆在城市品牌营销传播过程中也建立了紧密的联合关系。

二是与国际友好城市的联合。城市品牌形象国际营销传播，一定要重视与国际友好城市的联合。

三是与本土企业、产品品牌的联合。城市品牌与企业品牌具有互助性。优秀的城市品牌可以给本土企业、产品品牌带来背书效应，而优秀的企业品牌不仅是原产地子品牌的核心，还是城市品牌形象营销传播的重要载体。城市品牌形象营销传播务必注重与本土企业品牌的捆绑，用好而且要善用这一营销传播载体。

四是与城市本土其他元素的联合。城市品牌营销传播一定要借助任何可借助的载体，包括城市的人、城市的物、城市的活动等。

## 二、城市品牌形象塑造流程与路径框架

### （一）城市品牌形象塑造流程

城市品牌形象塑造工程，无论是城市主品牌的打造，还是子品牌、原品牌的构建，甚至某个具体的城市品牌营销传播活动，都要以严谨科学的方法，按照调研、设计、营销传播、评估监测的流程实施（见图3-4）。

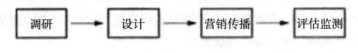

图 3-4　城市品牌形象塑造流程

1. 调研

城市品牌形象调研包括城市品牌形象载体调研和城市品牌形象营销传播市场调研。

（1）城市品牌形象载体调研。城市品牌形象建立在城市软硬件本体基础上。只有植根于城市本体沃土、提炼城市本体核心优势的城市品牌，才能具有生命力，才能打造出底气浑厚的城市品牌形象。因此，启动城市品牌形象调研流程，首先要花大力气"摸清家底"。

城市品牌形象载体具体包括以下几个方面。

一是城市地理区位。城市区位是一座城市存在和发展的先天条件。它决定一座城市所拥有的气候、地形地貌、交通条件、自然资源、城市规模和产业布局。虽然，在当前的网络时代与高铁时代，区位在城市竞争中的重要性有所下降，但它依然深刻影响着一座城市的发展。

二是资源要素。城市的自然资源如水、土地、农林、山海等既是影响城市外显形象的重要因素，也是打造城市品牌形象的基础。城市的生产要素尤其是高级生产要素如人力资源、资本、科技、信息等是影响城市营商形象和竞争力的核心因素。城市的产业集群、原产地品牌也是重要的城市品牌形象载体。

三是基础设施。完善的基础设施是一座城市良性运营的重要保障，也是城市竞争力的重要支撑。基础设施包括城乡基本公共服务设施，如基础教育、医疗卫生、文化体育、养老服务等；城乡供给系统，如供水、排水、电力、通信、燃气、热力、环卫等；城乡防灾体系，如抗震、防洪排涝、消防、人防、地质灾害防治、重大危险源防护等；还包括综合交通、旅游购物、住房等。

四是人文历史。人文历史是城市内涵形象的重要支撑，体现为城市的历史传承、传统习俗、传说故事、文脉、市民价值观、市民精神、市民公约、行为习惯、方言等各方面。

五是制度规范。社会制度是政府治理能力的重要支撑，主要体现在出台的地方政策法规，如企业制度、产权保护制度、市场管理制度、政府监管制度、招商引资政策等。与制度政策的"硬"管理不同，道德规范则是"软"管理。道德规范具有传承性，也具有一定的地域特征，反映民风习俗。

六是公共服务。主要指城市政府部门、事业单位、公益组织、科研机构等提供公共服务的质量、效率、创新、活力、收费状况、市民满意度等，还包括城市政治、经济、环境安全和稳定程度等。

城市品牌形象载体调研一定要做彻底，要以历史和全球的视角，依循过去、现在、未来的路径分析城市本体资源的SWOT（优势、劣势、机会、威胁），寻找蕴含其间的可以表征城市品牌形象的要素。

（2）城市竞争者调研。在全球化的当下，城市之间的竞争无论是在资源要素的争夺上，还是在竞争对手的定位上都不同于以往。作为城市竞争的核心力，城市品牌形象的调研必须关注竞争环境和市场状况。

一是城市现有竞争者。要研究那些在投资、旅游、人才、产业资源、产品市场等方面与自身存在现实竞争关系的城市，关注它们的城市品牌形象塑造状况及它们在相关竞争领域的SWOT，找到相应的城市品牌竞争战略。

二是城市潜在竞争者。要关注那些在投资、旅游、人才、产业资源、产品市场等方面与自身存在未来竞争关系的城市，关注它们的城市品牌形象塑造状况及它们在相关竞争领域的SWOT，预判它们将给城市带来的潜在威胁和未来挑战，提前做好城市品牌竞争准备。

（3）城市利益相关者调研。城市品牌其实不属于城市，而是属于利益相关者。城市利益相关者也是城市产品的消费者，是城市品牌形象的评价者与支持者。只有被利益相关者接受和赞许的品牌，才具有生命力。人，是城市发展的真正推动者。城市品牌形象塑造工程，就是为了找到合适的人，吸引他们加入城市发展建设的进程。城市利益相关者包括居住者、投资者、旅游者、原产地商品购买者等。城市品牌调研要实现对他们的洞察。

一是城市现有利益相关者。城市品牌形象调研要重视正在消费本城市的利益相关人，洞察他们的构成、状况、需求和愿望，实现城市品牌形象塑造的有的放矢。

二是城市潜在利益相关者。打造城市品牌形象的主要目的是在保持现有利益相关者忠诚度的基础上，吸引更多的新利益相关者以获得更多的资源。因此，在调研阶段，要关注那些将要消费本城市的利益相关人，预判并把握他们的构成、状况、需求和愿望，实现城市品牌形象的前瞻性与可持续性。

上述三方面的调研可以委托专业机构和相关领域的行会组织执行。相关调研结果是城市品牌形象塑造的前提基础。

2.设计

经过调研，在充分把握城市品牌形象载体与品牌营销传播环境的基础上，开展城市品牌形象体系的策划设计。这是一个充满创意又科学严谨的过程。基础设计流程如图 3-5 所示，在城市品牌识别的基础上，开展城市品牌形象定位；围绕城市品牌形象定位，进行城市品牌形象识别系统设计。

图 3-5　城市品牌形象设计流程

3. 营销传播

城市品牌形象需要永续经营。完成城市品牌形象体系的设计，只是迈出了第一步，更重要的是对城市品牌的长期营销传播。应设定营销传播目标和计划，运用整合营销传播手段，采取策略性手法，举全城之力开展城市品牌营销传播，并对营销传播过程进行控制。

一定要秉持"整合营销传播"理念，充分整合营销传播主体、手段、渠道与内容，形成营销传播强力。城市品牌形象涉及城市各个方面，甚至关涉每一位居住者。首先，要整合城市内部力量，打通营销传播主体关系，以城市品牌形象管理机构为核心，联合城市各政府部门、企事业单位、社会公益组织、市民甚至游客，开展城市品牌形象全员营销传播；其次，要整合营销传播手法，把广告、公关新闻、促销、创新型营销传播等手段有效整合，形成合力；然后，要整合营销传播渠道，把传统媒体、新媒体、线下媒介、人和物等载体做充分的整合，实现信息对目标受众的有效覆盖；最后，也是最重要的，要重视内容，以"内容为王"，围绕城市品牌形象体系，确定营销传播内容的洞察与焦点定位，实现城市品牌形象在营销传播内容上的有效呈现。

同时，城市品牌形象具有累积性，要对其进行"全过程营销传播"。营销传播过程涵盖城市品牌构建的全过程，调研其实也是一种营销传播。因此，不管处在品牌构建的哪一个流程，都要运用营销传播理念，实施城市品牌形象的内外传播。

4. 评估监测

城市品牌形象能否有效构建，另一个关键环节就是对品牌形象的永续经营和维护，即开展城市品牌形象设计与营销传播效果的实时监测与评估。

## （二）城市品牌形象塑造路径框架

统合城市品牌形象体系、城市品牌形象三维构建系统和城市品牌形象塑造流程，设计城市品牌形象塑造路径框架如图 3-6 所示。

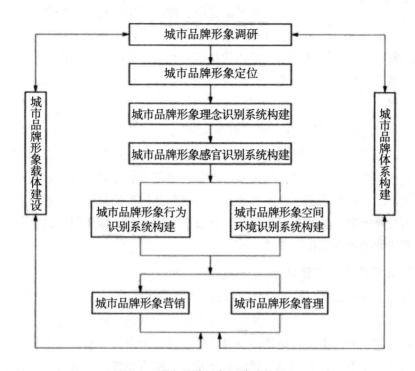

**图 3-6 城市品牌形象塑造路径框架**

1. 城市品牌形象调研

这是城市品牌形象塑造工程的启动阶段，也是最关键的流程之一。调研的深度和有效性直接影响后续的品牌形象构建流程。

2. 城市品牌形象定位

这是整个工程的核心，建立在调研的基础上，严谨而富有创意的定位，直接决定整个战略的成败。

3. 城市品牌形象理念识别系统构建

理念识别系统是城市品牌形象识别系统的灵魂，是城市品牌形象定位的升华和阐释，规制城市品牌形象识别系统的其他子系统。

4. 城市品牌形象感官识别系统构建

视觉识别系统、听觉识别系统、嗅觉识别系统是城市品牌形象最富传播力、冲击力和直观感知力的子系统，要围绕城市品牌形象定位和理念识别系统进行构建。

5. 城市品牌形象行为识别系统构建

行为识别系统既是城市品牌形象定位、理念识别与感官识别系统对城市内外公众的渗透营销传播，也是城市品牌形象市民载体的提升工程，统合了城市品牌形象行为识别、城市品牌形象营销传播和城市品牌形象载体建设的三重功能，对城市品牌形象的构建具有积极的能动作用，也是非常复杂的需要持续推进的工程。

6. 城市品牌形象空间环境识别系统构建

空间环境识别系统既是城市品牌形象定位、理念识别与感官识别系统在城市空间环境中的植入，又是城市品牌形象空间环境载体的提升工程。同样，统合了城市品牌形象识别、品牌形象营销传播和品牌形象载体建设的三重功能，对城市品牌形象的构建具有稳定的、长效的、静态的支撑作用，也是非常复杂的需要持续推进的工程。

7. 城市品牌形象营销

经过上面的流程，城市（主）品牌形象系统已基本设计完成，但城市品牌形象能否最终确立，关键一步是城市品牌形象的营销传播。只有经过长期不断的、富有创意的甚至艰苦卓绝的整合营销传播，千方百计地与城市利益相关者进行沟通，提供良好的城市品牌形象体验，把城市品牌形象植入公众的心智，占领城市品牌阶梯的独特位置，并与公众建立深厚的感情黏度，城市品牌形象才算有效初步构建。之后，通过永续的品牌营销传播管理，维护提升城市品牌的身份和地位。

8. 城市品牌形象管理

城市品牌形象的营销传播过程伴随着品牌形象的管理。要对城市品牌形象进行周期性的监测，以确保品牌营销传播方向的一致性和品牌形象的良好度，及时发现城市品牌形象危机，有效解决危机，不断累积城市品牌的无形价值。

9. 城市品牌体系构建

围绕城市主品牌打造城市副品牌（子品牌、原品牌）和联合品牌。城市主品牌规制城市副品牌，城市副品牌又有效支撑主品牌，形成城市品牌体系的结构性力量。同时，与原产地品牌、区域战略合作伙伴城市、国际友好城市建立品牌联合战略合作关系，甚至借助国家品牌展开捆绑营销，最终构建城市品牌营销的联合体系。

10.城市品牌形象载体建设

城市品牌形象需要建立在良好的城市软、硬件本体的基础上。缺失本体支撑的城市品牌形象没有根基，无法长效发展。经营城市品牌形象既是按照城市品牌形象定位构建传播营销城市品牌的过程，也是按照城市品牌形象推进城市建设的过程。

在城市品牌形象战略与城市总体发展战略的指引下，积极有效推进城市各个领域的软硬件建设，给城市利益相关者提供积极的体验，有效支撑城市品牌形象。可以说，城市品牌形象来自城市本体，城市软、硬件是城市品牌的载体，支撑着城市品牌形象；同时，城市品牌形象战略对城市本体建设又有积极的指导作用，两者呈互为表里、不可分割的关系。

# 第四章  城市品牌形象的传播

## 第一节  城市品牌形象传播的理论基础

城市品牌形象传播的核心内容是城市的个性和形象，以及由此而产生的城市品牌。因此，它是城市营销战略中一个十分重要的环节，它的功能和地位应当受到高度重视。从营销战略角度来看，城市品牌形象传播是由内容构建和策略选择两个步骤组成的战略过程。从信息传播的角度来看，城市品牌形象传播是城市品牌营销者将与品牌有关的信息通过媒介传递给城市消费者的一个过程。由此可见，城市品牌形象传播是一个复杂而立体的系统。

### 一、城市品牌形象传播的整体认识

#### （一）重要概念的鉴定

目前，国内外关于城市营销的研究比较多见，在这些研究中，经常出现"城市营销""城市品牌""城市形象"等概念。因此，有必要对它们做出一个概念界定。

城市营销的概念是在城市间竞争力日趋激烈的情况下产生的。它就是用市场营销的角度，将城市的某种品质、环境、设施、意象、文化及其未来发展等视为"产品"。国内在城市营销战略研究方面卓有成就的学者刘彦平认为，城市营销努力通过优化、提升城市的软硬环境及相关服务，发掘和创新城市的独特吸引力，来满足市民、投资者、旅游者、企业等城市顾客对城市的各种需求，进而树立城市正面和良好的形象，提升城市的核心竞争力。战略性的城市营销能够促进城市产业发展的可持续性和和谐度，是创造和提升城市价值的有效战略。

城市品牌的研究要晚于城市营销的研究。它是作为城市营销的一种方法论思想而出现的。国内外对于城市品牌的研究还处在起步阶段。城市品牌化的力量，就是让人们了解和知道某一区域，并将某种形象和联想与这个城市的存在自然联系在一起，让它的精神融入城市的每一座建筑之中，让竞争与生命和这个城市共存。

城市品牌形象指的是能够激发人们思想感情活动的城市形态和特征，是城市内部与外部公众对城市内在实力、外显活力和发展前景的具体感知、总体看法及综合评价。

城市品牌形象代表着城市的身份和个性，它反映着城市自然地理形态、历史文化的"文脉延伸"、产业结构特点、城市功能和整体视觉的特色。在现代社会中，城市品牌形象的优劣对于城市的发展有着至关重要的作用。城市之间人才、资金、市场的竞争，说到底，可以看作城市品牌形象的竞争。

在当今的全球化、信息化时代，城市品牌形象本身，就是一种十分重要的"注意力资源"。一座现代化的文明城市，除了要具备雄厚的经济基础的硬件，还应该具备相应的软件，以表现出鲜明、独特、优良的城市品牌形象，展现出区别于其他城市的特有的魅力和光彩。

综上所述，我们可以得出以下结论。

第一，城市营销和城市品牌的研究，是从商业管理的角度来治理城市。其中，城市品牌化是城市营销战略的重要思想和管理工具，城市品牌研究是当前城市营销研究的理论前沿。

第二，城市的品牌化，实际上是城市自我期许，对自己形象的规划。打造城市品牌是塑造和展示城市品牌形象的重要载体。要提升城市品牌形象的知名度、美誉度，就要大力打造高品位、广影响的城市品牌。城市品牌建设可以提升市民对城市的认同感、自豪感，吸引投资者、人才以及旅游者，带动城市产业群的形成，对促进城市发展、提升城市品牌形象有着重要作用。

第三，城市品牌形象的研究更具有社会学、大众传播学的意义。如何树立并传播城市品牌形象，是城市品牌战略的重要内容，也是城市品牌化的重要目标。

## （二）城市品牌形象传播的内涵与功能

城市品牌是从战略高度树立城市品牌形象，体现了一种城市经营管理的指导思想和观念意识。同时城市品牌的塑造过程是一个动态的、周而复始的循环过程。在该过程中，随着城市的发展变化，城市品牌不断地完善、提升、延伸和维护，我们对城市品牌形象传播的研究就从城市品牌战略开始。

城市品牌战略不是一蹴而就的，它需要一个持续性的过程，在这一过程中，有很多步骤。国内学者刘彦平将城市品牌战略分为城市品牌定位、城市品牌决策和城市品牌形象传播三个过程。他将这三个方面称为城市品牌化的核心任务。其中，品牌定位是品牌战略最具基础性的工作，而品牌决策是对城市无形资产的战略管理模式，在前两者的基础上，还要进行有针对性的品牌传播与沟通。于宁则将城市品牌提升到品牌资产的高度，将城市品牌战略的四步骤分为品牌的定位、塑造、传播与维护。

城市品牌的传播主要涉及以城市价值观为表现内容的城市品牌形象传播形象的建立、认知、与受众沟通过程，用传播手段使品牌传播形象最大化。正因为城市品牌形象传播对城市品牌形象建立的直接作用，作为同样以城市品牌形象为主要内容的城市品牌战略来说，应当把品牌的传播过程融入战略的每个环节之中。传播的理念在品牌战略初始期，就应该作为一种指向性的理念得到重视，在城市品牌的定位、决策等塑造过程中始终保持与受众的清晰认识与良好沟通。在实施城市品牌具体的战术层面，也要将形象传播的最大化作为终极目标考量。同时品牌传播又是在城市整体品牌营销完成之后必须要延续的一个活动，这是城市品牌得以维持和城市品牌形象得以提升的需要。

由此可见，城市品牌形象传播的核心任务和主要功能是，建立体现城市独特核心价值的城市品牌形象传播，达到目标受众在与城市品牌的沟通中产生品牌认知进而认同的传播目的。

研究城市品牌形象传播就要从城市品牌形象入手，而且这一层面的研究与城市营销战略的商业管理性不同，更偏重于对大众传播学、公共关系学知识的应用。城市品牌形象传播作为一个复杂的过程和系统，需要考量传播过程中各个相关环节，并将系统中各个元素及其关系纳入分析探讨的领域。

## 二、城市品牌形象传播的战略步骤

实现城市品牌形象传播核心任务的具体步骤：一是以城市品牌形象识别系统为基础的传播内容建构；二是借助品牌传播形式的规划，比如媒体公关策略等，建立魅力独特的城市品牌形象，并实现与受众的沟通。

### （一）CIS 系统构建

城市品牌形象传播的核心任务主要是建立体现城市独特核心价值的城市品牌形象传播形象。城市品牌形象具有十分丰富的内容，为了准确表达，需要建构一个全面而准确的理论定位和系统构架。

为此，需要引入 CIS 的系统框架。CIS 原本指的是 Corporate Identity System，即企业识别系统。它是把形象塑造的多种途径纳入一个规范标准的系统中，把企业及产品形象中的特点，有效地传达给社会公众，使其对企业及产品产生统一的认同和价值观，以形成良好的企业形象，最终达到促销及促进企业发展目的的一种形象建设思路。

城市品牌形象识别系统不同于一般意义上的企业识别系统。城市品牌是凝聚城市的灵魂，其内容由高度概括、高度凝练地反映城市价值的信息构成。在企业识别系统理论的基础上，我们可以将城市品牌形象识别系统划分为理念识别、行为识别和视觉识别三个部分，所指的具体内容与企业识别系统不太相同。

理念识别（mind identity，MI）在城市品牌识别系统中扮演着最重要的角色，处于战略地位。理念识别的目的是提出城市品牌的核心理念，构建城市品牌的知名度和美誉度。核心理念最能代表城市的品牌形象和独具特色的价值。它是城市品牌形象的灵魂，也是一座城市发展的核心价值。

城市品牌核心价值是建立在具体的产品基础之上而又高于它们的，是对它们特征的提炼。它的发掘依赖于能否找到独特的城市个性。所谓城市的个性，就是本城市所具有的别的城市无法替代性模仿或者模仿成本极高的品牌资源，可以是独特的自然资源，历史沉淀的遗产，独具特色的文化、态度与价值观，产业结构优势等。

行为识别（Behavior Identity，BI）是以明确完善的城市发展建设精神为核心，显现城市内部城市建设制度、政府法规、组织管理、教育、市民行为规范等，对外举行有关城市建设发展的科研、技术、文化活动，社会信息反馈之公益活动，并配合城市整体建设发展活动的展示传播活动，诉求建立国内外社会大众对城市的认知和信赖，具体包括政府政策、企业规范、公民素质等方面。

视觉识别（Visual Identity，VI）是传递城市视觉识别形象的系统工程，是城市理念识别系统的载体，对塑造城市品牌能起到最直观、最感人的作用。它是城市品牌形象设计的外在硬件部分，城市精神首先体现在城市视觉识别系统，视觉识别是城市的外在表现，是城市品牌形象最直接、最有形的反映，是城市的"体形、面孔和气质"。

能够使人产生城市视觉效应的事物很多，包括市徽、市花、市旗、吉祥物、城市别称、公共指示系统、交通标志、富有特色的旅游点、建筑绿地等。很多城市在品牌塑造中把城市理念、城市精神等通过标语、口号、图案、色彩等形式表现出来，使人们对城市产生系统化的良好印象。

城市品牌形象传播的内容，是建构在城市品牌形象识别系统之上的，理念识别是品牌传播的内核和主导，行为识别是辅助和补充，视觉识别是载体和外在表现，三者相辅相成，共同构成城市品牌形象传播的主要内容。

## （二）整合营销

传统市场营销理论以企业为中心，通过广告媒体向消费者单向传递信息，把消费者视为被动的接受者。越来越多的证据表明，由于受选择性接触和选择性扭曲影响，消费者购买决策的根据，往往是他们自以为重要、真实、准确无误的认识，而不是来自具体、理性的思考或仔细核算的结果。整合营销传播理论，重新认识消费者心理图像，重视信息加工过程，实行接触管理，强调在信息传递过程中每一环节都要与消费者进行沟通。同时，准确而适当地整合所有营销信息，一致面向顾客，使信息沟通正好与贮存在消费者头脑中的认知相契合，从而有助于消费者建立或强化对品牌的感觉、态度与行为。这样，整合营销传播便从一般诉求宣传转变为对消费者的消费心理进行管理，从企业一般产品宣传转变为对消费者态度与印象进行管理。这种由手段到目标的转变，是营销沟通和管理的一大突破。

营销传播的整合是营销主题对环境变化的适应。同样，城市在品牌传播过程中，需要对其传播工具进行整合，其理由如下。

### 1. 城市品牌竞争激烈

现在，各个城市都在进行品牌宣传，使用各种媒体从不同的途径宣传自己的卖点，吸引更多的游客和投资者入驻城市，城市的竞争开始加剧。随着竞争的激烈，信息渠道和信息流量大规模增加，相应地在信息传播过程中来自各方面的噪声也明显增加，任何缺乏吸引力的信息，都可能被淹没在信息的海洋中。面对众多品牌的激烈竞争，城市若想立于不败之地，则应该加强其品牌和产品的宣传，让自己从众多城市之中凸显出来，让消费者了解自己。因此，城市营销者必须深入了解消费者，重视品牌的传播，重视与消费者的沟通，以期为城市消费者留下深刻印象。

### 2. 城市消费者需求多元化

现在，广告充斥在人们生活的每个角落，消费者对城市宣传的广告信息将信将疑，他们有更多的途径接触品牌信息，媒体报道、上网搜寻、朋友推荐等。这时，传播就需要研究如何以消费者感兴趣的方式去接触他们，并且如何打动他们并使之信服、记忆。为了获得城市消费者对信息的关注，营销传播需要不断进行调整，一些符合新的信息环境的营销传播方式开始出现。整合营销传播就是在这种背景下的产物。其目标是在营销沟通中实现有效传播，争取在充满干扰的信息海洋中，获得受众的关注，进而赢得消费者的认同。

3.城市品牌形象传播手段增多，效果稀释

随着电视、电脑、报纸、杂志的发展，人类进入了前所未有的资讯爆炸时代。媒体的数量和种类在急剧增加，而且新兴媒体不断涌现。对于广告而言，在媒体的运用上有了更多的选择，却也同时面临媒体效果的稀释问题。广告边际效益递减的主要原因产生于媒体和信息的多元化，传播媒体种类增多、效果稀释、受众细分的变化趋势，使城市品牌的营销传播也相应地需要变化。

4.传播手段各有特色，整合利用效果方能最大化

现代信息社会，公众接受信息的渠道千差万别，对不同的信息来源，其信任度和认知反应不尽相同。单靠任何一种传播手段，都不足以覆盖绝大多数目标受众，而且任何一种传播手段，都有其传播方式和效果上的局限性。常见的城市品牌形象传播策略大致有形象广告、公共关系、人员推广、节事活动等几种类型，下面将逐一进行分析。

广告作为一种主要的品牌传播手段，指的是品牌所有者以付费方式，委托广告经营部门通过传播媒介，对目标受众进行的以品牌形象为主要内容的宣传活动。广告主要分为全国性广告和区域性广告，主要的形式有电视、报纸、杂志、广播，以及互联网广告。

广告是提高品牌知名度、信任度、忠诚度，塑造品牌形象和个性的强有力的工具。在城市品牌形象传播中，投放形象广告是最常见的形式。在投放形象广告时，要根据城市的品牌形象发展战略需要和城市财力，拟订好广告媒体组合策略和计划方案，整合利用各种媒体，充分发挥各种媒体的优势，开展品牌传播。

公共关系是评估公众态度，为组织建立符合公众利益的政策和程序，并采取行动和进行沟通，以获得公众的理解与接受的管理职能。

城市推广中，公共关系也发挥着越来越大的作用。一方面，可以通过在社会公众中树立良好形象，为确立城市品牌的市场优势地位打下坚实基础；另一方面，可以通过协调城市与公众的关系，协调好城市内外部公众之间的关系，为城市品牌的顺利传播创造和谐、融洽的内外部环境。

公共关系营销的主要途径，一是新闻报道，城市向媒体提供关于城市的新闻，通过新闻媒介的传播来吸引人们对本城市的注意；二是协作交流，包括内部和外部的交流，促进受众对城市的理解；三是新闻发布会，城市通常在发布城市品牌、实施重大策略等时机举行新闻发布会。

人员推广在某种特定的阶段，是城市营销的市场推广方式中最有效的手段，可以很直接地了解城市顾客对某一城市产品购买的偏好，通过面对面交流的方

式，增强城市顾客的购买信心，具有强烈的针对性与灵活性，而且这种方式具有个性化色彩，可以更好地满足和解决城市顾客特定的需求和问题。人员推广也可以让各种类型的关系得以建立，从销售关系到深厚的个人友谊，都可以得到实现。从信息反馈的角度，人员推广可以第一时间得到城市顾客的答复，并且可以迅速做出反应，有很强的交互性。

节事活动包括非常广泛的内容，国内学者王宁将其划分为四类：重大事件（世界博览会、奥运会、足球世界杯等）、特殊事件（国际汽车大奖赛、区域性体育赛事等）、标志性事件（国家体育赛事、大城市体育赛事节日等）、社区事件（乡镇事件、地方社区事件等）。

节事活动汇集了城市物质、精神、社会等层面的元素，是展示与传播城市品牌形象的极好平台。从某种意义上说，节事活动本身就是一个能够集中展示城市风貌、多层次传播城市信息的媒介，具有独特的传播效应，对宣传和传播城市品牌形象发挥着重要的作用。

可见，上述几种传播策略各有千秋，唯有将其整合，才能使得传播效果最大化。整合对于维持城市营销传播策略的一致性，不断积累品牌要素和品牌形象是至关重要的。从这个意义上来说，城市品牌形象的整合传播实际上就是整合利用各种营销传播工具，向特定的城市目标受众，以一种有效、连贯的方式传达一个清晰、明确并且具有一致性的城市品牌信息。

## 三、城市品牌形象的信息传播要素

城市品牌形象传播，是基于城市这一庞杂的系统而进行信息传播的研究的。在这一信息传播过程中，城市传播主体、媒介、受众围绕品牌信息的传播展开一系列的互动。分析了解这一过程，将有助于提高城市品牌信息传播的效率。

### （一）传播主体

品牌传播的主体，就是品牌传播活动的发起人和传播内容的发出者，处于品牌信息传播链条的第一个环节。在城市品牌形象传播中，传播主体往往以组织的形式出现。稳定而有力的组织保障，有利于城市品牌形象传播的顺利进行和维护巩固，因此对于每个进行城市品牌实践的具体城市而言，其传播主体的组织模式和功能发挥，对于品牌传播整体都具有十分重要的战略意义。城市品牌是一个复杂的体系，仅仅依靠公共部门或私营企业任何一方的力量都难以实现品牌化的有效运作。城市品牌的运营主体也就是城市品牌的传播主体划分为政府、企业、社会公众、非营利部门四种类型。

政府是城市品牌形象传播的主导力量。首先，作为一座城市整体利益的代表者，政府要兼顾城市的经济、政治、社会、生态等各方面的利益，政府进行品牌传播的目的，是提升城市的竞争力，促进城市的发展，从而获得市民和上级政府的支持。因此，城市政府是城市品牌运作的核心力量。其次，政府在城市传播中担负着"把关人"的角色，控制着信息传播的流向、流量和传播的重点。政府在城市传播中的主要工作：收集整理城市信息、加工制作信息、确定传播对象、确定传播媒介方案、设计传播程序、选择传播技巧和收集处理反馈信息。最后，通过打造城市品牌，可以提高政府的决策能力和运行效率，增强城市获取资源、配置资源和整合资源的能力，进而增强城市公共服务能力，提升城市竞争力，实现城市的全面协调可持续发展。

企业是城市品牌形象传播的积极力量。企业区别于政府部门的一个方面是，它以自身的经济利益为目标进行品牌运营，更多的是从市场出发进行投资收益核算，使得城市品牌通过运营和传播产生丰厚的利益回报。城市优势产业和名牌企业在进行品牌传播时，能够产生更为积极的作用，由于他们直接与目标顾客进行接触，运用市场化的手段进行决策，掌握的信息资源也比政府部门更为丰富，决策的准确度和效率都要高于政府部门。相对从政府部门公众利益出发的原则，企业从经济利益出发，以投资的形式参与城市的品牌运营和传播，投资效益相对较高，利润较为丰厚，有利于城市经济的发展。

社会公众是城市品牌形象传播的基础力量。社会公众、市民均体现城市的人文气息和文明程度，市民在日常生活中表现出来的素质，会给城市的外部消费者留下深刻的印象，体现出城市的人文品牌形象。他们将城市这种形象通过各种途径传播到城市外。因此，社会公众也是城市的一个品牌，其综合素质、道德风貌、文明程度，将决定着城市的整体品牌建设。

非营利部门是城市品牌形象传播的补充力量。非营利组织又称第三部门，指的是除政府部门和以营利为目的的私营部门之外的组织或部门，包括大学、科研机构、支援团体、区域经济发展组织、行业协会、社会组织研究会或民间协会等。第三部门由于其非营利的特性，在社会公众心目中处于一种特殊的位置，不以营利为目的，同时又担任公共部门的某些功能和责任。因此，由他们进行品牌传播更有利于减少传播过程中的社会阻力。

## （二）传播媒介

传播媒介位于城市品牌的传播主体和传播受众之间，有特殊而重要的中介功能。一方面，传播主体通过它将城市品牌的相关信息传递给受众；另一方面，它自身的形象信息也随着城市品牌的信息一同传播，并且受到传播受众的信息反馈。

在当今传媒发达的时代，城市品牌形象传播的条件更加成熟。但是，这里还是以大众传播媒介为主要探讨对象。袁瑾认为，"回顾过去，受制于有限的信息传播手段，城市品牌形象主要是由文学故事或典籍积累而成的文化遗存和历史记忆""而在大众传媒兴起的信息时代，城市品牌形象除了眼见为实的建筑景观，更多时候已经成为媒介制作的文化幻象"。

传播城市品牌形象的媒介主要借助以下几种渠道。

1. 电视

电视是视觉文化的主要传播渠道之一。它灵活多变，表现手段多，表现空间丰富，普及率高，对于增强城市品牌形象传播的广度和深度，具有重要的意义。它形声兼备，生动形象，受众广泛。选择电视做城市品牌形象广告，较为合适，效果较好。具体投放时，本市电视台是一定要投放的，本省电视台与中央电视台，一般情况下也要选择性投放，但不一定采取连续性媒体策略，可采用间歇性策略。对目标受众比较集中的大城市，也可在当地城市有线电视台或卫视台投放，不一定选择覆盖全省、广告发布价格更高的省电视台。投放的内容以30秒或1分钟的城市品牌形象广告片为主，可辅以几分钟的形象专题片。

2. 互联网

作为发展最为迅猛的新兴媒体，其传播对象面广，信息量大，表现手段丰富多彩，内容种类繁多，具有较强的互动性、趣味性与亲和力，传播时不受时空限制，受众可随时进入，发布的信息还可以及时更正、完善，而且它的受众群体大都是城市品牌形象宣传的主力对象。

因此，每座城市都应在互联网上做好本城市的宣传网站与专题网页，系统宣传本城市建设发展的各方面信息与突出优势特征，并及时更新、完善。另外，还可以在一些大的门户网站的旅游与分类栏目里建立本城市的专题宣传网页，同时建立大量的搜索引擎，以增加浏览量，扩大影响面。

3. 平面媒体

传统的平面媒体同样是城市品牌形象传播的重要载体。报纸作为资格最老、历史最悠久的传统媒体，信息量大，报道深入，可收藏性强，拥有强大的采访能力，而且在一定程度上是网络媒体的重要消息来源。关于报纸的选择，应以报纸本身的影响力，及涵盖目标受众的多少作为主要标准。比如，做城市旅游形象的广告宣传，应以城市的早报或晚报及旅游类报纸为主，其中既包括本地报纸，也包括本省与外省一些影响力较大的报纸。

除了报纸以外，图书、城市画册、折页、导游地图，具有成本较小印刷量大、分布广、接触率高的特点，能够直接提供受众所需要的城市基本情况，以及吃、住、行、游、购、娱等相关信息，实用性强。

### 4.其他媒体

首先，值得一提的是城市户外广告。户外广告是城市视觉形象的组成部分，一种不可忽视的形象传播媒体。樊传果认为，户外广告要取得最好的传播效果，应该重点放置在两个区域：一是"首要印象区"；二是"光环效应区"。前者指城市的机场、车站、码头等，能给外来人群以第一印象的地方；后者指的是在城市的中心商务区、古城区等有特色的地方。在这些特色地域看到城市品牌形象户外广告，能够将受众心目中的美好城市品牌形象像光环一样放大，从而大大加深受众对城市品牌形象的记忆。其次，是免费小纪念品，包括小徽章、书签、年历卡片，在其上印制城市品牌形象标志、城市宣传口号、欢迎辞等。这些小纪念品体积不大，携带方便，实用性强，宜于在人流量大的地方大量发放。此外，新兴电子媒体也可以用于进行城市对外形象传播。比如，楼宇电视、移动电视、数字化信息亭、酒店视频点播系统等。这些新兴媒体从传统媒体发展而来，具有承载城市对外形象传播的很大潜力。如处于写字楼大厅、电梯内的楼宇电视，受众较多，关注度较为稳定，利用其进行城市品牌形象宣传，成本较小而贴近性较强。

虽然作为社会公器的大众传媒，承担着如实构建社会信息环境的角色，但是作为组织的媒介还需要考虑自身的生存发展。如何在现今激烈的媒体竞争中生存，是媒介作为组织的首要任务。

我国传播学者喻国民认为，媒介产业和媒介经济的本质是影响力经济，个体媒介生存和发展资源的获得取决于媒介影响力的大小。

媒体形象是社会公众对媒体的总体评价。它是媒体多种因素的综合体现，也是媒体综合实力的体现。媒体一旦具有良好的形象，受众自然而然地会喜欢该媒体，就会相信媒体所传达的各种信息内容。为了更好地发挥媒体在城市品牌形象传播中的作用，我们必须从提高媒体自身的经营管理能力、节目的制作质量，以及从业人员的素质等各方面入手，提高媒体在传播对象心目中的知名度和美誉度，树立城市媒体良好的品牌形象。

## （三）传播受众

受众是城市信息传播的对象或信宿，是传播过程得以存在的前提。媒介的积极主动的接近者和反馈信源，在城市信息传播过程中，占有极为重要的地位。作为城市品牌形象传播的目标对象，受众包括内部公众和外部公众两个部分，在此基础上进行的传播，分为对内传播和对外传播。

内部公众是具有一定数量的群体类型，并且具有易于描述的特征和感知能力，他们可以是城市中目前的居住者，城市政府机构内部的所有工作人员，也可以是投资者。城市品牌的对内传播目的在于，明晰城市定位，增强市民的认同感，提升市民的自豪感，促使市民与政府共同为建设城市品牌而做出贡献。

外部公众泛指政府所面对的"广大社会公众"，包括投资者、旅游者、来访者、国内外其他地方政府、社会组织和社会成员。城市品牌形象传播所面对的社会公众，在其构成上极其复杂，涉及不同的群体、组织和个人。这些群体、组织和个人，既是以某种利益关系为基础结合在一起的社会公众，同时又是不同的利益群体，他们既有共同的社会利益、共同的需求、共同的问题和共同的背景等方面的一致性，又有各自在观念、态度以及利益等方面的差异性。他们对城市品牌往往有不同的态度，表达出不同的意见。可见，外部公众不是一个孤立的社会群体，而是与城市建设发展相关联。也就是说，城市的培育、运作、发展离不开一定的公众环境。这个公众环境就是城市品牌中必须面对的"社会关系和社会舆论的总和"。城市品牌的对外传播的目标在于促使外部公众对城市形成从只知其名到完整的认知，造就期望的联想，促进品牌偏好，累积、强化、形成品牌拉力，提升原有的品牌，进而达到城市发展战略，以及城市营销的目标。

城市品牌形象传播者必须以受众需求为出发点和立足点，关注受众的利益维护并满足其知情权。传播者必须研究受众的个人差异（不同年龄层次、职业身份、地域范围、文化背景），有针对性地进行分众化传播，分析受众参与城市传播过程的目的，增强导向服务功能，发挥先导功能，在较高层次上提供服务，提高受众的参与意识，有效地进行城市传播。

## （四）传播信息、反馈及噪声

在城市品牌形象传播过程中，城市的信息是一个复杂的系统，涉及城市政治、经济、文化的各个方面，这需要传播者对这个信息系统进行分析研究，对各类信息进行分级分类，判断哪些是敏感信息、哪些是重要信息、哪些是辅助信息、哪些是一般信息，针对不同级别的信息研究确定采用的传播方式、传播媒介、传播频率。

一个完整的城市品牌信息传播过程，应该包括城市的品牌内涵、品牌个性、品牌识别、品牌定位、品牌沟通、品牌展现、品牌文化等要素。城市品牌的传播要从它的各个要素开始，并把所传达的信息整合起来，传递一致的信息，让城市消费者认知、认同城市，并对品牌产生积极的联想，而后形成一个良好的品牌形象。要做到城市品牌形象传播的所有信息都能支持、强化本城市的品牌形象定位，无论何时何地，在何种媒体上，进行城市品牌形象的传播，都要注意保持信息的一致性，主要诉求点和信息点，要和城市品牌形象定位和信息策略相符合。

在城市品牌信息传播过程中，反馈具有很重要的意义。反馈指的是信息接收者及传播受众对信息传播做出的反应，并将这种反应送回到信息传播者和传播媒介那里。

品牌信息的传播者通过反馈信息了解到受众对品牌信息的需求、愿望、态度等情况，也能根据反馈信息调节品牌信息传播的内容，改进品牌信息的传播策略。反馈构成了城市品牌信息传播的双向交流。

城市品牌信息传播过程中的噪声通常来自信源和信宿，分为主观和客观两个方面。来自信源的客观噪声主要指的是城市品牌形象传播者在品牌传播过程中，受到外界虚假信息的干扰，扰乱视听，做出了不够精确的品牌定位，或者品牌形象设计。城市品牌形象传播者也会由于自身对目标市场的错误确定导致收集的传播信息与品牌关联度较低，或者由于自身学识、经验等素质因素的障碍形成与传播目标不一致的噪声。这些统称为来自信源的主观噪声。城市品牌的受众在接受品牌信息时，同样会受到多种因素的影响，主观上可能会受到个人经验、身份地位、经济收入和文化水平等因素形成阻碍品牌信息接收的噪声，客观上受到城市品牌本身特性、信息传播形式、媒介，或者其他城市信息的影响形成接受信息的干扰。

综上所述，对传播信息、传播反馈和噪声的探讨，有助于我们把握城市品牌信息传播过程中的基本关系。首先，城市品牌信息传播的过程是个"接力赛"，品牌传播者通过对城市品牌的定位、形象建构，形成传播信息系统，并且选择合适的传播媒介将信息传播出去。然后，传播媒介基于自身形象传播的基础，对城市品牌信息进行整合，并对传播策略进行选择和应用，进一步将信息传播给受众。接着，传播受众接收到来自传播媒介的品牌信息，经过认知和理解的过程，再将对品牌的总体印象、态度或感受等信息，反馈给传播者或传播媒介。最后，传播者和传播媒介根据传播受众的反馈调整信息内容或者策略组合，开始新一轮的信息传播。

从总体上来说，城市品牌信息传播过程，就是这样一个不断循环、周而复始的过程。城市品牌形象传播主体不断地对品牌信息进行"传播—改进—再传播"，最终达到使更多受众认知、了解、记忆品牌信息并产生好感，进而导致品牌消费行为产生。

在经济全球化和区域一体化的时代背景下，城市数量的激增和规模的不断扩大，使城市之间对于各种要素、资源的争夺日趋激烈。城市想要在这样的竞争中取得优势，提高城市核心竞争力，以获得更大的经济效益及增长潜力，那么就需要探寻城市品牌的发展道路。这也成了每一个城市政府所面临的难题，各城市开始纷纷进行城市品牌构建以传播良好的城市品牌形象。在这一过程中，自然会有许多成功的例子，但同时也引起品牌建构趋同、理念的认知和实践操作单纯模仿等混乱景象。

城市品牌作为城市品牌形象的集中体现，如何塑造、传播一个城市品牌，从而使城市增值，是城市品牌化实践中亟待解决的难题。因此，对城市品牌的传播力提升的研究和讨论，已经成为一个极富有理论和现实意义的课题。

在近几年对城市品牌的研究中，国内学者们已经开始意识到城市品牌化在城市营销中的重要地位和关键作用，尽管研究还不够深入，但也已经取得了初步的成果。刘彦平发表了一系列城市品牌战略的文章，总结了城市品牌战略实施的成功因素和注意事项。他认为城市品牌战略不是一蹴而就的，它需要一个持续性的过程。在这一过程中有很多步骤，他将其分为城市品牌定位、城市品牌决策和城市品牌形象传播三个方面。他将这三个方面称为城市品牌化的核心任务。其中，品牌定位是品牌战略最具基础性的工作，而品牌决策是对城市无形资产的战略管理模式，在前两者的基础上，还要进行有针对性的品牌传播与沟通。总的来说，国内外有关城市品牌的研究尚处在探索的阶段，有些研究仍然停留在概念的探讨与品牌定位、塑造等方面，论述城市品牌形象传播的文献相当少。但这些理论成果给进一步深入、系统和多学科视角的理论研究奠定了基石。

## 四、城市品牌形象传播的必要性与内核要素

### （一）城市品牌形象传播的必要性

首先，有效的城市品牌形象传播是激烈的城市竞争的需要。企业的强势品牌能够决定自身在市场中的地位，城市也是如此。一个城市拥有强势的品牌，就等于拥有一种直接影响外来投资者、消费者、游客的决策力量。针对一些名气不大的城市，可以通过大力宣传城市良好的形象，展示出城市的魅力和吸引力，形成强大的凝聚力、辐射力，使其成为吸引投资、扩大对外交往的"金字招牌"，从而把无形的精神财富转化为有形的物质财富。目前，全国已有众多城市通过各种传播手段开展城市品牌形象宣传，其中大连、杭州等一些城市的品牌传播已经取得了显著的成效。

其次，城市品牌形象传播是社会经济发展的需要。城市品牌形象传播能间接地推动交通运输、商贸物流等第三产业的发展，提高具有地方和区域特色的市场竞争力和经济效益。通过地方经济政策的对外宣传，有利于加大招商力度，使更多的大型、重点企业落户当地，带动本土经济的发展，也是实现城市工业经济快速增长的有力保障。

最后，城市品牌形象传播是群众文化发展的需要。有效的城市品牌形象传播能增强全体市民对城市的归属感，激发市民的荣誉感和使命感，形成团结一致、齐心协力建设城市的良好氛围，增强全体市民对城市发展的信心。文化搭台、经济唱戏，通过商贸交流、主题晚会、新闻发布等形式，架起一座经济文化交流与合作的桥梁，不仅能打响城市文化品牌，而且能促进当地文化事业的发展。

从城市品牌的研究现状分析可知，国内外对于城市营销和城市品牌的研究较多，但缺乏专门而系统的城市品牌形象传播研究。笔者认为，从传播学的角度分析，城市品牌形象的有效传播是城市品牌战略的出发点和落脚点，因此品牌的传播应该作为一个重要的考虑因素进入城市品牌战略的规划当中。城市品牌战略应当在"以人为本""有效传播"的理念引导下展开，城市品牌的定位、塑造等各个步骤都要基于对"传播"的考量后进行决策。

对城市品牌形象传播提升策略的研究具有营销学、传播学的意义，怎样树立并传播城市品牌形象是城市品牌战略的重要内容，也是城市品牌化的重要目标。

## （二）城市品牌形象传播的内核要素

城市从某种意义上来说可以等同于产品，它所代表的这一空间区域也可以成为品牌。城市品牌化的力量，就是让某一区域为受众所了解、认知，让该地区的精神与文化融入这一城市，使城市与某种好的、固有的形象和联想自然联系在一起。城市品牌形象传播连接了城市、城市管理者和其他利益相关者，是他们之间的沟通桥梁。城市品牌的核心价值与单一产品和服务不同，它既包含了看得见、摸得着的东西，同时还有众多复杂多元的无形价值渗透其中。

一个城市想要塑造出成功的城市品牌形象，除了要抓好城市品牌形象的内部规划与建设，更要规划好城市品牌的传播工作。如果单纯注重内部的建设，而忽视了凸显城市精神、文化的城市品牌形象传播，那么也不可能塑造出理想的城市品牌形象。没有有效的传播活动，没有受众的信息反馈，这样的城市品牌形象仅是传播主体单方面的、主观的形象，并不是城市在公众心目中的总体印象及实际的评价。要通过城市品牌的传播，让城市富于凝聚力和吸引力，在广大受众面前大放异彩，进一步彰显城市个性，扩大城市知名度和美誉度，从而达到提升城市竞争力的目的。因此，通过富有特色的城市品牌形象传播对城市品牌的塑造具有十分重要的意义和作用，塑造、提升城市品牌形象，就必须做好城市品牌形象的传播工作。

城市品牌的塑造与提升，是在城市品牌战略指导下的一项长期的、系统的工程，不可能一蹴而就。目前，有些城市的品牌传播内容和传播口径与城市的整体品牌规划并不十分一致，这样的传播反而会成为城市品牌建设的阻力。因此，在城市品牌形象传播的过程中，既要注重外部宣传，也要注重城市内部的认同，在品牌传播的过程中必须体现城市品牌体验的独特性。通过何种媒体及其组合向受众传递品牌个性的信息，用何种方式演绎和表达品牌个性，都必须注意品牌个性与传播媒介的统一，并要与品牌的塑造保持整体的一致性。

## 第二节　城市品牌形象传播现状

我国的城市化进程发展迅速，与城市化进程相呼应，塑造城市品牌、推广城市品牌形象就成了迫在眉睫的战略任务。城市品牌形象传播是一个系统工程，涉及的部门、行业、专业众多；城市品牌形象传播是一个长期战略规划，关系到城市品牌形象的长远走向。也正是基于城市品牌形象传播的复杂性，造成了当前我国城市品牌形象传播中的诸多问题。

### 一、我国城市品牌形象传播概况

城市想要在竞争中占据优势就必须塑造自己的城市品牌形象，并积极进行推广和传播。正是基于此，某些城市推出城市营销和城市品牌战略，取得了良好的效果，一些城市纷纷效仿，将城市营销和城市品牌形象宣传推向了一股新的浪潮。国内很多城市在这一背景下进入了城市品牌形象建设的新时期。针对国内城市品牌形象传播现状主要总结如下。

#### （一）我国城市品牌形象传播现状

##### 1. 城市品牌形象传播意识逐渐增强

我们都知道昆明率先制作电视广告并在央视播出后获得了很大的反响，这在很大程度上推动了一大批城市制作和投放城市品牌形象广告。随着形象广告的传播效果的逐渐体现，城市品牌形象广告作为城市品牌形象传播的主要手段也日渐被更多的城市所接纳和应用，城市品牌形象传播的意识普遍提高。而继上海承办 APEC（亚太经济合作组织）会议、北京承办 2008 奥运会、2010 上海世博会之后，城市品牌形象传播的重要性则更被大家所认同，一时间全国各地的城市品牌形象传播实践此起彼伏。

### 2.城市品牌形象传播的形式更加多元化

我国城市品牌形象传播除了积极投放城市品牌形象广告之外，更多地开始着力于各类推广活动。如申办一些大型节庆活动、盛大赛事、颁奖礼、大型会展等。典型的节庆活动有山东潍坊的风筝节、青岛的啤酒节、哈尔滨的冰雪节等，它们也是我国城市品牌形象传播中较为成功的案例。同时值得一提的是，城市品牌形象传播对于媒体的应用也已不再局限于电视或报纸等，新媒体的迅速发展为城市的品牌形象传播提供了更为广阔的媒介平台。网络推广在这一背景下日益成为城市品牌形象传播的重要阵地。

### 3.城市品牌形象传播基础扎实

从总体上来看，国内大部分城市在塑造城市品牌形象之初善于挖掘自身优势，依托自身具有唯一性的特色打造城市品牌形象。就目前国内的城市品牌形象传播实践而言，定位清晰明确的城市借助自身的优势，能够为城市品牌形象传播打造一个坚实稳定的基础，这为日后开拓更大的空间，创造更高的品牌价值提供了可能。

## （二）我国城市品牌形象传播的类型表现

### 1.打造城市品牌口号

城市品牌口号作为一种语言符号，具有解释性功能。作为在多种媒介上使用的一种特定语，可以用它来给受众传达并使受众对城市保有长久的良好的印象。随着国内城市品牌化进程的加速，全国各地的城市都在给自己设计城市口号，从中也反映出不同城市各有特色的定位。

例如，桂林就是将"桂林山水甲天下"作为宣传标语，这一耳熟能详的名言佳句自然就是桂林现成的广告语。又如，曲阜借用历史名人造势，"孔子故里，东方圣城"等就是其宣传语。除此之外，还有洛阳——国花牡丹城；长沙——多情山水，天下洲城；上海——精彩每天；深圳——每天带给你新的希望；重庆——重庆，非去不可；成都——成都，一座来了就不想走的城市；常熟——常来常熟；等等。

### 2.发布城市品牌标识

城市品牌标识的功能和设计原则大多参照商品品牌，但又表现出更加丰富的特征，并且基于城市自身行政区域的特殊性，城市标识一般都要遵循一定的应用规范。国外的城市标识从早期发展就确定了其商业价值，也就是对企业品牌的带动。就国内而言，有些早期确立的城市标识在应用方面规范非常严格，如上海，就明确规定城市标识不得用于商业用途。这也就致使城市标识的推广十分受限，从一定程度上影响了城市标识在城市品牌形象推广中所能产生的作用。现在，人们对于城市标识的认识更深一层，也更加重视城市标识的推广和营销，同时能够将城市标识和城市的未来发展进行紧密结合。在城市标识的推出过程中往往是伴有大型的媒介公关活动专门为其造势，在营销中又充分重视城市特色经济或者行业、企业的品牌对城标的应用，在使用规范中也进行了比较宽松的规定。

以下收集了部分城市的城市标识并根据其所呈现出的特征对其进行了简单的分类。

以标志性自然景观为主体，在城市标识中呈现本城市最具代表性的建筑物或者是最体现文化特色的代表物，如杭州、桂林（见图 4-1 和图 4-2）。

图 4-1　杭州城市品牌标识

图 4-2　桂林城市品牌标识

　　以传统文化特色为表现内容，选取传统文化中的精髓来表现独特的象征，带有浓厚历史文化气息的城市标识，如成都等（见图4-3）。

图4-3　成都城市品牌标识

　　以简洁线条表现相关字体或者象征物的变形，从现代时尚的角度来诠释城市的文化及品牌的内涵，进行新的建构，使城市脱离原来的模式和诠释的范围，给人以丰富的想象空间，如重庆、威海等（见图4-4和图4-5）。

图4-4　重庆城市品牌标识

图4-5　威海城市品牌标识

### 3.推出城市品牌形象广告和宣传片

城市品牌形象广告和宣传片目前已经成为城市品牌形象推广必不可少的一种方式。我国大陆第一个推出城市品牌形象广告的是昆明市，在 2000 年元旦，中央电视台一套黄金时段播出的一个只有 5 秒钟的广告——"昆明天天是春天"引起了巨大的反响。之后，昆明市政府又斥巨资在央视投放了城市品牌形象系列广告，一个春天永驻的城市，"彩云之南"的形象深深地印在了人们心中，涌入昆明的旅游者成千上万。自此之后，城市品牌形象的广告更是铺天盖地。

### 4.利用大型活动、节庆行销

近年来，各大城市每年都会举办一些活动，艺术节、音乐节、交易会或者体育盛会，在每一项活动中，城市营销者都会想尽办法进行城市品牌形象推广。城市的行销活动包括会展、论坛、民俗活动、节庆活动、商业活动等。而在城市活动行销中上海、北京自然是近年来的热点。上海的新面孔的推广得益于 APEC 会议，而在世博会中，上海再度把握住国际盛会为其带来的契机，通过这些活动很好地展示了自己的新形象，并借助媒体的镜头传递到世界各地。

特色节日是以当地传统文化或者特产为基础的具有内容排他性的节日，也是城市的一个重要名片。这对于提高城市的品牌知名度与美誉度都产生了深远的影响，当然，对于经济的拉动作用也是十分的明显。

## 二、我国城市品牌形象传播困境思考

### （一）城市品牌形象传播雷同，缺乏个性与特色

目前，国内各大城市都在不同程度上意识到城市品牌形象建设的重要性，也结合相应的事件开展了一定的城市品牌形象塑造活动。早在 2007 年北京就举办过"唱响北京"——北京城市主题旅游形象征集口号标识活动、天津举办过城市品牌形象小姐比赛，然而这类活动很快在全国遍地开花，形式雷同又毫无新意，对于塑造城市品牌形象、加深受众印象并无太大益处。城市品牌形象的塑造具有多重性，除了城市的口号、视觉标识符号、地标等，城市品牌形象产品也是城市品牌形象建设中的重要部分。目前，开发过属于特定城市的独特礼品的城市并不多，即便有旅游纪念品也多是千篇一律，如沿海城市，其旅游纪念品都是以贝壳或者海类产品制作的简单手工艺品，而内陆城市则多是特色食品，只是在全国流通中也都失去了当地的特色，这种缺乏个性和特色的传播很难凸显城市品牌形象，达到城市品牌形象传播的效果。

## （二）城市品牌受众意识缺失，公众参与不足

城市品牌形象在当今已然成为全球范围内备受关注的无形资产和地区象征。城市品牌形象的定位决策者多是政府机关，佐以产业、媒体学界、公众等多元主体，然而这样的身份往往会更多地考虑经济、文化、环境等宏观因素来制定城市品牌形象的发展战略。这种外向型的定位方法也就导致了对受众多元的忽视。虽然在外界树立了醒目的城市品牌形象，但是城市内部公众的感受却和城市品牌形象定位产生了出入，这也就使得城市品牌形象传播陷入尴尬境地。

城市居民既是城市品牌形象传播的受众，也是城市品牌形象塑造的主体。如果忽略了城市居民参与城市品牌内涵思考的能力和意愿，在城市品牌形象设定后又引起争议和质疑，那么这样的城市品牌形象塑造无疑是失败的。城市居民作为这个城市的主人，提高他们的参与度，带动他们的主人翁意识和主动性，增强他们的荣誉感、自豪感和归属感，塑造和传播的城市品牌形象就会更加生动立体，易于记忆。

## （三）城市品牌形象传播过程中忽视了整合传播策略

整合传播指的是在塑造城市品牌形象的战略指导下，配合城市定位的需要，从整体上进行长远的、有计划、有针对性的切实可行的全方位传播。然而，从我国目前城市品牌形象传播的实践来看，还鲜有城市将整合传播策略应用到城市品牌形象传播中来。香港是将整合传播策略应用到城市品牌形象传播过程中并获得成功的典型，同为国际大城市的上海和北京与之相比就稍逊几分。

有的城市从创建卫生模范城市入手，有的从某一大型活动出发，有的依靠电视形象宣传片切入，不可否认这些都是传播手段中的一种，并且可能在一段时间内有效，但是却很难产生长期效应，也不能形成城市品牌形象传播沟通的整体战略规划。在这个信息高速传递和更新的时代，公众获取信息的渠道千差万别。如果单靠任何一种传播手段，是不足以覆盖大多数的目标受众的。况且任何一种传播手段都有其传播方式和效果上的局限性，唯有将其进行整合才能使传播效果最大化。城市品牌形象的整合传播实际上就是整合利用各种传播手段，向特定的城市目标受众，以一种有效、连贯的方式传达一个清晰、明确并且一致的城市品牌形象。如果一个城市缺乏整合传播过程而使传播效果无法达到，那么城市品牌就只是一块无用的招牌，对于促进城市发展、提高城市的核心竞争力并无任何意义。

# 第三节 城市品牌形象的传播策略

## 一、城市品牌形象的推广策略

### （一）以特色树品牌

特色是代表某一事物的个性特征，是其固有的、独特的属性，是区分其他事物的本质属性。

城市特色是一座城市对外展示的窗口，是树立城市品牌形象的关键。城市特色有内容和层次之分，就内容而言，可以体现在自然、文化传统、社会经济等的某一侧面，也可以是上述若干方面的整合体现。

城市品牌形象推广的关键，就在于突出城市个性，避免和其他城市雷同。构成城市特色的要素，主要有自然环境、地域文化、城市风貌、城市智能和发展方面等。任何一座城市的形成，都是在特定的自然环境和地域文化背景中生长起来的，城市中的各个组成部分，都与这座城市的自然环境和地域文化变迁，有着密不可分的联系。

我国地大物博，大大小小的城市有几百上千座，有的城市给人留下了深刻的印象，有的城市却很少被人提起。例如，江西景德镇，虽然不是大城市，但是其"中国瓷都"的名号却享誉国内外，走进这个小镇，不论是城市建设，还是人文气息，都充斥着瓷都的气息。这与城市的大小并无必然联系，关键在于城市品牌推广过程中，有没有在城市特色上下功夫。纵观我国遍地的城市，但凡有名气、有活力、有魅力的城市都是在城市的品牌推广中狠下功夫，形式新颖别致，使文化、旅游、自然融合，具有恒久的魅力。如打造山水文化品牌的桂林、青岛、扬州、大理、贵阳等，打造历史文化品牌的西安、郑州、开封、洛阳等，打造商业经济品牌的深圳、上海等。

城市是一个地域范围，是一个包罗万象的整体，每座城市发展到今天，都有自己独特的生命足迹和城市性格。城市的每个方面都有可能对公众感知和心理产生影响，形成侧面的城市印象。然而，城市中的不同因素和侧面对公众产生影响的强烈程度是不同的。由于城市本身或者公众心理侧重点不同，在其头脑中的反应总会有强弱之分，较强的因素就会影响公众本身头脑中的反应，转化成为城市印象。这些较强的刺激因素导致城市特色的产生，显现于城市整体综合形象的背景之上。城市的整体形象由于特色形象的存在而得到强化、渲染和提升。因此，每座城市都应以自身的历史文化、人文精神、发展方向为基础，树立自己的城市特色，明确城市定位，建立一套与城市自身特点相统一的城市视觉识别系统，并加以推广应用，使其更加直观、生动地表达城市特色，促进城市发展。

### （二）以产业求发展

城市的发展要靠核心产业去带动，经济的迅猛发展必将提高整个城市的知名度。城市品牌形象推广，必须从城市的主导功能做文章，紧紧抓住城市的核心产业。一座城市的核心产业就是在整个城市经济发展中起决定性作用的主导产业，是整个城市的重要经济来源。例如，以风景旅游为主要经济来源的桂林，以港口运输为主要功能的连云港，以工矿业为主导的攀枝花，等等，都形成了特色鲜明的城市品牌形象。这些城市的特色产业对城市的形成和发展具有支配作用，城市因其盛而盛，因其衰而衰。核心产业它是城市成长的基础，这些城市也因其核心产业具有较高的城市知名度。因此，以城市强大的核心产业提高城市知名度，也是城市推广的有效途径。

城市特色产业与主导功能的形成受地理位置、自然资源、人文环境等诸多因素的影响。因此，城市主导功能不是一成不变的。它随着城市行政地位的变化、自然资源的发现与开发、生产力布局的变化、原有资源的枯竭等因素而发生改变。在城市品牌形象推广工作中，应该从实际情况出发，并对城市主导功能的演变有所预见，使城市品牌形象推广随着主导功能的转变而改变，随着城市经济的不断发展而调整，保持旺盛的生命力，经久不衰。

### （三）以精神促推广

城市精神是一个城市的灵魂，是城市品牌形象的本质体现，也是城市的核心竞争力，是城市发展的动力。没有精神的城市，完全没有其魅力可言。城市精神是一种社会文化的积淀；是一种与城市同命运、与市民同呼吸的精神力量。然而，在现代的城市建设中，城市文化、城市精神这些因素却常常被人们所忽略。

在社会发展迅猛的今天，很多城市都一味地追求经济和硬件设施建设，往往忽略了城市文化的塑造和市民素质等软性指标，最终没有达到城市持续健康发展的目标。近几年，面对日趋激烈的城市竞争，我国很多城市已经开始意识到科学发展的重要性，从传统的经济发展模式逐步走向经济、环境、文化共同繁荣的科学发展道路。

城市魅力源于城市品牌形象，城市品牌形象有赖于城市精神的支撑。城市品牌形象品牌的推广，首先要植根于民族文化和地域文化的土壤，根据自己城市所在地方的民族、历史、文化、环境特点，塑造具有自己特色的城市品牌形象。不同城市具有各自的精神特质，而这种城市精神又是城市品牌形象的灵魂，成为城市竞争力的一部分。全国首批文明城市无不具有自己独特的城市精神，如"团结拼搏、负重奋进、自加压力、敢于争先"的张家港精神；"开明、守信、开拓、竞争、奉献"的厦门精神；"和谐与卓越"的青岛精神；"诚信、务实、开放、创新"的宁波精神；等等。

因此，在充满竞争的年代里，打造良好的城市品牌形象品牌，不仅仅是经济上的竞争，更重要的是，城市精神的软实力竞争。在建立城市视觉形象识别系统过程中，只有充分接触该城市的方方面面，了解其历史背景、城市精神等非经济因素，充分融合，才能为城市的发展提供强大的力量。

## 二、城市品牌形象的传播方式

### （一）注重城市品牌策划

一个商品能否被公众接受，其推广过程中的品牌策划起着关键作用，城市也一样，城市品牌策划是城市品牌形象品牌推广成败与否的重要环节。策划就是为了挖掘城市的优势，并使这样的优势更为突出，从而扩大影响力。一个地区的优势要靠本体精神和外来智慧的共同作用，对本地特有资源进行提炼升华。庐山，因为有李白、徐霞客等文人墨客的诗篇和传记而名扬天下。"桂林山水甲天下"并非本地人喊出的口号；"上有天堂，下有苏杭"也被世人口口相传。同样，现实也需要外来智慧对本地实际的优势进行新的总结和提升。在国内一些比较有眼光的城市品牌形象品牌推广者，非常注重对城市品牌形象、品牌推广进行策划。典型的例子有"北国明珠"大连，它就是在这方面实施比较早的城市。大连早在1993年就开始借助外来力量，吸引先进经验，对城市品牌形象进行推广策划，使其在城市建设和形象展示方面很快就走在全国主要城市的前面。实践证明，城市品牌形象推广取得了好的效果，也提升了大连在公众心中的形象。

### （二）注重搭建对外传播平台

搭建自我展示平台是城市品牌形象推广的一个重要途径。城市可以通过区域经济合作，在全国、亚洲、全世界各个层面展示自己，将城市自身纳入世界经济的发展潮流中；利用媒体的力量，持续合作，开辟专栏进行宣传；邀请海内外新闻媒体对城市进行报道，扩大影响，让城市真正地走出去，逐步打响自己的城市品牌。在制订策划方案、推广策略时，要特别注意各种推广活动之间的关联性。例如，平面媒体与电子媒体等不同途径的传播手段，要注意主题、风格、原色的统一，避免杂乱无章。通过各种方式的传播，全方位地传达城市品牌形象和品牌信息，使公众对城市形成一个整体的、个性鲜明的城市印象和评价。

城市品牌形象推广是一个长期的、持续的过程。信息化的时代要做好城市品牌形象的推广，需要集中一定时间进行规模推广。只有一定时段和量的冲击，才能产生轰动效应，才能在众多信息中脱颖而出，才能在瞬息万变的社会中抓住公众的眼球。

### （三）注重举办和参与大型社会活动

但凡世界上一些著名的国际性城市，都有能够容纳百川、体现鲜明艺术风格的标志性的文化节庆活动。积极创造条件，举办各种大型特色活动，吸引海内外人士的关注，并且积极在本地及省内外一些有影响力的媒体上做好相关宣传报道，进而一方面可以激发当地市民积极参与城市品牌形象建设的热情和成就感、荣誉感；另一方面可以极大提升城市品牌形象的能动性。此外，还要积极参与国内各类高层次的城市品牌形象的评选活动，在不断的参与过程中，可以找出与优秀城市的差距，依据相应的评选标准有针对性地改进。参与这类活动不论成败与否，都可以成为城市品牌形象的一种推广方式。同时，也是不断改进、不断缩小与优秀城市差距的过程。

## 三、基于受众感知的城市品牌传播策略

### （一）受众感知价值在社交媒体中的再挖掘

#### 1. 受众感知数据的可获得性

传统的城市品牌形象研究多使用包含量表或开放性问题的问卷进行抽样调查以获取数据。由于时间、精力、预算的限制，研究者往往需要在样本数量上做些妥协，使用样本对总体进行推断的准确性也较难把握。目前，我们已经进入全球化、社交化、数据化的时代，大数据技术的蓬勃发展，为城市品牌的研究者在社交媒体平台上收集所有与研究目的相关的数据，实现对总体而非样本的分析提供了数据来源和技术支持。大量值得研究的文本、图片、视频甚至表

情等非结构化数据进入传播研究的领域，传播者可以采用多种方法获得受众感知的真实数据，并展开更丰富的研究。

首先，传播者可以提取社交媒体平台上的信息，针对文本数据中的关键词进行简单的定量分析。互联网用户倾向于在没有任何提示的情况下在线发表自己的观点并分享他们的经验。因此，被调查者的数据不会受到预先书面调查的限制或受访者的影响，数据调查者可以完整地收集已被用户共享的数据。

其次，传播者可以通过对文本、图像内容进行人工编码，研究主题之间的定量关系。

最后，传播者还可以对社交媒体的元数据进行分析。换句话说，社交媒体可以获取共享内容之外的附加信息。例如，当我们在社交媒体发布消息时，每条消息还携带其他变量，比如用户特征、用户位置、用户使用的设备等，这些数据并不局限于用户表达的观点。

*2.激发受众生产性地使用社交媒体，将受众感知提升为内容生产与传播资源*

对很多人来说，不可能亲自到达某个城市去获得亲身的体验，因而大多数城市的品牌形象几乎完全是虚拟的，口碑被认为是人们形成城市品牌形象的最重要的信息来源之一。根据一些学者的研究，"一个产品拥有搜寻产品质量或体验产品质量，对于产品体验质量的信息不大容易在购买之前获得，消费者更多地依靠来自其他人的推荐推而广之"。因而，对于城市品牌来说，社交媒体具有更加重要的意义。那么，目前我国城市品牌传播利用社交媒体的情况如何？受众感知在社交媒体平台上的意义和价值如何，对城市品牌传播将会有何贡献？如何通过社交媒体改善城市品牌传播的实践？

（1）社交媒体平台受众参与的动机

首先是"给予"信息，呈现自我的社会形象。自我呈现与"印象管理"通常是同义的，是由戈夫曼在1969年提出来的，它指的是人们有意识或潜意识地通过调节和控制社会交往中的信息影响他人对一个人、一个事物或事件的感知的过程。一般来说，人们通过两种方式来呈现自己：一种自我呈现是为了匹配自我形象，一种自我呈现是为了符合"观众"的期望和偏好。自我呈现具有很强的表达力。如果人们觉得自我呈现受到了限制，往往会表现出反抗的意识。人们进行自我呈现的范式与技巧便是通过"前台"和"后台"不同的表演来实现的，这也是戈夫曼的拟剧理论中最为知名的一对概念。

　　戈夫曼提出，所谓前台，是个体表演中以一般的和固定的方式有规则地为观察表演的人限定情境的这一部分，是"个人在表演期间有意无意地使用标准类型的表达装备"，使社会表演与它所处的社会理解和期望相符合；所谓后台，便与之相反，是"那些被竭力抑制""可能有损于它所要造成的印象的那些行动"。戈夫曼认为在现实生活中人们很难伪装自己，因为在面对面的沟通中，我们很难把握住无意流露的那部分信息，也就是"流露"。但是社交媒体中，很多"流露"被弱化了，我们无意流露的信息都被藏匿在社交媒体的背后，而我们有意传达的那部分，就是"给予"的信息被强化了，也就是说社交媒体提供给受众自我呈现的机会更加具有掌控力。印象管理是受众积极参与社交网站的主要动机。

　　就城市品牌而言，社交媒体平台为城市提供了一个在线的"前台"，人们可以通过主动参与和实施反馈，进行自我控制的形象表达，"流露"自己的观点、态度、身份，满足自己被重视、被认可的心理需要。

　　其次是参与调侃，获取娱乐享受。娱乐是一种个体的情感状态，在这种状态下，人们洋溢着良好的自我感觉，并感到自我满足。它以一系列情感为表征，其中包括主体感、成就感，以及愉悦、认同、成功、自负和轻松自在的感觉。它使个体巩固了其良好的自我形象。社交媒体的一大特征就是泛娱乐化，主要表现在当用户通过网络媒介消费内容时，往往倾向于非正式的方式。

　　无论是严肃的话题，还是原本就具有娱乐元素的话题，网民总是喜欢用幽默的方式去调侃，放大幽默的元素，消解严肃的内容，这成为社交媒体内容生产的一大特征，换句话说，消费者正在积极创造娱乐内容。

　　在现代社会中，娱乐成为人们减轻工作压力、忘却生活烦恼的一种手段。在社交媒体中，带有调侃味道的话题往往能够形成病毒式的传播。例如，2017年5月31日，"重庆最复杂立交桥完工"的消息刷屏中国网络社交平台，引发网民热议。在中国网络社交平台上，山城的建筑被"幽默化"为"魔幻立体3D城市"，就在这种充满乐趣的调侃中，重庆也渐渐成为网友们旅游的下一站目的地，"好玩"成为社交媒体中可以流行的内容特征。

　　最后是积极主动使用网络平台，彰显主体的价值。受众对于网络平台的积极使用体现在三个维度：由受众去生产内容，由用户去推广信息，与传播者进行互动。在社交媒体环境中，媒介生产的权力不再掌握在传统媒介的传播者手中。传统受众在传播过程中的角色转换也赋予了用户自我赋权的能力，使受众感受到自己的价值。其中典型的现象就是社交媒体中"恶搞"的盛行。"恶搞"

往往使用充满幽默、颠覆的方法，与后现代文化的解构特征不谋而合。幽默体现的是创作者本人深刻的思考能力和批判意识，而颠覆则意味着受众可以暂时拒绝日常生活的秩序，形成网民的"全民狂欢"，彰显主体意识。总之，在社交媒体中，受众升级为传播文本的制作者和传播者，真正实现了受众的内容生产和受众使用媒介的主动性，主体性获得充分彰显。

（2）社交媒体平台在我国城市品牌传播中的受众状态：缺乏互动和参与

总体来说，年轻人使用微博主要是为了获得信息、休闲、娱乐，因为共同爱好进行分享。因此，微博本质上是一种基于共同爱好形成的社交媒体，需要人与人之间的互动，在互动过程中才会产生喜爱或依恋的情感。用户通过各种论坛、微博、商业网站主动搜寻自己需要的信息，在接触信息的过程中会感受到信息的背后是一个人在说话，更类似于线上的人际对话，传递的内容并不是冷冰冰的信息，而是带有生活的温度和质感，这就使得这种信息的接受还掺杂了更亲密的伙伴关系。而官方微博的背后是组织，在微博上的活动一般是为了发布信息，不会与网友产生互动，再加上有些官方微博使用新闻的语言发布信息，显得过于严肃和呆板，这就造成了目前普遍看来，官方社交媒体的传播力不强的现象。

政府宣传部门在这些社交媒体上的品牌传播效果是有限的，表面看来似乎是政府宣传部门的内容缺乏创意、缺乏网民的病毒式传播、缺乏互动造成的，但其中最深层的原因在于政府部门严肃权威的形象与社交媒体"泛娱乐化"的特征、政府部门谨慎的性质与社交媒体缺乏控制之间的矛盾。

另外，政府部门需要谨慎的特点又决定了宣传人员无法充分利用社交媒体的交互性质。政府部门的社交平台与个人的社交媒体不同，政府部门的社交平台代表了组织的形象，发言需要谨慎稳重。但是社交媒体需要快速反应，提高对话速度会导致言论发生错误的可能性更大，这也就限制了政府部门激发或参与社交对话的能力。宣传部门中一般会有固定的工作人员处理社交媒体的信息，这就限制了社交媒体对话的有效性。有些重要的或者关键的问题，如果宣传部门的工作人员需要向掌握信息的人征求意见才能做出回应，则限制了回应的直接性。因此，政府部门的社交媒体不是以动态、快速响应的方式用于回应会话或出现的问题，而是采用了更有序和更可控的方法，这就与社交媒体快速性、流动性、交互性的传播流程产生了矛盾。控制一直是社交媒体中的大问题，这也是大多数城市宣传部门对于社交媒体的利用存在矛盾心理的一个主要原因。

（3）鼓励受众互动和参与，将受众感知转化为内容生产资源

通过以上分析我们可以看到，城市宣传部门的社交媒体平台应用与社交媒体本身的传播机制存在着一定的脱节，社交媒体平台并未完全发挥它的传播价值。正如喻国明教授所说："如果我们对互联网所形成的新逻辑、新规则没有基本的了解，我们可能就会有很大的危险：过去我们的成功经验、成功模式也许会成为我们把握未来的障碍性因素。我们必须要运用新思维去处理和面对。"对于政府部门来说，只有尊重社交媒体的传播机制和规律，转变思想和行为方式，才能够提高城市品牌传播的效果。

首先，政府部门应该转变对于社交媒体的观念和态度，重新认识社交媒体的不足与优势。与其他传播形式相比，社交媒体平台的基础是受众与受众之间的口碑传播，它受干扰小，更具有活力，更容易进入人们的记忆系统，并且口碑传播往往附带着简单的评价，更容易影响受众的态度。面对着目前传统广告传播效果的乏力，城市品牌的管理者也越来越认识到口碑传播的重要性。尽管社交媒体在传播渠道、传播方向上难以控制，但是另一方面，社交媒体属于与受众直接沟通的渠道，其"去中介化"的特点与传统传播渠道的多级传输相比，可以更加清晰地传递各方面的消息，减少信息混淆的可能性。因而，从理论上来看，社交媒体可以帮助政府部门更好地控制信息的创建和发布，并且可以直接与传播对象进行沟通，从而更加有效地吸引受众。

其次，以社交媒体为对话平台，必须尊重社交媒体平台的传播规律，鼓励受众参与，将受众感知资源转化为内容生产的资源。从上文的分析我们可以看出，目前部分政府宣传部门所做的工作只是利用了社交媒体的渠道，但整个工作流程和机制依然是传统媒体的方法，只是重视信息的发布，而没有激发公众的互动与参与。像多数城市的形象宣传片依然只是政府部门发布的视频，而没有推广由公众创作的视频。这样的传播形式本质上依然是传统媒体的单向传播，而在社交媒体平台的传播内容要产生传播效果，需要通过内容的设计促进与受众的互动和对话。这就需要政府宣传部门主动走出城市管理的"舒适区"，系统学习和了解社交媒体的传播技能，走进社交媒体，研究如何在社交媒体环境中进行导航和交流，从而影响受众对城市的看法。目前，有些政府部门已经开始主动进入新兴社交媒体的传播中。

然后，在进行社交媒体传播的同时，要注意受众感知实体空间的内容建设。这里所说的传播内容，并不是文本意义上的内容，而指的是能够具有"网红潜质"的"传播内容"的建设。城市品牌形象与城市景观、城市文化、城市经济产业相互辉映，形成一座城市的总体城市品牌形象。

因而，城市品牌形象一定要包含一定的景观基础、文化内涵和产业内涵。比如，济南之所以迅速成为"网红"，不仅仅是由于利用了社交媒体的效应，也依赖于济南市近年来在城市景观和以泉水文化为核心的泉生活体验游的建设。"一湖一环"的景观照明项目和"泉城夜宴"改变了济南过去"白天热、晚上冷"的情况，这也从源头上解决了过去济南仅仅是"过境地"的情况。与此同时，济南市119条公交线路延长运营时间，从而大幅提升了济南公共交通夜间服务水平。大明湖景区免费开放，带动了周边的百花洲、曲水亭街、宽厚里等景区的人气与消费。因此，城市品牌的传播离不开实体空间的建设，只有完善基础设施，提升软性服务水平，提升城市品质，才能使城市品牌传播有据可依，符合城市的实际情况，也才能实现城市品牌传播的持续性建设和发展。否则任何不切实际的宣传方法只能制造一时的轰动效应，无法长久发展，更无法积累品牌资产。

最后，重视科技力量在传播创意中的应用。由于社交媒体根深蒂固的娱乐性，因而基于社交媒体平台的传播鼓励更多有创意的活动，科技的发展则为之提供了更多创意传播的可能性。

总体来说，社交媒体作为传播创意信息的平台，并没有得到充分利用。然而，它们有潜力成为通过参与和合作创造更强大的城市品牌的沟通平台，因此下一步我们需要更深入地研究如何更有效地利用不同性质的社交媒体平台。

### （二）以受众感知为中心的三级互动传播

目前对于城市品牌传播的研究，大多数学者集中于城市品牌认知度、城市品牌满意度、城市品牌忠诚度的测量，还有学者从社会认同的角度研究城市品牌受众的身份感，但是有关城市品牌传播过程的研究成果极少，这或许与城市品牌传播过程高度复杂有关。卡瓦拉齐构建了一个经典的城市品牌的传播系统，被大量学者引用。卡瓦拉齐认为城市内的每一件东西都传递着一种信息，可以用来创造一个城市形象或提供给消费者一种价值承诺。在此前提下，卡瓦拉齐提出了城市品牌传播的模型，该模型将与目标受众的沟通形式分为三类：一级传播（基本传播）、二级传播和三级传播，如图4-6所示。

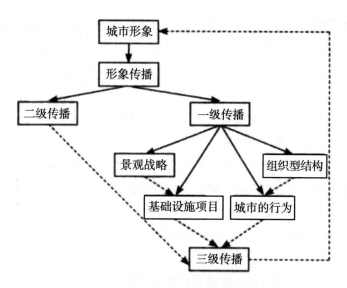

**图 4-6 三级城市品牌传播模型图**

其中一级传播分为四个广泛的传播领域："景观战略"指的是与城市设计、建筑、绿地和一般公共空间相关的行动和决策领域。"基础设施项目"指创造与改善城市所需的各种具有鲜明特色的基础设施。"组织管理结构"指的是城市治理结构的有效性和完善性。这一领域最重要的因素是社区网络发展和公民参与决策，同时建立公私伙伴关系。"城市的行为"指的是城市领导对城市的愿景，向各利益相关方提供的财政激励或其他策略，这种类型的传播主要是通过城市景观、城市规划、城市治理等现实环境的传播渠道来实现。

二级传播，指的是通过众所周知的营销实践进行有意识的传播的形式，如室内和室外广告、公共关系、平面设计、视觉标志等，它与促销活动的含义大体相同，也是传统营销组合的一部分。这种类型的传播既存在于传统媒体，也存在于社交媒体。

三级传播，指媒体、竞争对手、其他利益相关者的口碑传播，它由一根虚线连接，因为它不能由营销人员控制。整个品牌建设过程和其他两种形象的可控传播类型，都是为了唤起和加强积极的三级传播——特别是城市居民，他们既是城市品牌的最重要的目标受众，也是城市最重要的营销人员，实际上三级传播就是广泛意义的"口碑传播"，社交媒体是口碑传播的最主要渠道。

卡瓦拉齐认为三级传播是一级传播和二级传播的结果。如果一级传播和二级传播被视为传播了城市的品牌形象，那么三级传播所涉及的就是城市的品牌

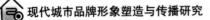

形象如何被消费，它决定了目标受众如何看待品牌。如果没有通过主要和次要渠道进行足够的信息传播，那么宣传部门对于三级传播的控制就会十分有限。尽管市政当局采取了行动，但在三级沟通仍然不通畅的情况下，可能会非常难以产生积极的看法。

在社交媒体成为主要传播渠道的背景下，我们需要重新审视卡瓦拉齐的品牌传播模式。社交媒体与传统媒体的重要区别在于互动和参与。社交化媒体时代，信息分发的方式发生了根本性的变化。受众既是信息传播的接收者，同时也是信息反馈者和内容生产的传播者。以受众的传播行为来看，社交媒体的传播系统呈现出循环、开放、融合的特点。本书认为，在社交媒体时代，传播过程的起点是受众的体验，人们会将自身的体验过程和感受作为内容生产的开端，通过社会化媒体进行分享，其他的消费者则会通过社会化媒体的搜索获得该消费者的分享经验，从而对自己的消费行为提供参考，而这些消费者在产生消费行为之后就会产生消费体验，从而形成了一种"消费体验—分享传播—消费行为"的循环模式。

因此，三级传播在社会化媒体时代显示出强大的传播力量，一级、二级与三级传播在形式上不再是线性关系，这三种沟通渠道之间的互动作用正在增加。由此，克利夫等基于卡瓦拉齐的传播流程图形成了一个社交媒体时代城市品牌传播的新的框架图（见图4-8）。

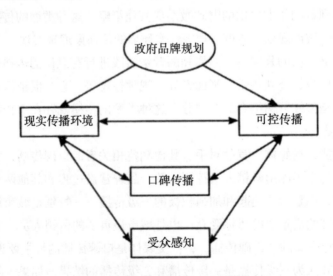

图 4-7　基于受众感知的三级传播模式图

　　与传统模式不同，这个模式更加强调受众感知的价值和作用。传统模式认为三级传播不受政府的任何控制，新的传播模式则允许政府干预社交媒体和与受众进行对话。事实上，在这一模式中，三级传播已经成为城市品牌传播的一个子系统，它与一级传播、二级传播会产生直接的、互动性的影响。

　　对于城市品牌的传播者来说，城市品牌传播面临的一个主要挑战是如何利用这些媒体的潜力，同时又能尽可能地控制信息的方向和与受众互动。现在，越来越多的城市注意到应把城市品牌建设与城市的发展规划相结合，城市品牌的规划和传播与整个城市总体规划的目标定位相一致，这样才能为城市品牌化奠定良好的基础。城市品牌传播不能一蹴而就，它是一个持续性的、不断投入从而积累品牌资产的过程。政府的宣传部门必须依托城市的品牌资源，提供真实的品牌承诺，并且以一种能够在所有内部利益相关者、外部受众和口碑网络之间产生积极看法的沟通方式参与社交媒体，这样才能产生强大的品牌传播效应。

# 第五章　多维视角下的城市品牌形象传播

## 第一节　文化视角下的城市品牌形象传播

### 一、城市品牌形象与城市文化的人格特征

法国城市地理学家潘什梅尔认为："城市既是一个景观、一片经济空间、一种人口密度,也是一个生活中心和劳动中心。更具体点说,也可能是一种气氛、一种特征或者一个灵魂。"潘什梅尔对于城市的理解,超越了单学科对于城市的定义局限,把眼光从物质存在空间延展到城市的精神品格层面上来。而对文化虽然具有各种各样的阐释和理解,但从这个意义上加以审视,城市文化在一定程度上则可以被认为是一个城市成员的"集体共识"和群体行为,因此它就注定要被打上相应的人格特征。

#### （一）城市的文化人格

从传播学的角度看,城市不仅是一种人口聚集的形式,也是信息聚合交融的场所。人类的群居性和社会化存在是城市文化形成的基础,这个形成过程可大致分为以下三个阶段：①交流——人与人之间通过相互间的信息传递而获得信息共享,人们通过交流而得以间接地大幅度地提高自身的见识和经验；②影响——人们在信息共享的过程中发现彼此的分歧,并通过比较和说服进行观点的选择和舍弃；③平衡——在相互影响中逐渐趋同,并达到整体上的观念平衡,形成某种"共性",这种"共性",即潘什梅尔提及的"一种气氛、一种特征或者一个灵魂"。

文化研究大师雷蒙·威廉斯提出的感觉结构在某种意义上也表达了相似的观点。"经验"是威廉斯文化理论中的一个核心范畴,这种为生活在同一种文化中的人们所共同拥有的经验,威廉斯称作"感觉结构"。在威廉斯的观点中,社会中的每个要素共同组成了不可分割的整体,任何一个社会和任何一个时代,

都有其对于生活的感知，"把特殊活动结合成一种思考和生活方式的感知"，因此"在某种意义上，这种情感结构是一个时期的文化，它是一般组织中所有因素产生的特殊的现存结果"。

从历史的角度来看，城市文化是一个绵延不断的过程。作为一种集体共识，城市文化表现为群体行为，表现为有一定数量的人群的行为的总量以及其中所包含的趋向性。它存在于人们的风尚、好恶、言谈甚至举手投足当中，在一个群体中，在集体共识的潜在统一中，显示出某种不约而同的一致性。也正是由于这种群体行为的存在，才使得城市文化拥有可供研究的存在和范本。城市营销把城市作为一个营销个体，加入了更大范围的市场中。在这个市场中，城市文化的行动语汇自然也超越了"聚集"，而进步到"扩散和传播"层面。城市文化不仅仅牵制于其内部人群的观念和体验而直面更多人的认识和影响。从传播手段来讲，城市文化依赖工业社会和信息网络，具有了更为广阔的接触人群和传播范围。它将代表更多人的审美情趣与喜好，基于人类共性情感在市场上经由交换放大众所接受、认可并消费，成为极其复杂多元，包含有多个层次的文化类别的文化综合体。

城市品牌形象作为对城市文化的群体感知，是在特定的文化构成背景之下的产物。比较城市品牌形象构成要素与城市文化内涵，我们可以发现其中惊人的相似性和对应关系。几乎可以确定地说，城市品牌形象认知就是大众对城市文化人格的理解和认定。如同人与人交往中性格鲜明、气质独特的人总是会让人印象深刻一样，城市鲜明的形象特点也是通过其独特个性和文化气质体现的，这些独特的风貌，使其从城市所共同拥有的那些相似的钢筋水泥混凝土当中脱颖而出。美国学者凯文·林奇认为，对于城市的感知"是个环境的空间形态和人类认知过程相互作用的交汇点。这样的感知过程完全仰赖于个人对城市的情感"。对于一个特定地方的感受会因人而异，正如同一个人对于不同的地方有不同的感受一样。尽管如此，有一些重要而显著的基本感受却能被大多数的人共同接受。这些相同的基本感受来自我们共同的生理结构和认知能力，来自相同的现实经验，以及来自那些习惯使用某一种空间的同类群人身上所流露出的共同的文化气质。也就是说，城市品牌形象的认知虽然通过与一定的城市景观要素的接触而得来，但其形成过程却受到认知者文化背景的影响。由于这种对城市品牌形象的认知是在一定历史时期之内，在特定的文化构成背景之下的产物，是主观与客观协调统一的结果，因此它在人格化过程中形成了具象与抽象的结合，并经过长久的过渡成为一种难以改变的"刻板印象"，并以此引发人们认知的集群联想。

## （二）城市品牌形象与文化认知

现代城市品牌形象设计中所涉及三个基本构成要素：城市视觉形象、城市行为形象和城市理念形象。城市视觉形象是一个城市最外露、最直观的表现，主要包括城市规划、城市基础设施、城市设计、城市标志、城市造型等。城市行为形象指城市中群体与个体的行为规范、行为准则、行为模式、行为取向和行为方式。城市理念形象是城市品牌形象的核心。它指的是一个城市的思想系统和战略系统，主要包括城市使命、城市宗旨、城市发展策略、城市发展定位、城市精神、城市发展哲学、城市发展目标，城市的道德观、价值观及城市的社会风气等。有趣的是，比较城市品牌形象和城市文化的内涵，我们可以发现其中惊人的相似性和对应关系，甚至可以说城市品牌形象认知就是大众对城市文化人格的理解和认定（见图 5-1）。

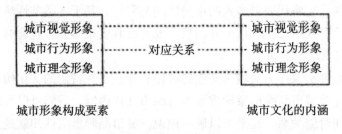

图 5-1　城市品牌形象构成要素与城市文化内涵的对应关系

城市品牌形象的确立是城市营销的首要步骤。城市品牌形象不是凭空而来的，它不是城市经营者的主观愿望，也不是闭门造车得出的理想化模型。城市品牌形象的确立应该基于一个城市的历史文化背景、现有发展状态和资源占有状况、与竞争城市比较下的优势与特色、外界对城市品牌形象的固有认同等因素之上。这其中，城市文化无疑为城市品牌形象的确立提供了众多具有参考价值的基点。

符合城市文化气质的城市文化人格构成大致来自以下四个方面：①物产经济，一个城市的物产和经济特征往往会成为这个城市的一张文化名片；②历史人文，一个城市在时间轴线上发展传承的物质和非物质的积淀；③旅游资源，一个城市所特有可直接感知的观赏和娱乐资源；④市民性格，形成于特定城市环境之中的人所具有的共性特征。

## （三）城市营销与文化重构

城市营销从城市文化当中汲取养分来完善城市的文化人格，与大众对于城市品牌形象的普遍认知相契合；另外，城市营销也在潜移默化地对城市文化的重构产生作用。当个体感知差别呈现出某种方向性的趋同性，当量的同向积累到达一定的程度，城市文化便会发生质的变化——文化重构。文化重构指的是一个社会群体对文化观念的调运和对文化因素的重新建构。城市的固有文化在与新的文化观念、文化资源的碰撞中获得更为广阔的发展可能。在这个过程中，重构将表现为以下三个方面的递进性变革。

1. 城市文化的选择与失去

一个城市的文化原生态往往是多样的、散乱的，甚至是互相矛盾的。在城市营销传播中，为了表现城市品牌的核心竞争力，往往会选择城市文化中最有鲜明标志特征的、最受肯定和最具有经济和产业发展前景的部分，提炼成为城市的标志性文化名片。在对某一部分选择和强化的同时，势必会造成其余部分的漠视和自然淘汰。

2. 城市文化的归纳和提炼

城市营销在选择的同时，用生物进化论的法则完成了对城市文化的遴选。显然，在这里，城市营销将城市文化做了梳理、归纳和提炼，让城市文化由混沌变为有鲜明指向的状态。为了使之更加突出，城市营销则制作了一个清晰利落的边框，用简洁明确的文字和定义，寥寥数笔就廓清城市文化的核心和主干。这种归纳往往通过简洁有力的宣传语来实现，让一个城市的文化核心凸显出来。

3. 城市文化的方向性推动

城市文化的自然演变往往是缓慢的和被动的，但在城市营销背景下，城市文化发展不再处于自生自灭的放任自流状态，而是有了发展方向的自觉规划。城市营销策略从城市发展的最优化角度出发，对城市文化在筛选存留之后，为所选择的城市文化核心提供了优良的发展环境和有力的扶持，引导城市文化的发展方向以符合城市利益最大化的需求。城市文化发展从主体的角度来看具备了更加明显的主观能动性。

## 二、我国审美心理与城市定位层次

城市定位的具体策略必须考虑一个城市的社会历史文化环境，对中国城市而言要具体挖掘一个城市的文化素养和品牌气质，就必须考虑到中国的历史发展脉络中中国式的审美文化心理特点。

传统的中国文化概念是以审美为特征的。中国文化中通过心灵提升终极到达超乎现实的境界，以获得超道德价值的价值，这与审美对人的终极关怀不谋而合。

如果结合这种中国人特有的审美心理，进行城市定位时，至少应该注意以下四个维度的思考。

### （一）休闲

中国艺术研究院的马惠娣这样解释："休闲是一个国家生产力水平高低的标志，是衡量社会文明的尺度，是人类物质文明与精神文明的结晶，是人的一种崭新的生活方式、生活态度，是与每个人的生存息息相关的领域。"中国人倾向于内在的修为和保养，闲暇和经济能力的富余很自然地将人引向和缓的养生上来。休闲质量的高低代表人们自我发展的层次，将休闲上升到文化范畴，是为不断满足人的多方面需要而处于的文化创造、文化欣赏、文化建构的一种生存状态或生命状态。杭州打造"休闲之都"，就是以休闲来提升人们的生活品质，以休闲来促进积极健康的人生态度，以休闲来带动社会的全面进步。

### （二）中正

"中"和"正"一直是中国审美的主流。不过不失、不偏不倚的审美趣味造就了中国最宏大华美的建筑——紫禁城。以中轴线严格对称的建筑格局显示，周正、稳妥、端庄、平衡是中国审美的最高标准。体现到城市定位当中，就要求一个城市具有大气和谐、胸襟坦荡的气度。当然，这不是就城市的规模而言，而指的是城市的一种姿态。无论是"大家闺秀"式的繁盛都会，还是"小家碧玉"式的玲珑小镇，都要求有和谐之美。

### （三）文化

文化是城市发展中各种物质和非物质形态的一种淬炼和升华，即使是在今天商业主宰的时代，对知识和文化的尊重和崇尚在当今的中国社会依然是大部分人的文化价值观念。因此，城市营销一定要从历史的积淀中寻找其文化张力，通过文化价值定位巧妙规避人们对城市营销利益取向的抗拒。

### （四）感情

在中国人的道德价值判断中，"情"永远处于"理"之先的，所以定位于情，能为城市博得亲和、友善、真诚、平易的社会好感，以感情带动营销，可以从两个方面入手：强调当地山水人情的情感韵味，如长沙"多情山水"的定位在体现旅游资源丰美的同时凸显出了山水的性灵之美，让人们对当地民风有了美好的联想；强调感情在城市中的重要地位和受重视程度，比如同样都把"浪漫"作为城市定位关键词的珠海和大连，现代中不失妩媚，在无边遐想中透露强烈的城市吸引力。

## 三、文化产业与城市品牌的营销传播模型

建立在文化审美和市场细分之上的城市品牌，必须要有品牌的稳定性、持续性和实施可能性，因此如何充分、准确、有效地传播品牌信息，就成为比品牌的定位更为重要的课题。

### （一）城市品牌营销传播的信息流向与回馈模型

城市营销传播在很大程度上要依靠城市营销传播信息的输出，与此同时，信息传播到达率和有效性的重要性不言而喻，所以，文化工业时代的传播便捷性和多元性无疑大大有益于城市营销传播。

随着文化消费上升为独立的消费需求，突破时空限制的媒体形态，为大众文化发展和传播提供了必要的技术支撑和手段。高经济积累率也转化成高文化积累率，反过来又为大众提供了接受文化产品必需的选择能力和条件，于是文化工业在市场需求的刺激下应运而生。文化工业可以说是城市营销的物质与技术基础。脱离了文化产品的商品化和大众媒介的传播属性，城市营销也就无从谈起。文化产业大大拓宽了城市营销信息传播渠道，我们可以从以下三个方面认识其传播模式和传播逻辑。

1. 文化产业增加了城市营销信息的传播机会和出发点

从城市营销的角度来看，空间实体主要以以下几种形态进行城市品牌信息的传播：城市标志性建筑物或城市雕塑，如巴黎埃菲尔铁塔、布鲁塞尔的"撒尿小孩"铜像等；城市特色街道，如好莱坞的星光大道、杭州的清河坊民俗街等；城市著名自然或人文景观，如贵州镇宁的黄果树瀑布、甘肃敦煌的莫高石窟等；城市公共设施，如公交车站、路牌、隔离带、公共厕所、垃圾桶、路灯等能够从形式上传播城市气质的设施。城市空间实体是唯一能够不需要传播媒介就能够直接送至消费者的渠道，然而由于城市空间实体具有地域上的限制性，传播机会以及消费者的接触方式和接触面积都相当有限，是不可能满足城市营销传播信息的广度和深度要求的。因此，文化工业为城市营销信息传播带来的便捷性体现在以下三种城市营销信息传播情况当中：第一是重大事件，包括由城市策划主导的活动性事件和不可预测的突发事件。事件传播由于其新闻价值上的集中性和重大性，往往具有高度的传播力。无论是良性事件还是恶性事件，

政府的组织和协调能力都是事关传播成败的关键。第二是致力于沟通的公共关系。公共关系超越商业促销的利益外衣，通过温情、理解、协助、共情的态度，收获外界的理解和信任。这其中媒介的作用不言而喻，文化产业的信息交流共享平台和大众群体意识共享是公关活动获得成效的土壤。第三是广告和短期促销以及长期品牌建设的投入。现代商业社会无孔不入的广告，是文化产业最为典型的产品之一。

2. 文化产业为城市营销信息的传播提供了多方位的传播媒介

城市营销传播媒介以大众媒介为主，广播、电视、报纸和杂志在中国深厚广泛的群众根基决定了它们还将在一定时期内占据大众传播的主导地位。大众出版物的发行也为城市信息的传播提供了方便，作家、学者、研究机构的学术权威地位为大众提供了相对客观的城市信息。如中国社科院财贸所倪鹏飞牵头完成的《城市竞争力蓝皮书：中国城市竞争力报告》，对城市竞争力的背景基础——100 个国家或地区竞争力和 15 个城市群竞争力进行了比较研究。作家余秋雨经过十余年上万公里的越野历险写下的《文化苦旅》，实地考察了中华文化在内的人类各大文明的兴衰历史。这些著作目前都已经成为大众认识城市、感知城市的重要途径。而日益崛起的互联网络，城市门户网站、城市品牌网站、城市投资咨询网站，以及各种专门的城市网站正如雨后春笋般涌现。

3. 文化产业为城市营销信息的回馈方式提供便利

相对于城市营销传播而言，其信息回馈方式还相当有限，传统的诸如城市政府的信访部门和大众媒介的民情热线，这类回馈往往拘泥于具体的细节性城市问题，缺乏宏观上的整体视野，信息也相对零散。以城市为主题内容的调研具有信息全面、针对性强的特点，但花费人力、物力较大，调研问卷设计的合理、规范程度和样本大小都直接影响到调研结果的可信度。文化产业中互联网的崛起为城市营销信息的回馈方式实现了低成本、高效率的可能。网络终端是对大众而言接触最为便利，对城市而言成本最低的信息回馈渠道。网络信息庞杂，要从中获取可靠的回馈信息，还需要城市采取主动主导的姿态，将网络的便利和大覆盖率纳入回馈信息收集的系统之中。

基于以上理解，对城市营销传播信息流向及回馈过程基本模型概括为如图 5-2 所示的模型。

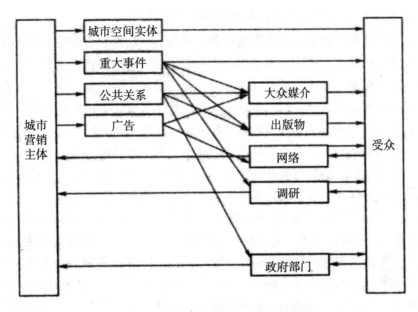

图 5-2　城市营销传播信息流向及回馈模型

## （二）大众的角色特点与城市营销立体传播模型

城市营销传播的对象几乎囊括了整个大众群体，虽然大众本身具有多元性，但大众文化却又在一定程度上代表了绝大多数人的审美情趣与喜好，是一种基于人类共性情感之上的文化。大众的角色特点决定了城市营销传播不能是直线型的简单传播，而是复合立体营销传播。

### 1. 城市营销传播主体的确认

由于行政机构所担负的城市管理职能，以及对于城市的发展方向和发展进程具有直接的影响，人们往往将其放在理所当然的城市营销传播主体的位置上。但事实上，行政管理机构只是城市营销主体之一，其所充当的角色是营销行为的倡导者和组织者，参与城市营销的是各个商业或非商业的组织。他们一方面要依赖于城市的经济政治文化环境，是城市营销最大和最直接的受益者；另一方面又通过自身的活动和发展来推动城市的建设，是城市营销的推动者。他们是城市这部大机器的各个组成部分，由复杂的牵动关系来相互协调，保证整体的运转。和组织的有意识的参与相比，大的城市市民个体在城市营销中的参与大多是无意识的，却也有着不容忽视的影响力。从某种意义上来说，后者才是城市营销传播的主要主体。

## 2. 大众的"盲从与选择"与城市营销传播手段

大众个体的选择是一种非宣讲性的意见表达，选择的累加则是大众群体实现文化流向控制和规范的一种手段，大众文化的流动和传播扩散都是群体行为共同作用的结果。城市营销传播手段有社会传播和人际传播，其中社会传播往往通过大众媒介以大众传播的方式来实现。社会传播建立在大众的某种同一性之上，大众媒介将主流化、符合大众普遍认知心理的信息传播给大众，引导并规范人们对城市行为、城市品牌形象、城市品牌形成普遍的认识。其信息流向形态是集束式的，信息内容在较大范围内保持稳定和一致。城市营销传播中的人际传播是个体以人体自身为媒介，通过语言、动作、表情等手段，将自身直接感知或间接获得的与城市相关的信息传播给他人。人际传播不受任何组织和个人的影响和控制，具有一定的随机性和随意性，加上传播者本身的主观判断，可能会影响传播内容的真实性和可靠性。尽管如此，人际传播却是大众个体"选择"的直接体现，是构成大众群体文化需求最基本的原子。大众的流动性人际关系的交叉使得人际传播成为最有可能深入群体细部的传播方式，建立在彼此信任的人际关系之上的传播效果也远远大于社会传播。

## 3. 大众的"变化与流动"与消费者数据库的建立

大众的流动特性源自都市化和大众群体自身的特点。大众的变化一方面取决于整体文化需求的变化和技术变革的可能性；另一方面取决于其异质多元结构。大众个体差异和文化趣味呈多样性，即使是同一个体在不同的阶段也会具备不同的文化审美情趣。面对这样一个看似庞杂无序的消费群体，要完整地掌握其消费愿景十分不易。尤其对于城市营销来说，城市地域上的限制和传播对象的分散和流动使得消费者行为数据库资料收集十分困难。

就目前的城市现状来看，城市营销消费者数据库的资料收集可以从以下几个方面入手：在城市重大事件和公关活动中对于消费者行为的观测和统计，对城市流动观光游客的消费途径和消费结构的统计，对于城市支柱产业和主导产业的发展和投资建设情况的整合，对城市新近入住居民的选择过程和考虑因素的了解。结合基于调研机构的大型社会调查，基于互联网络的消费者信息反馈，可以形成较为全面和完善的城市消费者行为数据库。消费者数据库建成之后，应随着城市的发展定时维护，不断补充扩展。由消费者回馈而来的对城市营销活动的评估可以得出常规性反馈报告和总结性反馈报告，城市营销主题可依据报告结果对城市营销做出方向性策略的微调。这一过程不断重复，不仅使数据库得到循环使用，而且也得到不断充实，进而构成整合品牌传播封闭的反复循环。

这种基于大众角色心理的城市营销整合传播可以概括为如图 5-3 所示模型。

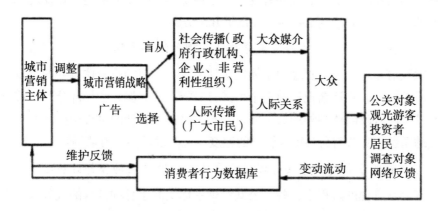

图 5-3　基于大众角色心理之上的城市营销立体传播模型

# 第二节　管理学视角下的城市品牌形象传播

管理学是一门研究人类社会管理活动中各种现象及规律的学科，是在自然科学和社会科学两大领域的交叉点上建立起来的一门综合性交叉学科。城市形象传播管理实际上就是研究如何通过计划、决策、控制、考核、监督等管理活动对城市形象传播活动进行管理。管理学中的安索夫资源配置战略理论、波特的竞争战略理论、安德鲁斯的目标战略理论等战略管理理论和众多的管理学原理如木桶原理、杜拉克原理等，都给了城市形象传播有益的启示。城市形象作为一种公共产品，可以用公共管理理论对城市形象传播活动进行一番考量。

## 一、公共管理理论

公共管理理论伴随着不断的检讨与反思，涌现出了一些针对不同研究主体、不同研究领域的主要理论，它们各自具有鲜明的特征和观点。宏观上，按照不同的主体分类，下面将从各理论的主要观点方面做一个简要的介绍。

### （一）公共管理主体理论

在公共管理的研究和实践过程中，我们首先要思考的问题是谁来管理和谁实施管理，这实际上涉及的就是公共管理的主体问题。与传统公共行政不同，公共管理更多地呈现出一种开放式的多元化的主体管理体系。公共管理扬弃了传统公共行政中政府一元化管理主体的模式，企业组织、非政府组织和公民个人等都参与公共事务管理的过程，形成以政府为中心的多元结构的主体体系。这种主体格局的转变成为公共管理区别于传统公共行政的最显著特征之一。通过归纳总结，它的特点主要体现在以下几个方面：

1. 在主体结构上，政府不再是公共管理的唯一主体

除政府之外，公共管理的主体还包括非政府组织等政府体制外的力量。就政府组织而言，它逐渐把先前完全由其自身担当的职能和责任部分地转移给市场和社会。就政府体制外的力量而言，它们在公共管理的过程中扮演着越来越重要的角色，其参与公共事务管理的程度、范围以及影响力都得到了扩展。

2. 在管理方式上，公共管理多元主体之间通过互动合作开展活动

在公共管理的过程中，各个公共管理主体受制于种种自身的或外部的不可避免的条件缺陷，不可能单独承担起所有的公共事务，因此必须通过它们之间的互动合作弥补其中的不足。唯有如此，在社会问题和公共事务不断增加的情况下，公共管理的效率才能得到有效提升。

3. 在主体地位上，政府的核心作用是不可替代的

从当前来看，无论是规模、权威性还是公共性程度，政府依然要明显强于其他公共管理主体，这使它在公共管理的过程中仍有着无可比拟的优势。因为它能够凭借自身的规模和权威性在最大限度上调动各种资源以保证公共管理任务和目标的实现，同时其完整意义上的公共性也能够保证实现公共利益的最大化。从而，政府仍然是公共管理中最重要的组织，在公共管理多元主体中处于核心地位。同时，这种核心地位还体现在它要为其他管理主体参与公共管理提供制度化的途径和渠道上。只有这样，其他公共管理主体参与的广度和深度才能不断增加。

## （二）公共资源管理理论

公共资源是公共管理的主要对象。公共资源主要包括人力资源、信息资源和自然资源。如何合理地配置公共资源，是公共管理内在发展的依据。

1. 公共部门人力资源管理

公共部门人力资源管理通常指的是国家和各种行政组织通过对其人力资源开展一系列管理活动，实现组织目标的过程，包括宏观和微观两部分。宏观的公共部门人力资源管理是组织对人力资源整体的管理，对公共部门内外的人力资源进行的规划、管理、预测等一系列活动，以达到组织的工作目标、工作性质与人力资源的整体结构相互匹配的目的，营造公共部门人力资源管理的良好

环境。微观的公共部门人力资源管理指的是各类公共行政部门以及其他国有企事业单位依法对本组织内的人力资源进行规划、招聘、培训、激励、考评等具体的管理活动，目的是通过科学管理，保证人力资源与其具体的工作职位的适应性，使人与人、人与事、人与组织、人与环境之间达到相互协调，从而调动公共部门从业人员的积极性，提高工作能力，改善服务质量。

### 2. 公共信息资源管理

公共信息资源是相对于只有局部范围内的人可以享用的私人信息资源而言的，是在一定时间空间意义上的社会公众所共同拥有和可能享用的信息资源，包括以政府为主体的一切负有公共事务管理职能的组织在行政管理过程中产生、拥有并使用或者有权获得的所有信息。

公共部门的信息资源管理是公共管理的重要领域，是构建公共信息系统的过程，指对信息活动中各要素的全面管理。它把信息、信息生产者和信息技术三要素按一定的原则进行配置，构成一个信息系统，降低成本、提高效率，使组织运作更为有效。通过对公共信息诸要素的组织和运作，使之达到为公共管理服务的目的。公共部门的信息资源管理以电子计算机和网络为中心，其主要内容包括：运用电信、缩微复制、声像等技术和手段进行信息的收集、贮存、加工和传递；信息收集、整理、优化配置、合理利用；对信息工作人员的管理如进行职责教育与技术培训；信息资源管理所需基础设施的建设和维护，信息技术的开发与信息系统的建设，信息资源的安全管理等。

### 3. 自然资源管理

自然资源管理是社会公共部门运用政策制度、科学技术、社会经济规划和有关法律、法规等对自然资源的开发、使用、保护等环节进行有效管理，促进其合理开发和利用，提高资源利用的经济、社会和生态效益，实现资源利用的可持续发展。可见，自然资源的管理具有独特性，主要体现在以下几个方面：

（1）广泛性

自然资源管理的地域范围涉及资源的各个地方，包括空间、地表、地下所有天然存在的各类资源。

（2）紧迫性

当今自然资源遭到严重破坏，生态失衡，环境污染严重。全球面临的资源危机已经危及全人类的生存，是亟待解决的问题。这也说明了加强自然资源管理的紧迫性。

（3）艰巨性

自然资源遭到破坏，生态失衡，是长时期累积的结果，几十年甚至上百年也难以恢复。因此，我们所面临的自然资源管理工作是十分艰巨的，一定要抓紧此项工作，保护我们赖以生存的自然环境。

（4）复杂性

我国幅员辽阔，各地的自然资源情况复杂多样，需要针对不同情况实施不同的管理措施。此外，由于历史的原因以及各地经济、社会发展的不平衡，人们对于自然资源管理的认识也千差万别，这些都给公共部门对自然资源实施管理带来了不便。

## （三）公共危机管理理论

危机通常被认为是对一个社会的基本结构或系统的核心价值观、规范的一种威胁，人们在时间压力和高度不确定性的形势下必须做出非程序性的决策，采取果断的行动。这个概念说明，危机是一个非连续性的事件，标志着线性发展过程被打破。

危机管理是一个短时间的管理实践，主要关注非常规现象。非常典型的是，这类活动不仅关注危机的决策，还关注对长期的预防、预案等的管理和对危机恢复之后做出的反应。传统的危机管理主要特点是根据宪法和法律的规定，由政府宣布进入紧急状态，在紧急状态下，政府危机处理中心根据危机处理的预案或规划，在技术专家的帮助下迅速地进行非程序性的决策，快速地做出反应，并立即进入执行阶段。这套应对危机的机制的核心是在紧急状态下，权力和权威高度集中，通过命令－控制体系的高效运转来动员社会各方力量，缓解危机的压力和降低其破坏力，力图在短时间内恢复正常状态。

大多数危机管理专家都认为传统的危机管理模式需要进行变革。变革的本质是对传统管理模式的改进。从学理分析的角度看，由于人类理性能力不足，所以无法预料到未来的危机发展。这样一来，建立在理性规划基础上的传统危机管理就无法应对新的危机。以政府为中心的危机应对系统，也可能由于政府能力的下降而无法有效地解决危机，再加上不同类型的危机具有不同的特点，许多人类未曾预料的危机都有可能出现，需要改进传统的危机管理模式。

一方面，应把危机规划转变成权变管理，并纳入各类组织的战略管理范围内。预防危机的发生是所有危机管理的首要任务。由于危机出现的各类诱因永远存在和人类有着犯错误的天性，因此需要在危机管理中增加弹性的内容。"弹性"就是人们有能力应对未曾预料的危机出现。"弹性"思想是对传统危机管理模式改进的一个主要方向。

　　另一方面，以政府为单一中心的危机管理应向公私合作伙伴关系的管理网络转变。由于危机日益复杂化和具有复合性特点，再加上20世纪80年代以来，各国纷纷推行政府改革运动，使政府危机管理的模式发生了很大的变化。传统的以政府为单一中心的模式已无法应对复杂社会的危机。从简单分类的角度看，公私伙伴关系可以分为公共组织－公共组织（中央与地方政府）、公共组织－NGO（非政府组织）、公共组织－私营组织三种类型。与公共治理的过程中的伙伴关系不同，在危机治理的过程中，公共组织主导着伙伴关系。在危机状态下，组织之间的合作最大的困难在于要求在一个共同目标（由政府确定）面前，各类组织采取协调行动。协调行动是降低风险和减少不确定性的一个关键步骤。由于通信和信息技术的发展，特别是互联网的出现，使组织之间的信息交换、沟通成为可能。

## （四）公共管理改革与发展理论

### 1 公共管理改革与创新的价值

　　改革与创新是公共管理发展的永恒主题。以政府为核心的公共管理主体在推行公共管理改革与创新的过程中，总要遵循和实现某些价值准则。这些价值准则可以从以下两个方面探究。

　　第一，从价值准则所指向的主体利益取向看，公共管理改革与创新要在动态的管理变革的过程中实现社会多方利益主体合法、合理利益之间的综合权衡，以使最终呈现的社会合力支持公共管理的改革与创新。有五种主要的价值根源影响着公共政策的制定，它们包括个人价值、职业价值、组织价值、合法价值和公共利益价值。

　　第二，从价值准则所反映的执政理念看，归结起来，公共管理改革与创新的可行措施都要符合行政正义的规范要求。所谓行政正义，或者说组织管理合法、合理的标准，实际上是三维的，即行政管理乃至所有的管理本质上都要在效率、公平与稳定之间做好权衡，任何时候都不能丢弃任一价值标准。如果违背了这一基本要求，管理必将导向混乱和无序。可以说，任何管理的要点和最大困难就在于组织决策者如何平衡和削弱公平（包括不同公平之间）效率和稳定诸方面之间的冲突，进而促进诸方面之间的和谐共存、一体共进，公共管理改革与创新亦是如此。

### 2.公共管理改革与创新的基本原则

　　公共管理改革与创新要取得显著的成效，得到多方的满意和利益的均衡实现，必须坚持以下六个基本原则。

（1）理论与实践相结合的原则

在公共管理改革与创新的过程中，最重要的是坚持理论与实践相结合的原则。评价一个制度，不能单纯地从理论角度分析它的优劣，要将它放到实际当中去，看它是否具有实用性，能否促进主体的发展。即使是同一理论体系或制度，在不同情况的国家或地区也具有不同的适用性。改革者要谨慎地从中找出与自身实际情况相符的理念和观点，不能全盘接受、照搬照抄。

（2）公共性原则

公共管理改革与创新的公共性原则首先与政府公共性的概念理解有关，或者说它与政府公共性的内涵密切相关。由此出发，实际上公共管理改革与创新也得围绕"公众、公益、公意和公正"而展开，在这一过程中同时按照效率、公平、稳定三者之间的综合平衡实现各方合法、合理利益的均衡。

（3）人本性原则

"天地之间，莫贵于人。"在公共管理改革与创新的过程中，坚持人本性原则，既是构建民主和谐时代的要求，也是公共管理自身内容的要求。

（4）统一协调原则

公共管理主体的多元化要求改革者在改革过程中坚持统一协调的原则，其他非政府公共组织应以国家政策为导向，坚持国家的统一领导。要充分调动公共管理的其他非政府组织的作用，而不是让政府成为唯一的社会治理机构，要将国家的权威和资源在社会的各个主体之间进行合理的分配，将市场机制和社会民间力量引入公共管理和公共服务领域中，运用市场规律从事公共管理活动，优化资源配置。同时重视第三部门，提高社会自治能力，加强社会各组织之间的管理和约束机制。

（5）精简效能原则

在公共管理改革的过程中，作为公共管理主体的非政府组织，要坚持机构改革和其他改革相配套，减少机构重叠和人员冗余现象，相应地推行人事改革，优化组织人员的结构达到精干的效果。在优化内部组织结构的同时，也要注意明确不同组织之间的分工，避免出现多个组织行使同一职能而造成物力和人力资源浪费的现象。

（6）灵活多变、可持续发展原则

公共管理改革和创新的行为具有长期性、复杂性和艰巨性的特点，改革者必须客观、谨慎地对待公共管理改革与创新，千万不能仅凭一两次改革取得了令人满意的成效就沾沾自喜、裹足不前，要始终以发展的眼光看待改革工作。

## 二、公共管理与城市品牌形象传播

公共管理以社会公共事务作为管理对象，社会公共事务的具体内容可分为公共问题、公共项目、公共资源和公共服务四个方面。城市形象是一种公共资源，是可以被所有城市公众享受的精神产品，属于公共管理的范畴。因此，"城市形象的构建、传播与推广，理所当然地将成为公共管理中的一项重点内容，良好的城市形象离不开成功的公共管理"。

从公共管理的对象和主体看，城市形象传播与公共管理密切相关。公共管理的对象是国家和社会公共事务，即负责对一定共同体成员普遍关注的公共问题、普遍需求的公共物品和公共服务的组织与管理，包括公共安全、公共秩序、公共资源、公共财政、公共服务、公共项目和公共政策等。公共服务是公共管理的核心，"教育公共服务、社会保障、公共卫生服务、就业公共服务、环境保护、公共事业、科技公共服务等方面是当代政府公共服务的主体和核心部分"。从公共管理对象的界定来看，显而易见，公共管理的对象均是城市形象重要的主体构成部分，因此从某种意义上说，公共管理活动都可以纳入城市形象传播管理的范畴。

另外，在以政府管理为中心的公共管理模式在一定时期内仍然占据主导的情况下，政府仍旧是城市布局、管理和规划的承担者，充当着城市形象设计、推广、传播的旗手，其管理工作的成果会影响到城市形象，它在管理中所体现出来的效率和品质同样是城市形象的重要组成部分。一个城市的形象需要政府综合运用各项职能去塑造，城市形象的构建和传播始终是与政府的支持和领导分不开的。因此，建立高效廉洁的政府管理机制、配套的城市管理机制、最广泛的公众参与以及社会监督机制对于扩大城市形象的影响和认同是十分必要的。

在公共管理视域下，虽然政府是解决公共问题的核心主体，但是非政府组织、非营利性组织也是补充力量，公共问题的解决更多的是合作治理的网络行动。这一点对城市形象传播工作也极具启示：城市形象传播涉及城市的方方面面，管理难度日渐增大，因此，动员和吸纳最广泛的社会各方参与到城市形象传播这一公共事务的管理中来是大势所趋，政府、民众和非政府公共组织三方根据各自的特点，优势互补，形成一个以政府为主角和核心，民众、非政府公共组织为配角和补充的城市形象传播管理模式。

公共管理以追求公共利益更有效实现为宗旨，这就需要建立社会各阶层、群体和个人共同参与和利益表达的机制。城市形象传播中传递怎样的城市形象，应该纠正由精英群体操纵的局面，建立公共意志表达后的聚合机制，提高公民参与意识，从而实现国家、地方、集体、个人利益统筹兼顾。

# 第三节　心理学视角下的城市品牌形象传播

心理学是研究心理现象和心理规律的一门科学，其作为一门独立科学，以1879年冯特在德国莱比锡大学建立世界上第一个专门心理实验室为标志，冯特也因此被称为"心理学之父"。心理学既是一门理论学科，也是应用学科，包括理论心理学与应用心理学两大领域。在过去的一百多年间，心理学在营销学、管理学和传播学等学科中得到了广泛的运用。随着传播向以受众为中心的理念转变，心理学中的认知理论、学习理论、说服模型等对开展城市形象传播有重要的运用价值。

## 一、格式塔心理学

19世纪末、20世纪初，心理学在发展中形成了许多学派，人们也把这个时期称为学派时期。学派时期一个重要的心理学派，是以韦特墨及其学生为代表的格式塔学派。格式塔学派既不同意冯特、铁钦纳等的内省方法，还反对华生等的行为主义方法，"格式塔学派集中于知觉组织的研究，注重于分析和描述知觉结构而不是其过程"。

格式塔心理学是西方现代心理学的主要流派，根据其原意也称为完形心理学，完形即整体的意思。格式塔是德文"整体"的音译。韦特墨认为，一切心理现象都具有整体的性质，整体不是元素的总和，不可以分析为元素，整体的性质并不存在于它的部分之中。格式塔心理学反对元素分析而强调整体组织的心理学体系，基本观点是"部分相加不等于全体"。格式塔心理学认为，任何"形"，都是知觉进行了积极组织或者构建的结果或功能，而不是客体本身固有的。

格式塔心理学是在研究似动现象的基础上创立的，它发展了有关视知觉的三大理论：整体与部分的辩证关系、"图形与背景"的理论、"场"的理论。整体不等于部分相加，也就是说，知觉是各种感觉综合的结果，而不是个别的感觉元素相加的结果，韦特墨把这种总体的感觉叫作格式塔。格式塔派心理学家进一步发展了韦特墨的理论，提出了一个新的论点：形象感觉是大脑将视觉元素或视觉形式按照特定的法则组织成不同群落的结果，大脑在综合和理解景物中各自独立的元素时遵循四个法则，这些法则也就是格式塔所谓的"组织律"——相似性法则、接近性法则、连续性法则和公共目标法则。

格式塔心理学家把重点放在整体上，这并不意味着他们不承认分离性。事实上，格式塔也可以指的是一个分离的整体。例如，格式塔心理学家特别感兴趣的单个研究课题，就是从背景中分离出来的一种明显的实体。他们是用"图形与背景"这个概念来表述。他们认为，一个人的知觉场始终被分成图形与背景两部分。"图形"是一个格式塔，是突出的实体，是我们知觉到的事物；"背景"则是尚未分化的、衬托图形的东西。人们在观看某一客体时，总是在未分化的背景中看到图形的。重要的是，视觉场中的构造是不时地变化着的。一个人看到一个客体，然后又看到另一个客体。也就是说，当人们连续不断地扫视环境中的刺激物时，种种不同的客体一会儿是图形，一会儿又成了背景。在整体与部分的辩证关系、"图形与背景"的理论之外，格式塔学派还引入物理学中的"场"论用以解释"视觉形象的信息传达有赖于视觉经验与视觉期待的读图心理"这一问题。

## 二、格式塔心理学在城市品牌形象传播中的运用

格式塔心理学超出了视觉心理的范畴，涉足心理学的整个领域。格式塔心理学认为，任何一种心理现象都是一种格式塔。根据这一思想来看，城市形象也是一种典型的格式塔。

### （一）整体与部分理论与城市品牌形象传播

整体与部分理论是格式塔心理学派最基本的观点。早在 1890 年，奥地利心理学家克里斯蒂安·艾伦费就曾经指出，当一个乐曲变调时，所有的音符都会改变，可是我们听到的却是同一个乐曲。这一现象反映出的就是格式塔心理学派的整体与部分理论。格式塔心理学家们反对将整体分割成局部，甚至分割成元素单位来感知分析的方法。该学派认为：整体不可以分割成为最小单位，整体中只有隔开的局部，但是这局部不能脱离整体孤立地起作用。整体也不是部分或局部的单纯集合体，不是简简单单由若干元素组合而成的，相反，整体先于部分存在并且制约着部分的性质和意义。

如果我们把城市形象当作一个整体，对公众而言，他们通过抓取媒体或非媒体接触中某些画面和印象，即整体中的部分，来重塑头脑中有关城市的形象。布勒松说："生活中发生的每一个事件里，都有一个决定性的时刻，这个时刻来临，环境中的诸因素会排列成最具有意义的几何形态。这个形态也最能显示这桩事件的完整面貌。"并非每个瞬间都能揭示事物的内涵和意义，只有那些揭示、强调和突出整个事物内涵和意义的瞬间才能让人们更好地解读出整体。因此，对于城市形象传播者而言，既然无法控制计划外信息所传递的信息片段，

那么在计划内信息传播中就必须把握好"决定性时刻"，将能够帮助公众更好地感知城市形象整体的信息传递出去，使之超越一些计划外干扰信息而成为公众认知的决定性因素。

### （二）图形与背景理论与城市品牌形象传播

图形与背景理论是由格式塔心理学家鲁宾于1914年提出的。这一理论认为：人们的知觉会根据凸显原则分为图形和背景两部分。图形指的是在人们的听觉或视觉过程中具有高度结构的、比较容易被注意的部分，而背景则是不易被人们察觉且细节比较模糊的部分。人们观察事物时总是先注意到图形，但图形是在背景的衬托下产生的，在认知过程中背景通常会被忽略。在不同的时间内，原来看作形象的东西是会变化的，这要看在视野范围内什么东西在记忆的联想中具有最大构成力量。

图形与背景理论给城市形象传播带来两点启示：首先，从传播内容和表现形式来看，图形与背景理论提出了创新的要求，要求传播设计凸显个性；其次，从城市形象的定位来看，图形与背景理论同样给予了警示，千篇一律的城市形象定位和口号只会成为背景，而不能成为图形。格式塔的图形与背景理论表明，任何事物都能成为形象，只要你加以注意就行，而在此时，未经你注意的一切都一下子陷入了背景。

知觉的对象图形和背景之间的关系是互相变动的，那些曾经是知觉的对象，可以由于人们视觉焦点的改变而成为背景，而背景中的某些东西在一定条件下可以成为图形，成为知觉的对象。举例而言，当一个城市将自己定位为"浪漫之都"的时候，那么这个城市形象就是图形，但是当有十个城市都宣传是"浪漫之都"的时候，它们则全部都成了背景。因此，城市形象传播中必须时刻关注公众需求变化，致力创新传播，这样才能使城市形象永葆青春。

### （三）"心物场"理论与城市形象传播

我们在观看一幅图画时能看到什么由两个因素决定：一是我们过去看到过什么（视觉经验）；二是我们心里想看到什么（视觉期待）。格式塔心理学援引现代数理的概念建立"场"论来说明心理现象及其机制。考夫卡把"物理场"以外的其他各种"场"统称为"心理场"，他认为：世界是心物的（心理和物理的集合体），经验世界和物理世界是不一样的。经验世界是人类的主观世界，是观察者知觉现实的观念，属于心理场；物理世界是客观物质世界，是被观察者知觉的现实，属于物理场。我们知觉的形成，要受到经验世界和物理世界的共同作用。按照"场"的观点，就是要受到"物理场"和"心理场"这两者的共同作用。格式塔心理学发现，虽然"心理场"和"物理场"之间并不存在一一对应的关系，但是人类的心理活动却是两者结合而成的"心物场"。

对城市形象传播而言，不管是传播者的信息传递，还是公众对城市信息的解读，都存在着各自的心理场对物理场的作用，这种"心物场"的作用结果会因为各自的心理场和物理场的不同而不同。"传者的目的是希望受者得到并理解，但意义的传达与意义的接受之间，差距永远是客观存在的。""心物场"理论对城市形象传播的启示是：要实施有效的城市形象传播，就必须先了解公众想接触到哪些信息，然后根据不同公众的生活经验来设计、表达这些信息。格式塔心理学提出，对任何事物的理解，都是心理场和物理场共同作用的结果，因此，城市形象传播要关注的不仅仅是传播什么样的形象的问题，更要关注传播所面对的公众，深入把握公众的心理场，这样才能找到有效传播的方法与路径，才能寻求到"药症对路"的传播模式。

# 第六章　城市品牌形象的整合营销传播

## 第一节　整合营销传播理论体系

### 一、整合营销传播的定义

整合营销传播（IMC）一词，来自英文的 Integrated Marketing Communications，这一术语兴起于 20 世纪 80 年代的美国。我们将它翻译成为"整合营销传播"。

Integrated Marketing Communications 在国内有不同的译法，有的译成"整合营销沟通"，取 Communications 中的"沟通"之意。这种观点认为沟通是买家和卖家之间的平等的交流与对话，是平等关系的信息分享，是基于发送者和受众之间的平等对话；沟通的过程更强调双方之间的互动，沟通的信息更重视受众本身的接受能力和需求。而 Communications 中的"传播"之意则更侧重以传播者为主体向受众发布信息，更加强调传播者的主体地位。对于这一阐释笔者表示赞同。

笔者认为："整合营销传播是以受众为导向，战略性地整合各种营销渠道，注重对绩效的测量，以达到与顾客建立长期品牌联系的观念和管理过程。"这个定义包含了五个要素：第一，IMC 既是一种观念又是一个过程；第二，IMC 是以受众为导向的，这里的"受众"主要指的是消费者；第三，IMC 是对多种营销渠道的综合运用；第四，IMC 注重与顾客建立长期的互动的品牌关系；第五，IMC 注重对传播效果的测量。以下我们分别来剖析这五个要素。

第一，IMC 既是一种观念又是一个过程。作为观念来说，IMC 是一种新的思路和方法，一种全盘性和战略性的朝着品牌传播方向的途径努力的态度。而作为一个过程来说，它包含了一系列的动态的过程和相对独立的步骤，例如数据库的建立、消费者信息的管理、采用不同的营销渠道来营造各种信息，以及对增效的品牌传播的评价与测量等。

　　第二，IMC 是以受众为导向的。这里采用"受众"一词而不是"消费者"，是因为笔者认为消费者仅仅是受众的一部分。具体来说，IMC 的受众包括消费者、潜在消费者、各利益关系群体、内部员工等，这些受众对于 IMC 来说都应该得到同等程度的重视。受众导向这一因素是 IMC 与传统营销传播的本质区别，也是企业要与顾客建立长期品牌联系的根本。因为只有将受众置于主导地位，企业才能建立与受众间良性的沟通，从而为建立长期的品牌关系奠定基础。

　　第三，IMC 是对多种营销渠道的综合运用。例如，将广告、公关、直销、人员促销和其他各种营销手段综合起来，另外，产品与顾客的任何接触点也可作为营销方式。首先，对于不同的客户群体需要采用不同的营销手段，例如在推销婴儿奶粉的时候，广告可能对母亲有更大的说服力，而对于儿科医生来说，直销可能更为有效。其次，要将传统的媒介（如印刷品、广播、电视等）与新媒体如因特网等结合起来，以达到最好的品牌传播效果。最后，所有的传播渠道在 IMC 过程中都是平等的，它们各自发挥着不同的效用，而它们之所以能发挥出不同的效用是由客户和相关的利益群体的需求决定的，并不是由营销传播者的主观意愿决定的。

　　第四，IMC 的目的是品牌与顾客建立长期的互动的关系。可以说，整合营销传播是一个品牌传播的过程。品牌的建立是 IMC 的最终目的，IMC 并不是通过一两次营销事件与顾客建立短暂的关系，而是要通过长期积累与顾客建立稳固的、双向的互动关系。品牌不仅仅是一种形象的诞生，还是顾客与产品间建立感情的一种表征。

　　第五，IMC 注重对传播效果的测量。IMC 的营销传播效果应该是可以测量并且可以量化表现的。这种量化测量的方法被称作客户投资回报率（ROCI），它是一种从财务上测量效果的手段。在过去一段时间，人们对于营销传播效果的测量不知所措，因为研究者一直没有找到正确的有效的测量方法。拉维奇（Lavidge）、斯泰纳（Steiner）曾采取态度研究的手段，创造了"效应层次模型"，罗素·科里也开发了"叠码模型"，都是从顾客的态度改变的角度来推测购买行为的改变。然而这一方法却是不科学的，因为态度的改变往往并不伴随着行为的改变。唐·伊·舒尔茨认为，"我们应该用各种各样的行为学理论来衡量顾客的实际购买行为，以及这些购买为企业带来的利润；一切都要以品牌投资的回报率为出发点，以财务的回报率来计算营销传播的盈利，而不要去谈论花多少钱购买广告版面和时间"。IMC 定义示意图如图 6-1 所示。

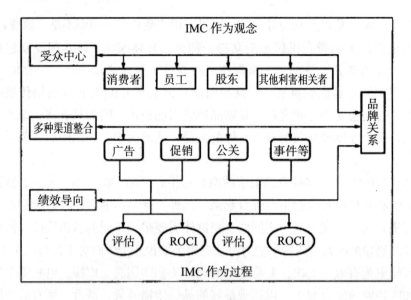

图 6-1　IMC 定义示意图

## 二、整合营销传播的基本原则

在了解了整合营销传播的概念之后，我们可以进一步概括出整合营销传播在实施过程中的基本原则。这些原则不仅是对整合营销传播概念的深化，同时也是区别整合营销传播与传统营销传播的根本不同所在。笔者将整合营销传播的基本原则概括为以下几点。

### （一）由外而内的观念

"由外而内"这一主张最早由韩国学者申光龙提出。1999 年，申光龙曾经在发表于《国际经贸研究》上的《论整合营销传播》一文中为整合营销传播下了定义："IMC 指的是企业在经营活动中，以由外而内战略观点为基础，为了与利害关系者进行有效的沟通，以营销传播管理者为主体所展开的传播战略。"这里，他提到的"由外而内"指的是：营销传播不是以信息发出者（企业）到信息接收者（利害关系者）的方式，而是以信息发送者和信息接收者之间双向流通的方式来构造传播战略。也就是说，信息首先是由企业外部的消费者等所传递出来，再通过一系列的途径到达企业内部管理者（营销传播者）的过程。

舒尔茨曾经在《全球整合营销传播》中提道：传统的营销传播是"营销管理者"热衷于在会议室里讨论提出营销策划方案然后布置给下属强制执行的过程。诸如以多少预算、从哪里得到、通过什么渠道进行传播以及传播什么等，这就是"由内而外"的方法。营销管理者不去做市场调查，也不顾及消费者的利益，而是在头脑中想当然地勾画出营销传播的途径和手段，并主观地认为它是适合消费者需要和符合时代需求的。

在市场经济并不繁荣、大众消费供不应求的时代，"由内而外"的方式是可行的。这种方法有好的一面，比如可以在企业内部达成统一的意见，对于管理层制定的决策会行之有效；营销管理者也可以大体上了解到消费者与企业传播活动接触的经验是什么；产品可以在短时期内实现品牌效应等。由内而外的传播过程如图 6-2 所示。

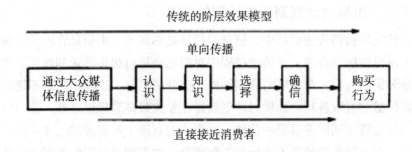

**图 6-2　由内而外的传播过程**

申光龙在此基础上提出了与上图相反的模型——双方面的 IMC 阶层效果模型。如图 6-3 所示，营销传播者首先要充分了解利害关系者的信息，他对何时、以何种媒体传播的何种信息更容易接受，然后建立利害关系者资料库，以此制定 IMC 战略。这里谈到的不是"消费者"，而是"利害关系者"，是因为"利害关系者"的概念包含了除"消费者"之外所有与营销传播接触的受众，例如消费者股东、广告代理商、企业内部员工、营销传播人员等。

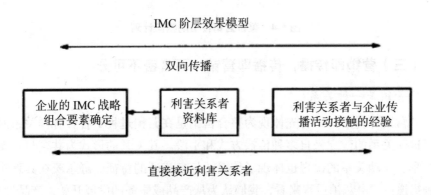

**图 6-3　由外而内的传播过程**

由外而内的观念体现了营销过程从传统营销传播到整合营销传播转变的实

质。以 4P's（产品营销、价格营销、促销营销、渠道营销）为核心的传统营销传播是一种"由内而外"的体现，营销管理者自己生产产品，制定价格、渠道、促销手段，不去了解外部的信息，一副"酒香不怕巷子深"的势头。但这种传统营销占据主导地位的时代已经一去不复返，取而代之的现代营销传播必须对消费者和其他利益相关者的信息实时了解跟进，根据市场的需求来制定自己的产品和价格等。因此，整合营销传播倡导的 4C's（顾客、成本、便利、沟通）理论非常能够体现"由外而内"的原则。

## （二）由纵向计划到横向计划的转变

在传统的营销传播活动中，信息的传递是纵向的，由信息管理的最高层部门向下层机构层层传递，在传递过程中对信息会进行很多筛选和加工。这样，并不是公司的所有人都能够得到相同的、公开的信息。这种信息的不透明会妨碍营销传播的有效进行。而横向计划就是在除去最高管理层之外，公司的每一个部门都能够得到同等重要的信息，这样才能有助于各管理部门齐心协力地管理信息，对不同的营销渠道进行分工和整合，也有利于公司向外部的其他利益相关者传送一致的信息。横向计划具体如图 6-4 所示。

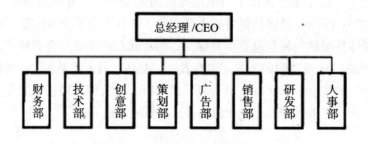

图 6-4　整合营销传播的横向计划

## （三）营销即传播，传播即营销，两者密不可分

1. 营销是一种关系

"营销即传播"，首先体现为整合营销是在营销过程中各种各样关系的建立，这些关系的建立来自多种传播方式和手段。其关系的形式为共享与互动，而共享、互动关系的出现也体现了传播的信息流通的特征。舒尔茨在其著作中明确提道："由营销过程来看，我们认为从产品或服务的发展开始，产品设计、包装到选定销售渠道等，都是在跟消费者进行沟通。整个营销过程中的每一个环节都是在与消费者进行沟通，让消费者了解这项产品的价值，以及它是为什

么人而设计的。众所周知，广告、公关、促销、直销、行销等，都是不同形式的沟通、传播，但是不要忘记了，店内商品陈列、店头促销及为产品所做的零售店头广告等也算是传播，都属于整个流程中的一环。甚至当产品出售以后，售后服务也是一种传播。"其次，这种沟通也是双向的，即营销者不是简单地对消费者进行灌输，而是要给予消费者充分的反馈，听取他们的意见，必须在经营活动中最大限度地反映利害关系者的意向和希望。为达到这个目的，营销人员也要采取各种各样的方式和手段。整合营销传播的最终目的是与受众建立一种品牌关系。对于青睐某种品牌的顾客来说，这种品牌的更重要意义在于它构建了一种"情感"。邓肯认为："品牌即指所有可以区分本公司和竞争对手的产品的信息和经验的综合并为人所感知的内容。"因此，这种情感的积累并非一日之功，而是需要品牌与顾客关系的长期积累。

2. 营销活动本身就是一个传播的过程

传播学的发展过程经历了线性模式、控制模式再到系统模式的发展，这充分体现了研究视角从单一走向综合的转换，而这种转换也体现在整合营销传播中。早期的营销传播大多数是一种单向的传播，它所假定的前提就是只要增加信息频次或者提高信息分贝，就有可能把信息送达目标对象。而整合营销传播则认为：为了达到更好的营销传播效果，在营销过程中不仅应该注重营销传播者与顾客的双向沟通，还应该利用传播将各种方式进行整合，使各部门能够协调统一地运作，整合多种要素是这一过程中的关键环节。

3. 营销即传播体现了"营销以人为本"的思想

整合营销传播的核心观点是营销由"产品导向"转为"市场导向"而又最终成为"消费者导向"。这与传播学中以媒介为中心转向以受众为中心的思想一脉相承。营销传播从4P's走到4C's，消费者从被动消费到主动选择的这一过程生动而显著地体现出来。现代营销观念信奉需求至上，认为企业生产什么、销售什么的决定权并不在公司手中，而在消费者手中。提出需求第一是市场观念中的一次革命，它不仅解决了市场认识和营销传播的起点问题，而且回答了在战略规划中各个环节的落脚点问题。在营销价值体系中，有关营销沟通的要素依然存在，但是它却由"促销"转化成"沟通"。以上这些由"促销"转化为"沟通"的理论被统称为定位观念，它的核心就是从过去以产品出发的思考模式彻底转变为从消费者出发开始思考。

**（四）IMC 既是一种战略，也是一种战术**

这一观念由另一位整合营销传播专家汤姆·邓肯提出。一项整合营销项目的成功依赖于创造性过程的两个性质迥异的部分：表现在战略上，是"消费者想听到什么"，是企业对于其品牌形象的整体塑造，如何对外体现"一个形象、一个声音"；表现在战术上，即"怎么告诉消费者想听的东西"，即如何采用各种各样的营销传播手段来有效地传递品牌形象以及有效地到达消费者。也有学者将它描述为"IMC 既是一种观念也是一个过程"。所谓观念，指的是 IMC 本着以消费者为核心的理念，始终力图整合多种营销渠道以使得传播达到最好的效果。这种观念的全新性可以体现为以下几点。第一，营销传播目的发生了改变。以往的广告和营销传播不论出于怎样的考虑，其基本目的是营销，而整合营销传播中，营销的目的已经不完全是销售，而是一种保持和消费者接触并达成关系的传播手段。"广告作为一种接触，必须要有利于促成品牌与消费者之间的和谐关系。"第二，实施传播的方向发生了变化。几乎所有的经典广告以及营销传播理论，无一例外的都是首先强调信息本身的价值，基本出发点是向消费者"推"出信息。而 IMC 采用的是由外到里的传播发生方向。第三，接触的概念大大超越了传统媒体的时空限制。IMC 认为，企业的任何作为（或者不作为）都会传递信息。因此，IMC 中的接触管理，很大意义上不仅仅是要设计和管理计划内信息，更重要的是必须对那些可能形成的计划外信息进行可控性处理。

所谓过程，指的是在观念的引导下，在实施 IMC 的进程中要有效地掌握各种资源，尽可能有效地实施它们的整合。目前对于过程的实施，不少学者还抱有疑问，尤其是当 IMC 的理念应用于中国市场时。但我们应该了解，IMC 的提出作为一种全新的思想，它是包含了观念和过程的，不能简单地说"IMC 仅仅是一种观念而不是过程"，应该看到 IMC 目前的过程实行中是受到了市场的局限，而并非其本身没有过程。

## 三、对整合营销传播的认识误区

在对 IMC 理论的研究过程中，许多学者从不同的侧面去理解 IMC，造成了对不同侧面的不同理解。在笔者对多项文献进行整理以及与一些学者进行探讨的过程中，发现对 IMC 的理解容易造成以下偏差。

### （一）传统大众传播丧失作用

一些学者认为 IMC 便是采用新型的媒体手段来进行整合营销，而摒弃传统的大众传播的方式。这个观点是错误的。营销手段只是一种形式，它最终要与企业的营销目的相结合。传统的大众传播形式对于一些营销目的来说仍然具有其他营销手段不可替代的意义。例如，家喻户晓的宝洁公司仍然擅长大范围地使用广告来宣传自己的新产品；美国的许多企业仍然愿意花费数千万美元在最昂贵的广告时间段上做广告，其理由很明显：根据企业所提供的商品或服务的不同，传统的大众营销还是强有力的传播手段。虽然在美国营销传播的总趋势是强调多种多样的推销活动，并且推销的总投资额远远超过广告的总投资额，但就目前情形来说，广告仍然是企业最重要的传播手段。新型的营销传播方式不是对传统营销的代替，而是对它的补充。

## （二）IMC 是采用所有媒体进行的营销活动

从"IMC 是整合各种媒体"的理念中人们很容易误解为 IMC 是通过所有的媒体进行传播活动。但是，IMC 并不是利用所有媒体，而是通过多种媒体来分析它们的战略价值，有效整合资源以取得最大的传播效果。在整合中，不同的媒体有不同的战略价值，例如，广告适合于大规模的受众和利润低的产品；人员推销适用于产品的使用有一定技术含量的商品，例如电脑等；促销适用于短期积压的商品等。因此在营销策略中，要选取合适的媒体进行合适的传播，所以 IMC 的核心是，即使利用一种媒体也可以与其他所有营销活动共同向顾客传达连贯的形象。

## （三）IMC 的目的是打造产品品牌

在和一些学者交流的过程中，他们告诉笔者：IMC 就是强调产品品牌的一种传播。IMC 的最终目的是创造属于自己的品牌，所谓营销传播过程中的一切整合活动，都是为建立品牌的最终目的服务的。

这一说法初听起来不无道理。"建立品牌"确实是整合营销传播的终极目标之一。IMC 之所以不同于传统营销传播，就是因为它所要追求的不是短期的销售利润，而是要形成长期的品牌定位。然而，这种"品牌定位"并不仅仅是一味追求产品的特质所带来的，它更强调的，是品牌与消费者之间的一种长期联系。换言之，"品牌"是产品在顾客以及潜在顾客心目中的一种定位，而决定这种定位的，并不是产品本身，而是产品与消费者之间的关系。因此对于 IMC 的终极目标，我们可以解释为"为了创建品牌而与消费者之间形成的一种长期、持久、稳定的品牌关系"。

## （四）整合营销传播与传统营销传播在实践上并无本质区别

这是许多实践者的困惑。整合营销传播的理论虽好，但在实际操作过程中似乎与传统的营销传播并无本质区别，尤其是在那些 IMC 的实施并不太完善的企业中。可以确切地说，整合营销传播本身所采用的沟通工具与传统营销传播工具并无二致；而其在营销促动和信息传达层面上，又与传统营销传播所追求的诸如一致性、统一性等信息目标极为相似。正是这种严格的继承性引发了两者之间表层意义上的相似性，但我们认为其间的核心差异不容忽视。

《凯洛格论整合营销传播》一书将这一问题阐述得比较清楚。该书认为，整合营销传播与传统营销传播的实质区别并不在手段上，而是在观念上。笔者从以下三个方面来阐述这个问题。

1. 整合营销传播更为关注顾客

传统营销传播以 4P's 为核心理念，是以产品为导向的营销传播理念。而整合营销传播以 4C's 为核心理念，是以顾客为导向的营销传播理念。关于 4P's 和 4C's 大家已经不再陌生，这里不再赘述。但需要看到的是，这种转变是一种根本性的观念变革，它不仅体现在营销学体系中，也体现在众多学科发展中。现代科学的发展逐渐从技术本位转移到人本位上，以关注人类内在的需求为最终发展目标，而"受众"就是最终的关注点。在这种观念的引导下进行的营销传播活动，即使在营销手段上与传统营销并无大异，但是其指导思想却大为迥异。

2. 整合营销传播更为注重对新技术的开发与使用

可以说，从传统营销过渡到整合营销的关键是技术带来了变革因素。这首先体现在整合营销传播对于消费者数据库的建立上。数据库的建立是通向人性化的基础，而数据库的建立则需要高端的信息科技知识。其次体现在整合营销传播注重多种媒体的整合，而不仅仅是过去的大众传播媒介，如分众传媒、舆论领袖、触动传媒等都有可能成为新的营销渠道。这与时代发展的要求是相一致的。

3. 整合营销传播理论更为注重"一对一"的传播

传统营销传播理论运用广告等营销方式，借助广播、电视、报纸等营销渠道，所倾诉的对象是广大受众。在这个层面上，它无法关注不同受众的具体要求，也无法针对不同受众满足他们个性化的服务。而整合营销传播试图从传统营销传播的"定位"方式入手，通过对顾客需求的分析和多种媒介手段的运用来满足顾客的个性化需求。

在更深的层面上，整合营销传播体现为既是对传统营销传播观念的延伸，又对其有所扬弃，甚至是颠覆了传统营销传播的许多基本追求。传统的营销传播也会采用多种营销手段相结合，但整合营销传播采取的是摆脱以往机械式的思维方式，使各种营销传播工具能得到有效结合，用"合适的媒介达到合适的目的"。因为同样是一种营销传播手段，出于促销和维护消费者与品牌关系的目的，两者的关注点和判断标准很可能截然不同，甚至会形成根本相反的发展方向。例如，广告界盛行的创意理论认为，只要有了独特的销售说辞，那么在营销传播过程中只需要不断宣传产品便可以达到效果。而定位理论本质上排斥了产品本身的传播属性，单纯认为定位并不是要对产品做什么事情，而是要在潜在顾客的心智中形成一种定位。又如，传统营销传播认为促销的特点在于短期刺激，因此它并不利于品牌形象的建设，而整合营销传播则恰恰注重达成消费者与品牌的直接关系。这些都表明，整合营销传播观念的确立是对传统营销传播观念的一种延展和综合，既有对传统营销传播模式的继承，同时也表现出了自己前所未有的创新价值。目前，大多数企业对于整合营销传播的理解仅仅局限在"一种形象、一种声音"上，这种浅层次的理解操作起来，可以说是与传统营销传播非常相似。只有当整合营销传播进入更深入、更本质的阶段时，具有革命意义的观念变革才会开始展现它的魅力。

## 第二节　城市品牌形象整合营销传播的兴起

　　整合营销传播理论被认为是 21 世纪最有影响力的理论之一，其在美国已经得到广泛应用并且为社会各界创造了效益。如今，整合营销传播是否能够与中国的市场环境相结合和推动中国市场经济的发展成为人们关注的热点。随着营销传播环境的不断变化，大众传播的效益日渐有限，而人际传播的影响力却在不断攀升，以大量投放城市品牌形象广告就能获得良好形象的时代一去不复返，"广告炸鱼论"也不再有市场，这使得城市品牌形象传播面临着新的挑战，也正是这一局面，加速了整合营销传播理论在城市品牌形象传播领域的应用。

### 一、传媒变革与城市品牌形象传播

#### （一）21 世纪媒体格局的变化

　　追溯人类传播发展的足迹，可以发现，信息技术的发展起着历史性的杠杆作用。每一次信息技术的创新，每一种新兴媒介的诞生，都带来信息传播的大革命。而每一次信息传播的大革命，又给人类的政治、经济、文化和社会生活带来巨大的影响。人类的信息传播史可以视为信息技术的进步史。印刷术、无线电技术、电视技术、计算机网络技术造就了报刊、广播、电视、网络四大媒体。今天，无线通信技术与计算机技术、信息网络技术的结合正在催生一种新型的大众化革命性媒体——手机媒体。手机媒体也被誉为当代的第五媒体。

如果将人类传播史浓缩到 24 小时中，那么，从零时到 20 时的漫长历史时间内，人类都是用口语传播；从 20 时到 22 时 38 分的两个多小时内，用文字传播；从 22 时 38 分到 23 时 57 分的将近一个半小时内，人类用印刷媒介传播；电子传播的历史仅仅相当于最后 3 分钟。在最后的 3 分钟里，继广播、电视等传统电子媒体之后出现的"第四媒体""第五媒体"，在新技术支撑下爆发出巨大的威力。

新技术不断创新和发明，催生新的传播媒体，形成新的传播手段，促成新的传播形态。美国著名传播学者威尔伯·施拉姆曾经预言：人类传播的基本性质不会改变，但传播本身的社会体系，很可能同我们已经知道的各个传播时期大不相同。如今，我们越来越生活在一个由媒体营造的社会中，诸多新兴媒体的产生对整个社会的影响也越来越大。

以互联网、手机为代表的新媒体突破了时间与空间、传播者与受众之间的限制，打破了原有的言论生态环境和话语格局。新媒体自由、开放、互动的传播特点重塑着人们捕捉、接收信息的习惯，同时也对人们的思维方式、行为特点乃至对世界的看法产生着潜移默化的影响。新媒体在社会的演变中跌宕发展，新的媒体形态让人目不暇接，不仅改变着信息传播的格局，还结构性地改变着整个社会：从国际政治的博弈到日常生活的点滴创新，无不显现或暗藏新媒体的力量。新媒体彻底颠覆了人们的生活习惯，使得地球成为真正意义上的"地球村"。

从世界范围内大众传媒的变迁来看，大众传播媒体从报纸的"一枝独秀"，到后来与广播共同发展，再到报纸、广播、电视共同进步，最后到报纸、广播、电视、互联网"并驾齐驱"，如今又迎来了"多种媒体并存"的全新状态。不仅如此，在各种因素促使下，各种媒介正在以各种方式进行相互渗透和融合，形成一个有线无线、线上线下、平面立体的媒介网络格局。随着媒介融合向纵深方向发展，未来的媒介融合将从简单的物理变化向化学变化转变，带来传播手段、媒介机构、传媒市场格局、人人皆新闻传播者等的根本性变革，人类将进入由传统媒体和新兴媒体相互融合的全媒体时代。

### （二）新媒体环境下的城市品牌形象传播

媒介环境指一种由各种媒介营造的社会情境，这种社会情境是传者、受者及广告商等多方力量综合作用的结果。随着大众传播的日益发达，社会个体与群体的生存与发展越来越多地依赖于媒介环境，人们根据媒介提供的信息来感知世界，大众传媒用各种手段搭建起一种仿真环境，人们在这个仿真环境中生活。

在新媒体环境下，除了四大传统媒介之外，可供利用的营销传播平台非常丰富，如门户网站、搜索引擎、微博、博客、播客、手机、移动设备、数字杂志、数字报纸、数字广播、数字电视、数字电影、触摸媒体等，不一而论。显而易见，新媒体环境下传播工具和技术创新大量涌现，这使得城市品牌形象传播系统变得更为庞大和复杂，新媒体环境下城市品牌形象的传播格局发生了重大变化。

1. 从单向传播到互动传播

在新媒体环境下，广大民众获得了充分的话语权，能够通过多种途径直接参与城市品牌形象互动传播。一方面，从城市品牌形象传播者角度而言，可以充分利用公关、节事活动等营销传播渠道促进城市与公众的双向互动和交流；另一方面，随着网络、手机、博客、播客等新媒介的出现，普通公众获得了从未有过的参与传播的机会，他们可以随时发布意见、表达观点，也就是说，在新媒体环境下，公众拥有了更多的渠道和工具参与城市品牌形象传播的互动。

2. 从一次传播到多次传播

在传统媒体格局下，城市品牌形象传播主要依靠硬性的城市品牌形象广告和政府新闻报告，难以引起受众更多的关注和兴趣，因此往往只能达到"一次传播"。而新媒体环境下，城市品牌形象传播的内容和形式不断丰富，受众又获得了充分的话语权，能够自主地接收和传播信息，尤其是网络、手机等新媒体平台便利了信息的分享，使得城市品牌形象得以二次、三次甚至多次传播。

3. 从单一传播到多元传播

在传统媒体环境下，城市品牌形象的传播主体是固定的媒介和机构，信息来源相对单一，大众也只能被动地接受信息，但新媒体环境下，城市品牌形象传播主体更为多元，城市公共部门、城市内部企业、非营利性组织和市民及城市外部民众共同构成城市品牌形象对内对外推介的参与主体。同时，由于新媒体平台是一种集文字声音和图像为一体的多媒体互动交流平台，与传统媒体采用一种或几种传播形式相比较，新媒体融合了更多的传播内容和形式。

4. 从大众传播到分众传播

广播、电视、报刊等传统媒体都立足于"大众传播"。然而，新媒体环境的到来要求对受众进行细分，实现更精准和更高效的传播。城市品牌形象传播受众可细分为城市市民、企业家、媒体人士、城市潜在的旅行者、消费者、投资者和移民等。各群体生活方式不同，关注点和媒介使用习惯也不同。

5. 从议程设置到议程融合

传统媒体格局下，政府及其掌控的传统大众传媒能通过议程设置来左右公众对于城市的关注。但在新媒体环境下，政府及其掌控下的媒介的中心地位被罢黜，"把关人"作用被淡化，普通民众获得充分话语权，"人"的价值被重新衡量，"个人议题""团体议题"与"媒介议题"更加紧密地结合起来，推动了"议程设置"理论向"议程融合"理论的转变，一个全新的公民传播时代正在向我们迈进。

## 二、城市品牌形象传播面临新媒体环境的挑战

传统媒体环境下的城市品牌形象传播往往是由城市公共部门利用行政力量引导主流媒体，依托城市品牌形象广告、新闻报道、节事营销、会展营销、新闻发布会等渠道，对城市的经济形象、旅游形象、政府形象、产品形象等进行宣传推广。在这样的传播格局中，居于政府引导下的大众传媒很好地履行了"把关人"职责，消除了城市品牌形象传播的那些不和谐的"噪声"，确保了各媒介在进行城市品牌形象传播时的传播信息的一致性。

但是，这一做法在大量新媒体出现后遇到了巨大挑战。传播技术的发展带来了媒体多元化和传播渠道的多样化，传统媒体原有的受众日趋分散化，信息传播的方式越来越多，传播的速度越来越快，传播的内容越来越丰富，传播的精度也越来越高，新媒体环境全方位、立体式、互动性的传播让"把关人"无所适从。

### （一）品牌接触形式多元化的压力

随着信息高速公路的建设和全球信息化的到来，媒体和传播管道开始走向多元化，媒体数量显著增加，这种增加不仅仅是传统媒体的数量变化，更意味着多种新型媒体的加入。尤其是互联网的崛起，以数字技术为基础的新兴媒体形态正以惊人的速度渗透人们的生活当中，人类社会的生存环境在传统的自然环境、社会体制环境之外，又增加了新的信息环境。

信息环境变化中的一个显著特点是信息渠道和信息量大规模的增加，"新的媒体或能更有效地和消费者接触的方式不断被创造出来，使得过去以四大传媒为主要广告载体的媒体家族变得种类繁多、日益复杂"。与此相对应，在信息传播过程中来自各方面的噪声也明显增加，复杂的渠道能否生产出简单一致的信息内容成为当下营销传播中的一大难题。

公众接触信息的渠道千差万别，对不同来源的信息的信任度及认知反应也不同，单纯依靠某种传播手段不足以覆盖绝大多数的目标受众，而且任何一种传播手段都有其传播方式和传播效果的局限性。"随着传播媒介和产品的不断增加，在这个语境中充斥着一片嘈杂的声音，但是消费者的大脑对于这些信息

的处理能力是有限的，当信息不断地以各种方式爆炸时，市场的噪声也就显得越来越嘈杂。"对城市品牌形象传播者而言，新媒体环境给城市品牌形象传播带来了诸多挑战：如何最广泛地综合利用各种媒体形式和传播渠道，如何让受众在各种接触通道上接收到一致的形象信息，这些都是当前媒介环境下必须认真考虑的问题。

## （二）长尾媒体威力日渐显现

美国《连线》杂志总编辑克里斯·安德森于2004年底提出了长尾理论，其在《长尾理论》一书中指出，如果你只有那些聚集于头部的（畅销）商品，你会很快发现，顾客需要更多的东西而你却无法提供。如果你只有那些埋伏在长尾上的（小众）商品，你会发现顾客们根本不知道从哪里开始。长尾理论可以浓缩为简单的一句话：我们的文化和经济重心正在加速转移，从需求曲线头部的少数大热门（主流产品和市场）转向需求曲线尾部的大量利基产品和市场。在一个没有货架空间限制和其他供应瓶颈的时代，面向特定小群体的产品和服务可以和主流热点产品具有同样的经济吸引力。实际上，城市品牌形象传播也同样面临着类似的境遇，由于成本和效率的因素，过去传播者只能关注曲线头部的畅销媒体、大众媒体，即所谓的"短头媒体"。

但问题在于，以往以大众媒介作为主要载体的广告模式效益日渐下降，广告边际效益递减的主要原因就在于媒体和信息的多元化：一体化的市场格局使众多品牌在共同市场上处于平等竞争地位，品牌与品牌之间的信息干扰也降低了消费者的认同度。在短头媒体市场上，诸多城市传递的是相同的城市特性、相近的市场定位、相似的广告信息，城市品牌形象同质化程度严重，公众面对短头媒体上铺天盖地的城市品牌形象广告，逐渐开始产生免疫抗体。即便如此，稀缺的广告媒体资源还是引发了传播成本的迅速攀升，而众多中小城市必然在短头媒体的集中市场竞争中处于劣势。实际上，公众要求更多的是个性化的需求，他们需要量身定做的广告信息，这一点在短头媒体上基本难以实现。"长尾的意义无非就是没得选择。充足、廉价的传播渠道意味着丰富、廉价和无穷无尽的品种，也就意味着消费者们的兴趣可能会像产品种类一样分散。"

长尾理论揭示了这么一个基本原理：只要渠道足够多，非主流的、需求量小的商品销量也能够和主流的、需求量大的商品销量相匹敌。所有小众和非主流的市场累加起来就会形成一个比主流市场还大的市场，这些少量的需求会在需求曲线上形成一条长长的"尾巴"，实现小众的极大数量。长尾理论被认为是对传统的"二八定律"的彻底叛逆，它指出了处于需求曲线尾部无限延展的那部分称为长尾媒体，实际上是一股不可小觑的力量，它的影响力和经济效益都十分可观。

广义来说，长尾是丰饶世界的一种现象。我们有充足的货架空间，充足的流通渠道，充足的选择。长尾媒体对城市品牌形象传播而言，不仅仅是一个个有利可图的利基市场，更为重要的是，它可以帮助传播者规避版面的争夺，同时给受众提供一个无限选择的天堂。大众媒体的碎片化与新媒体的长尾化毫无疑问对城市品牌形象传播带来了直接冲击。在新的媒体环境下，如何把握好长尾媒体，提高传播效果，降低传播成本，是传播者不得不面对的又一个挑战。

### （三）形象认知的重要性超过事实

过去的习惯是以事实为最终决策依据，把客观对象作为判断的标准。但是，伴随着图像传播的盛行与近似文盲的出现、媒介数量的增加和受众的细分化，信息和竞争的多元化不断扩散，消费者在做出决策时，这一模式受到了巨大的挑战。"消费者在势如洪水般的信息中十分茫然，他们没有时间去仔细对各种信息进行处理，只能蜻蜓点水，把有意或无意所获取的零零碎碎的信息组合起来，形成某种知识，然后根据这些知识对产品做出判断。""整合营销传播之父"舒尔茨在其著作中提出了认知的重要性远超过事实的观点：事实上，消费者在做购买决定时，越来越依赖认知而非事实，他们做购买决策的根据往往是他们自以为重要真实、正确无误的认知，而不是具体的、理性的思考或斤斤计较后的结果。

公众对城市品牌形象的认知过程存在"先入为主"与"既成事实"效应。公众对城市品牌形象认知过程中的"先入为主"与"既成事实"效应，指的是公众对某一城市的形象认知更倾向于接受最先被其所感知并且接受的印象，这一认识一经确立就会成为一种顽固的"既成事实"，不会轻易动摇，而且会在一定程度上拒绝或是降低其对城市品牌形象真实状况的感知。传播赋予了公众对城市品牌形象的先验认知，这种先验认知实际上就是符号学中所言的超真实：由传播符号所构建的真实比存在的真实还要"真实"，还要令人信服。公众更加愿意相信头脑中接收到的城市品牌形象而不再关心真正的城市品牌形象本源如何。从这一点上说，公众对城市品牌形象的认知已经不再是对真实城市品牌形象的模拟，它甚至可以"无须原物"，而是通过传播来生产真实。

我们生活在一个事物的传播形象和实际形象分离的时代，在今天的传播实践中，能打动人们的形象往往是在原有功能基础上开发新价值点的形象，即体现附加价值的事物形象。"我们关于这个世界的心像，本应源自大千世界这个第一自然，但在当前高度发达的信息环境下，却成为由传播所建构的第二自然的图景的产物。"因此，城市品牌形象传播的核心任务就是要建立能体现城市独特核心价值的传播形象，并促成目标受众在与城市的沟通中对这一形象产生认知进而认同。在新的媒体环境下，如何使城市品牌形象内涵传播进一步深化，即通过策划城市活动等多种形式赋予城市品牌形象有新意的价值点和新体验的联想，与此同时，又如何使城市品牌形象的认同范围最大化，即通过接触点的有效管理以扩大受众面和加深对受众的影响力，对于城市品牌形象传播者而言，同样是不可回避的巨大挑战。

## 三、整合营销传播理论在城市品牌形象传播中的运用

整合营销传播的出现是顺应营销传播环境变化的必然。媒体种类和数量上升导致单一媒体的受众数量日渐减少，由此造成了单一媒介传播方式的边际效益日渐下降，但与此相对，每一位受众接触的媒介却越来越多，靠在少数媒体投放广告就可以包打天下的时代一去不复返了，企业必须充分运用所有媒体，传播有关组织形象和某一产品的信息，满足不同类型公众的需要。

与此同时，消费者的行为模式也发生了巨大变化：消费者已经没有可能去费心判别各类信息，如果传播中所使用的信息未经整合，一旦信息间发生相互矛盾，这些信息就极有可能被消费者漠视。"人类信息传达的自然特质揭示了一个不可辩驳的事实，这就是信息传播过程中为了使信息被接受方更好地理解，多种传播渠道的使用是一种必然的选择；同时在这种传递过程中，特定的信息具有自己不可更改的基本属性，正是这些构成了特定信息内在的必然性关联。"故而，对信息进行有效的整合，是传播环境深刻变化下的形势所需。

### （一）城市品牌形象传播整合的必要性

从整合营销传播的角度来看，城市品牌形象的差异化越来越难以创造，公众对于各种资讯的选择性贮存和处理已经成为一个基本的事实，城市品牌形象传播者不得不面临着这样的选择：

首先，不论使用什么媒体工具，城市品牌形象的信息都必须清楚一致。经由多种途径传送的城市品牌形象信息如果相互矛盾，就一定会被公众所漠视。相互矛盾的信息不仅仅是导致传播信息的无效投放，更重要的是其对原有信息体系的冲击和干扰，将严重影响已经获得的传播效果。

其次，如果在传播中所使用的信息未经整合，由于公众在信息处理中会产生矛盾，这些信息很可能就不会被处理，所以传播者必须传递整合信息。当前媒体环境下，世界信息与知识大爆炸导致了信息超载，但受众的注意力资源却

是有限的，未经整合的信息已不符合受众的接受心理和解读能力。

再次，因为公众已没有可能去费心判别各类信息，其结果是使城市品牌形象变得更难区分，所以传播者传递的信息必须清楚、简明，并且有说服性，这也就要求把所有形式的营销传播活动整合起来。由于公众对信息不再有耐心进行细致的辨别，因此信息设计应该是高冗余和低熵值，原因在于，在极其嘈杂的传播渠道中，简单、重复、可预测的信息（冗余）有助于克服噪声的干扰，保证信息传播的畅通。但是也必须注意，当信息通过反复、广泛传播，其冗余度过高会导致所承载的信息量大大减少，受众的反应也会变得近乎麻木，那么就有必要重新设计信息，提高信息熵值以吸引受众的注意。

最后，在实施营销过程中，传播将成为维持关系不可或缺的因素。关系成为城市与公众联系的纽带，任何城市如果与公众没有达成双向沟通，双方的关系就会破裂，公众也就会拂袖而去。城市品牌形象传播的关键，就在于发展与公众之间的互相依赖、互相满足的关系，只有在城市与公众间建立、保持并稳固一种长远关系，才能更好地实现信息及其他价值的相互交换。

如今，国内各大城市纷纷开展了城市品牌形象与城市品牌宣传，但随着城市间形象传播竞争的与日俱增以及形象传播渠道和信息流量的大规模增加，城市品牌形象传播过程中来自各方面的噪声也明显增加。公众对城市宣传的广告信息将信将疑，他们有更多的途径接触城市信息，如媒体报道、上网搜寻、朋友的推荐等。如何以公众感兴趣的方式去接触他们、打动他们并使之信服、记忆，是当今城市品牌形象传播面临的严峻挑战。对于城市品牌形象传播而言，与公众的互动沟通越来越重要，但是沟通却变得比以往更加困难。城市品牌形象整合营销传播就是应对当前城市品牌形象传播面临的挑战的产物，其目标是在营销沟通中实现有效传播，争取在充满干扰的信息海洋中让城市品牌形象能够获得公众的关注，进而赢得理解和认同。

## （二）城市品牌形象传播中整合营销传播理论的运用

尽管"目前整合营销传播还处于理论前范式阶段，要成为理论范式还有待此领域学者更多的建构、批评和争鸣，直至最终形成科学共同体共有的知识"，但实际上，随着整合营销传播理论研究的不断深化，越来越多的实务界人士开始接受并认可这一理论。2001年，威廉姆·斯温考察了美国六大群体（全国性广告代理公司主管、全国性公关公司主管、全国性广告主的企业营销主管、全国性企业公关主管、广告公关营销学界、网络开发商）对整合营销传播的看法，结果显示美国实务界普遍接受整合营销传播这一概念，尽管对整合营销传播的内涵看法还不统一。

凯奇和舒尔茨对美、英、澳、新、印五国进行了整合营销传播比较研究后得出结论：虽然五国整合营销传播发展成熟度不同，但都已经接受整合营销传播概念了。凯奇因此说："这样仅仅是十年的时间，整合营销传播概念已经横扫整个星球，并成为一声号角——不仅是营销和营销传播文献，而且成为营销的内在组成部分，甚至是许多公司的传播战略。"

因此，虽然整合营销传播这一理论公认的操作模式尚未建立，但是整合营销传播作为一种观念，是已经得到营销传播界普遍认同的。整合营销传播提出的建立可获利的品牌关系、由外向内的传播转向、超越传统媒体时空限制的接触概念引发了营销传播界认知的革命性变化。整合营销传播强调"传播即营销，营销即传播，二者密不可分"。卫军英在《整合营销传播理论与实务》一书中对这一观点进行了深入的阐释：种种迹象揭示了一个现实，按照消费者需求形成产品、价格、通路和促销信息，这些似乎都不难完成，但是仅仅凭借这些，如果没有与消费者实现良好的沟通，营销价值也无法实现。因此，营销在很大意义上取决于传播，正所谓营销即传播，传播即营销。"营销即传播，传播即营销"还意味着，以往在营销专家们看来的各种营销元素，本身也都是传播元素。最直接的就是产品、价格、渠道这些要素，它们不仅本身具有信息构成，而且也是一个传播通道。

根据整合营销传播的这一思想，可以认为，城市品牌形象传播实际上也就是城市品牌形象营销。用商品经营的视角审视城市品牌形象营销，可以发现：在城市品牌形象营销中如果固守传统的营销传播方法，毫无疑问，形势将会越来越严峻，而一旦引入整合营销传播观念，城市品牌形象营销将寻找到一片新的"蓝海"。城市品牌形象整合营销传播就是城市通过各种媒介及其他接触方式与城市利益相关者展开对话，并在对话中传递一致的城市品牌形象信息，以达到与之建立和加强互利关系的过程。

城市品牌形象传播的原理和方法与企业（产品）形象传播并无二致，广泛应用于企业界并取得丰硕实践成果的整合营销传播理论应用于城市品牌形象传播上，同样可以取得超越传统营销传播模式的巨大收益。

1. 传播形象的统一化

通过持续、一贯、密切、有机和整合的传播活动，不仅仅能够解决以往传播中各自为政、形象打架的问题，更能够促进利益相关者心目中形成统一的、立体的城市品牌形象。城市品牌形象整合营销传播活动能够让利益关系者更为容易地识别信息、理解信息和记住信息，其通过"一种声音"的传播行为，谋求城市品牌形象的统一化。

2. 传播效果的最大化

城市品牌形象整合营销传播通过传播整合最终实现与利害关系者更好、更有效率的沟通。在整合营销传播看来，不论使用什么媒体工具，城市品牌形象的信息都必须清楚、简明，并且有说服性，传播者必须传递整合信息以减少公众在信息处理中产生的矛盾，所有这些内在整合要求都确保了传播效果的最大化。

3. 传播费用的最小化

整合营销传播的最大效果是减少生产或流通中的交易费用。许多企业发现，为了减少交易费用而在生产和流通领域减少费用的方法不会有持续的效果，比如即使提高了生产效率，但竞争对手很快会模仿，并且在流通和物流方面进行改良，从而又超过了你，所以减少交易费用的最合理的方法是过程的整合，使所有的利益相关者都可以减少交易费用。城市品牌形象整合营销传播活动也是如此，通过过程整合，可以摆脱传统传播中同质化竞争所带来的成本飙升，达到传播费用的最小化。

# 第三节　城市品牌形象整合营销传播策略

整合营销传播与传统营销传播的实质区别不在手段上，而是在观念上；两者主要的区别在于整合营销传播更为关注顾客，更为注重对技术的开发与使用，更为注重"一对一"的传播。

约瑟夫·奈在 2004 年出版的《软实力：世界政治的制胜之道》中指出，聪明的实力意味着更好地懂得如何将硬实力和软实力很好地结合起来。城市品牌形象传播实际上就是在"巧实力"思路的引导下所开展的巧传播，即"传播主体善于根据具体情境，通过一定途径将软硬实力资源巧妙结合，进而提高传播效率，实现传播效果最大化"。

## 一、整合营销传播操作模式

在所有学科领域，都或多或少地存在着这样那样的模式问题，可以说，模式是一个领域逐渐成熟的时候出现的解决某一类问题的方法论。关于什么是模式，目前尚无一个公认的定义。丹尼斯·麦奎尔及斯文·温德尔所认为的模式是"功能性模式"，它从能量、力量及方向角度来描述各系统、各部分之间的关系和相互影响，"模式是用图像形式对某一事物或实体进行的一种有意简化的描述，一个模式试图表明任何结构或过程的主要组成部分以及这些部分之间的相互关系"。也有学者认为，模式就是深入研究设计问题抓住问题的本质，并且找到简洁的问题解决方案。胡正荣先生对模式的定义则是：所谓模式指的是对客观事物的内外部机制的直观而简洁的描述，它是理论的简化形式，可以向人们提供客观事物的整体信息。

"模式"一词的指涉范围甚广，它标志了物件之间隐藏的规律关系，而这些物件并不必然是图像、图案，也可以是数字、抽象的关系，甚至思维的方式。模式强调的是形式上的规律，而非实质上的规律。模式是人们在生产生活实践中通过积累而得到的经验的抽象和升华，是经验与科学之间、现实与理论之间转换的中介，它能够简约性地表现事物和现象的各种关系和变化规则。简单地说，模式就是从不断重复出现的事件中发现和抽象出的规律，是解决问题的经验的总结，只要是一再重复出现的事物，就可能存在某种模式。模式作为"一种符号的结构和操作的规则，它用来将已存在的结构或过程中的相关要点联系起来"，是"对真实世界理论化和简约化的一种表达方式"，具有组织测量和启发的功能。

模式对于研究复杂的传播过程是必不可少的。通过模式借鉴，在同一类问题上人们无须再重复探求问题的解决方案，这极大地促进了任务的高效完成。一般来说，模式可以采用单纯的文字叙述、图像描述、数学公式分析等多种形式。

值得注意的是，解决一个问题可能有多个可选择的解决方案，这些解决方案各有偏重，针对不同的关切可能有不同的选择，没有哪个方案是万能的。模式中的解决方案在特定条件下是最优方案，但是，作为一种在权衡了各种利弊后的解决方案，一旦作用力间的平衡被打破，这个解决方案就可能不再成立。任何模式不可避免地具有不完整、过分简单及含有某些未被阐明的假设等缺陷，适用于一切目的和一切分析层次的模式无疑是不存在的。

## （一）舒尔茨的整合营销传播模式

1992 年，舒尔茨、田纳本、劳特朋在《整合营销传播》中提出了整合营销传播的企划模式，理想化的企划模式要素包括资料库、区隔/分类、接触管理、传播目标和策略、品牌网络、行销目标、行销工具、行销传播工具。整合营销传播的企划模式与传统营销沟通企划模式最主要的区别有两点：一是整合营销传播是将整个企划的焦点置于消费者、潜在消费者身上；二是整合营销传播尽可能使用消费者及潜在消费者的行为资讯作为市场区隔的工具。

2000 年，舒尔茨在《全球整合营销传播》中提出了整合营销传播八步模式，即全球客户数据库、客户和潜在客户评估、接触点/偏好、品牌关系、信息/激励的设计和传送、预测 ROCI、投资及其配置、市场测量。2003 年，舒尔茨在《整合营销传播——创造企业价值的五大关键步骤》中提出了整合营销传播五步规划模式，即识别客户与潜在客户、评估客户与潜在客户的价值、规划信息与激励、评估客户投资回报率、方案执行后的分析以及对未来的规划，如图6-5所示。

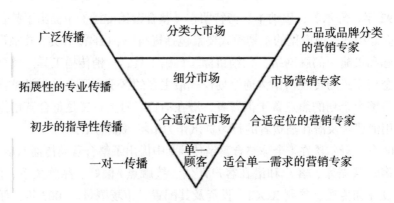

Ⅰ.识别客户与潜在客户

Ⅴ.方案执行后的分析以及对未来的规划

整合营销传播

Ⅱ.评估客户与潜在客户的价值

Ⅳ.评估客户投资回报率

Ⅲ.规划信息与激励

图6-5　整合营销传播五步规划模式

整合营销传播的五步规划流程使营销传播历来都被当成一连串零散而不相干的工作来实施的现状得以改观，这一流程是一连串互相联系的客户至上的管理步骤，不仅有助于发展并执行全面整合的营销传播计划，而且也会通过这样的流程达到全面的整合。舒尔茨关于IMC的看法前后有变化，早期更多地把IMC看作一种战术，晚期更多地把IMC看作一种战略。

### （二）邓肯的整合营销传播层级模式

美国广告学专家威廉·阿伦斯与库特兰·博维在《当代广告学》中以大量篇幅对整合营销传播学进行论述，着重阐述整合营销传播中营销与传播之间的联系。两位专家描述了一个"倒金字塔模式"，模式中营销与传播结合由低到高、逐步推进的特征清晰可见。营销与传播结合的倒金字塔模式如图6-6所示。

广泛传播　分类大市场　产品或品牌分类的营销专家

拓展性的专业传播　细分市场　市场营销专家

初步的指导性传播　合适定位市场　合适定位的营销专家

一对一传播　单一顾客　适合单一需求的营销专家

图6-6　营销与传播结合的倒金字塔模式

汤姆·邓肯根据上述模式的层级设计，提出了整合营销传播的四层次模式：统一形象、一致声音、好的听众、世界公民。统一形象指所有的传播手段致力于建立统一的、强有力的品牌形象。一致声音指企业不仅关注对消费者的传播是否一致，还关注所有利益相关者之间的沟通和交流。好的听众指企业关注所有利益相关者的相互对话，注重培养一种长期的关系。世界公民指企业有良好的社会意识和强烈的社会责任感。

邓肯的整合营销传播层级模式如图 6-7 所示。第一层次，首先在企业内部精心策划，设计统一形象。第二层次，企业向外传播连贯一致的信息。第三层次，传播扩大为双向传播，旨在与顾客建立长期关系（邓肯将擅长吸纳顾客意见的企业比喻为"好的听众"）。第四层次，通过企业文化延伸传播范围，从社区到国内社会再拓展至世界各国各地区（邓肯将传播范围向国际社会延伸的企业称为"世界公民"）。这些层次揭示了整合营销传播活动的趋势：从狭隘封闭的企业独白到开放互动的对话，最后从内到外产生了一种渗透整个组织并驱动一切的组织文化。

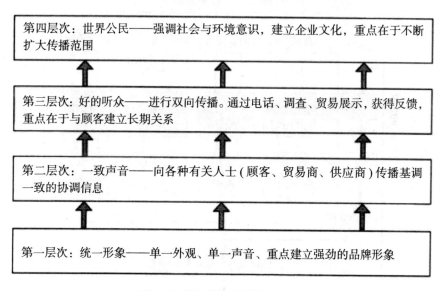

**图 6-7　整合营销传播层级模式**

邓肯从品牌资产的角度研究整合营销传播，还提出了整合营销传播的六步法，即确认目标受众、SWOT 分析、确定营销传播的目标、制定战略和战术、制定预算、评价效果。

### （三）贝尔齐的整合营销传播计划模式

贝尔齐在《广告与促销：整合营销传播视角》中将整合营销传播的思想融入对广告与促销活动的探讨中。贝尔齐以"广告与促销"为核心思想的整合营销传播计划模式的内容主要包括以下七个方面：营销计划回顾，促销方案态势分析，传播方案分析，预算决策，制订整合营销传播方案，整合与执行营销传播战略，监测、评价和控制整合营销传播方案，如图6-8所示。

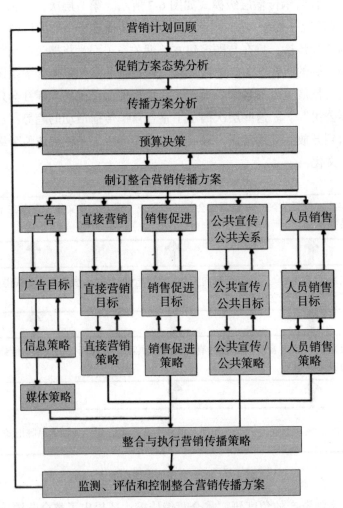

**图 6-8　整合营销传播计划模式**

### （四）莫尔和梭森、施吉、申光龙的整合营销传播模式

在舒尔茨、邓肯、贝尔齐之外，莫尔和梭森在 1996 年发表的论文《整合

营销传播方案的战略策划：从混乱到系统的方法》中提出了基于实现"消费者购买循环阶段"的五步模式，即确定市场，基于"购买循环阶段"细分市场，确定每个目标市场细分的传播信息和媒体计划，组合资源，评估方案的效果。

施吉运用系统论的研究方法，对整合营销传播战略及战术进行了独具特色和卓有成效的研究。施吉整合营销传播系统论的核心内容是将企业的营销传播决策分为三个层级，即企业层级的决策、营销层级的决策和营销传播层级的决策，其重新定义了整合营销传播方案的两个基本特性：一是战术连续性；二是战略导向性。施吉还提出了整合营销传播的发展层次理论，他认为，整合营销传播在不同的发展阶段有不同的整合要求和形式，依次可分为七个层次：认知的整合、形象的整合、功能的整合、协调整合、基于消费者的整合、基于风险共担者的整合、关系管理的整合。

韩国学者申光龙在研究诸多整合营销传播理论模型的基础上，构建了基于利害关系者分析的 IMC 理论模型体系，非常全面而细致地将整合营销传播理论的实质和精髓体现出来，其提出的操作模型分为四个阶段：调查计划阶段、战略阶段、战术决定阶段、战略实施与评价阶段。

关于整合营销传播操作模式的研究日渐丰富，"但遗憾的是这个具有价值的理论体系在操作上却不尽如人意，其在操作上除了信息时代与之俱来的技术进步因素之外，整合营销传播方法似乎与传统广告及营销传播手法并无二致"。虽然整合营销传播未必就是要遵循着一种既定的操作模式，在这个过程中完全存在着多重性选择的可能性，也就是舒尔茨所言"可能为其接受的一切沟通方式"，但为了防止整合营销传播在操作上走回传统营销传播的老路，探寻能够真正体现整合营销传播思想精髓的操作流程与方法仍具有相当的现实价值，也是整合营销传播理论在实践中展现市场价值的内在要求。

## 二、城市品牌形象传播的整合层次

### （一）城市品牌形象传播观念的整合

卫军英指出，在整合营销传播过程中，由于"关系""接触"等一系列全新概念的引入，导致了营销传播目的、实施方向以及媒体延伸等方面的根本转变，传统营销传播观念也受到了重新审视并被赋予新的意义，从而使其表现得更加具有张力。整合营销传播对传统市场营销观念的一个重要发展，就在于它对关系的重视。关系是联结品牌与消费者的桥梁，关系的好坏直接决定企业能否盈利获得生存，并依靠消费者的品牌忠诚度获得品牌的长期发展。

施吉在其整合营销传播的发展层次理论中提出，认知的整合是整合营销传播最基础的形式，其主要内容就是要求营销人员认识或认知明了营销传播的需要。城市品牌形象传播首要的任务就是对组织人员的观念进行整合，树立以城市利益相关者为导向的传播观念。在新的营销传播视野下，关系作为一种多维现象，较之于以往表现得更加复杂，商务人士、游客等传统城市品牌形象传播的核心，如今已不再是唯一，城市品牌形象传播中很多其他相关群体都会影响到城市的形象利益，这就要求城市品牌形象传播者在创建及传播形象信息时，要充分考虑各种利益相关者的利益，树立起以受众为中心的行动理念。

### （二）城市品牌形象传播组织的整合

整合营销传播组织是整合营销传播行为的主体，是执行整合营销传播功能以达到传播目的的实体，一切整合营销传播活动都是由整合营销传播组织来完成的。整合营销传播是一个连续的过程，在此过程中有很多相互关联又彼此独立的部门或独立的实体的参与，因此，广义而言，整合营销传播组织是参与整合营销传播过程的部门和实体，既包括传播主体的整合营销传播部门，也包括外部营销传播代理组织和配套服务组织。狭义的整合营销传播组织的范围仅仅是直接参与传播过程的部门或实体。

城市品牌形象作为一种公共物品，从公共管理的角度上来说，政府毫无疑问应当承担起城市品牌形象建设与传播的主体责任。"但事实上，城市品牌形象和品牌的传播单单靠政府是不够的，从社会参与的角度而言，城市的企事业单位和市民都应该是传播的主体。"不仅如此，"一个多世纪以来，每逢遇到要说服大众，美国政府就会召集广告人、公关大腕和媒体炒家"。要使如此众多的传播参与主体协同一致地向外界传递信息，对组织进行全面、有机的整合必然不可或缺。构建一个职责清楚、分工明确、相互配合、协调一致、运转高效的城市品牌形象传播组织体系必须着力做好两个方面的整合工作：一是如何整合宣传、旅游、外事、经贸等政府自身部门；二是如何整合企业、专业机构、市民等社会组织与个人。在"市场失灵"和"政府失灵"的双重背景下，合理的趋势和正确的选择应该是走向共生，形成一种城市营销与城市治理的共生机制，即走向"城市营销治理"。

### （三）城市品牌形象传播受众的整合

施吉在其整合营销传播的发展层次理论中提出了基于消费者的整合和基于风险共担者的整合的思想。所谓基于消费者的整合，指的是营销策略必须在了解消费者的需要和欲求的基础上锁定目标消费者，在给产品以明确的定位以后才能开始营销策划，换句话说，营销策略的整合使得战略定位的信息直接到达目标消费者的心中；基于风险共担者的整合指的是营销人员认识到目标消费者不是本机构应该传播的唯一群体，其他共担风险的经营者也应该包含在整体的整合营销传播战术之内，例如本机构的员工、供应商、配销商以及股东等。

　　城市品牌形象传播受众的整合过程实际上就是对城市品牌形象传播对象进行市场细分后选择目标市场的过程，是整合具有同质需求的受众为目标市场的过程。要对城市品牌形象传播对象进行市场细分，前提有两个：一是要明确整体市场；二是要明确细分的依据（标准）。城市品牌形象传播的整体对象界定可以借用邓肯引入整合营销传播中的利益相关者概念，即一切城市利益相关者都是城市品牌形象传播的对象。而对用何标准去细分这个整体市场，传统的细分理论主要是用地理细分、人口细分、心理细分和行为细分等变量作为细分标准，而舒尔茨等人研究后进一步提出了整合营销传播尽可能使用消费者及潜在消费者的行为信息作为市场细分的依据。但是城市和一般的商品还是有很大的区别，由于缺乏显性的消费性质，因此很难用竞争品牌使用者的标准去识别和细分市场。因此，城市品牌形象传播受众整合中利用米切尔的三分法进行细分是比较可行的。市场细分是目标市场选择的前提，在对城市品牌形象传播受众细分的基础上，我们可以确定由决定型受众和预期型受众为主体的城市品牌形象传播方向，但在实际操作中，有必要对这两类受众进行进一步细分以确认可获利的目标市场（组合）。

### （四）城市品牌形象传播接触的整合

　　自舒尔茨提出接触的概念后，信息传播的方式就完全跳出了媒体的束缚，展现出一幅无比广阔的画卷。在舒尔茨看来，一切"过程与经验"都可以成为接触，这也就意味着只要与对象有联系的介质抑或行为都可以成为信息传播的渠道。施吉在整合营销传播的发展层次理论中提出了协调地整合的思想，其核心就是要将人员推销功能与其他营销传播要素（广告、公关、促销和直销）等整合在一起，让各种手段都用来确保人际营销传播与非人际形式的营销传播的高度一致。

　　从接触传播的角度来看，城市及其所属个体的每个行为都在对外界传递一定的信息，因此有必要对各种接触方式（不仅仅是媒体）的接触行为进行整合以保证形象的一致性，这也是"品牌传播长尾化"时代的内在要求。各种不同的接触途径都有其自身的优劣势。以广告而论，它可以迅速建立城市知名度，树立城市品牌形象，但其说服效果有限，"任何广告项目中最大的问题就是可信度，对普通人来说一条广告信息并不具有多少可信度"；就公关而言，它可以很好地引起受众的关注并有效取得受众的信赖，为城市赢得美誉度和忠诚度，为建立长期而稳定的受众关系打下坚实基础，但公关传播的影响较为间接；促销活动可以提供给受众强烈的行动刺激，但对于树立品牌形象作用有限；人际传播对受众的影响力比较大，也是受众最信赖的信息来源，可以加速信息的扩散效应，但对传播者而言却是一个不可控的传播途径，只能通过对其他要素的控制来加以引导。实际上，在整合营销传播视野中可供传播之用的接触方式远多于此，城市品牌形象传播者应该根据各种接触途径的特点进行整合利用，以获取一种协同优势，以便最有效地触及城市品牌形象传播的目标受众。

### （五）城市品牌形象传播内容的整合

邓肯在其整合营销传播层级模式中提出了形象统一和信息一致两个层级概念，都与内容的整合密切相关：形象统一指所有的传播手段致力于建立统一的强有力的品牌形象，强调单一外观、单一声音；信息一致指不仅关注对消费者的传播是否一致，还关注所有利益相关者之间的沟通和交流，即"持续的一个声音"。施吉在整合营销传播的发展层次理论中提出了形象的整合的思想，其指出：形象的整合牵涉到确保信息与媒体一致性的决策，信息与媒体一致性一指的是广告的文字与其他视觉要素之间要达到的一致性，二指的是在不同媒体上投放广告的一致性。

城市品牌形象传播内容的整合涉及两个层面的整合：第一个层面是形式一致的内容整合，即在不同的传播场合使用统一的城市标准字、城市标志、城市吉祥物、城市口号等，这是最外层也是最基础、最容易达到的整合；第二个层面是内涵一致的内容整合，传播内容整合从深层次上讲，不应该局限在形式一致的整合，应该在体现城市定位的基础上根据媒体形态的不同和传播对象的不同设计差异化的表现形式和表现内容，使得传播更加具有针对性和实效性。城市品牌形象传播内容的整合关键不在于形式的整合，而在于内涵的整合，在于面对不同的利益相关人和不同的传播平台传递内容或形式迥异但内涵一致的城市品牌形象信息，这也是城市品牌形象传播内容的深层整合。

### （六）城市品牌形象传播关系管理的整合

整合营销传播十分注重通过传播沟通来建立和维护品牌与顾客、利益相关者之间的关系。舒尔茨认为，现有或潜在客户与产品或服务之间发生的一切有关品牌或公司的接触，都是进行信息双向沟通的渠道。邓肯则进一步提出企业营销传播的根本目的即在于获得、保持或者提升顾客与公司或者品牌的关系，并确立整合营销传播将建立关系作为其核心价值，将品牌资产作为关系的终极追求。施吉也认为关系管理的整合是整合营销的最高阶段。可以说，整合营销传播的核心问题就是关系管理。

城市品牌形象传播中涉及与市民、游客、投资者等诸多利益相关者建立建设性关系的任务，关系数量可谓异常繁多，而每一条关系的建立都面临着如何处理大量关系接触点的问题。然而，在不同关系之间和各个关系接触点之间存在冲突抑或疏漏在所难免，城市品牌形象传播的关系管理难度由此可见一斑。但问题不仅于此，以政府不同部门各自开展的关系管理为例，由于部门之间业务的差异与利益的不完全相关性，各个部门与利益相关者的关系信息经常是散落在政府的各个部门中，几乎很少共享抑或充分利用，也就是说城市品牌形象传播关系管理的问题不仅仅是传受关系的整合问题，在传播者内部之间也存在着关系协同的问题。城市品牌形象传播关系管理的整合就是要求将不同位置的信息与知识集成起来，着力解决信息孤岛和知识孤岛的问题，以集中力量提升关系管理的水平，促进城市品牌形象传播立体关系网的完善。

## 三、城市品牌形象整合营销传播模式构建

### （一）城市品牌形象整合营销传播战略过程

城市品牌形象是城市在公众脑海里留下的印象及公众对组织的评价。城市品牌形象包括一系列联想、记忆、期待和其他感受，其可能与城市的硬实力、软实力身份匹配，也可能不匹配。与企业形象一样，城市品牌形象也是实值形象与虚值形象的统一。城市实值形象是城市发展所达到的实际水平，而公众对城市品牌形象的某些主观性印象则可称为城市虚值形象，由此可以构建城市品牌形象象限图，如图6-9所示。

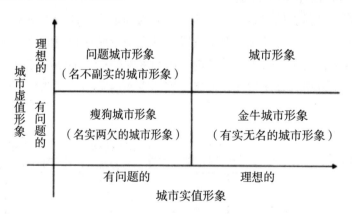

**图6-9 城市品牌形象象限图**

在城市品牌形象象限图中，城市品牌形象的实值部分在一定时期内应该是相对稳定的，其要素集中表现为城市竞争力水平，但城市品牌形象的虚值部分

则具有较大的认知弹性，具有较强的可塑性。城市品牌形象传播研究的假设前提是，有效的传播活动能够在城市实值形象不发生大的改变的前提下改变公众对城市的认知印象，即改变城市的虚值形象。因此，对于城市品牌形象传播而言，其主要的任务不在于改变城市的实值形象，其关注的重点应该是在一定的实值形象基础上，如何更好地构建城市的虚值形象。将城市品牌形象传播活动聚焦在城市虚值形象的构建上，可以使研究的重点从城市规划、城市设计、城市建设等实值形象问题中脱身，使研究的针对性增强。

城市品牌形象传播正面临信息社会的冲击：随着信息渠道和信息流量的迅猛增长，信息传播中的噪声日渐增加，对于城市品牌形象传播者而言，沟通与传播的地位越来越重要，但难度也越来越大。整合营销传播之父舒尔茨指出：消费者在做购买决定时，越来越依赖认知而非事实，他们做出购买决策的根据往往是他们自以为重要、真实、正确无误的认知，而不是具体的、理性的思考或斤斤计较后的结果。在这一传播背景下，显而易见，公众对城市品牌形象的认知与城市实值形象的表现有可能并不完全相符。

实际上，公众对城市品牌形象的认知，与其头脑中的有关城市的信息（经验）直接相关，这些信息（经验）也就是整合营销传播中的接触。受众对城市品牌形象的认知一定是受到某些可控或不可控接触的影响，那么该如何管理这些接触？在这些接触上又该预设哪些信息？城市品牌形象传播正面临着信息传播立体战时代的来临，引入整合营销传播理论开展城市品牌形象传播活动或是城市面对这一严峻挑战的应对之道。

战略管理过程（见图 6-10）一般可以分为确定企业使命、战略分析、战略选择及评价、战略实施及控制四个阶段。确定企业使命阶段的核心内容是进行企业使命定位，战略分析则包含了内外部因素的分析，战略制定由总体战略选择和业务单位战略选择所构成，战略实施的主要内容是组织调整、调动资源和管理变革。

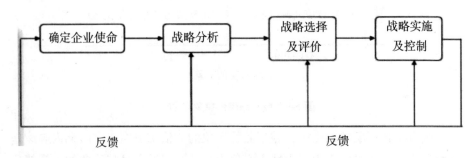

图 6-10　战略管理过程

　　城市品牌形象传播管理与一般企业的战略管理略有不同。如图 6-11 所示，城市品牌形象传播管理的第一步应当明确推动城市品牌形象传播的主体，也就是首先建立城市品牌形象传播组织机构，这个机构可以由多个部门和人员所组成。第二步是开展城市利益相关者调查与分析，也就是战略分析阶段，要深入了解不同的利益群体的利益诉求及其信息接触方式。第三步是城市品牌形象整合营销传播战略制定阶段。战略制定包含哪些内容，是一个有争议的话题，但是从大的方面来说，还是有些共同性的东西存在。根据战略所要完成任务的不同，可以把战略内容划分为三个层次：产品－市场的确定、价值链的优化和核心竞争力的培养。城市品牌形象传播战略的核心也是要完成传播受众确定、传播价值链优化和城市品牌形象定位三大问题。第四步是制订城市品牌形象整合营销传播计划，即通过具体的接触管理策略方案实现传播战略。第五步是对城市品牌形象整合营销传播计划的实施和过程控制，正确的传播战略和好的传播方案必须要靠有效的执行才能产生效果。第六步是城市品牌形象整合营销传播计划的评价与反馈，城市品牌形象整合营销传播是一个循环过程，而不是一次性工作，需要不断监控和评价战略的实施过程，修正原来的分析，调整战略选择和实施策略方案。

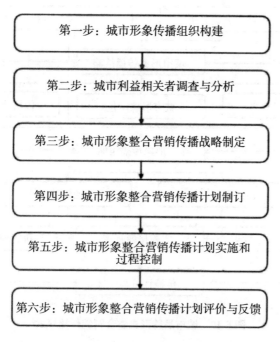

图 6-11　城市品牌形象整合营销传播战略过程

## （二）城市品牌形象整合营销传播模式

在对城市品牌形象整合营销传播战略步骤与层次进行系统梳理的基础上，并充分借鉴舒尔茨、邓肯、卫军英等整合营销传播专家对操作模式的理解与概括，笔者提出了城市品牌形象整合营销传播模式，如图 6-12 所示。

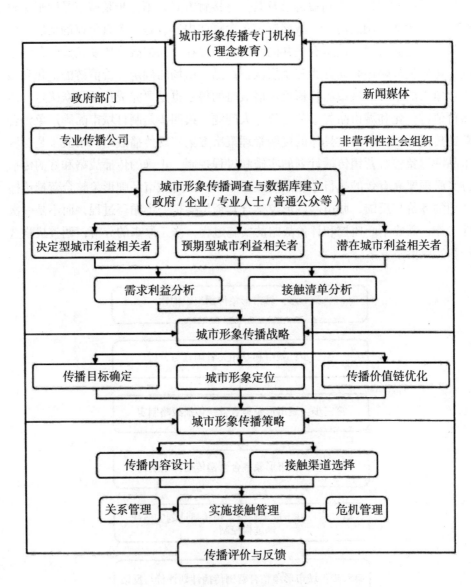

图 6-12　城市品牌形象整合营销传播模式

## （三）城市品牌形象整合营销传播模式特点

### 1. 以城市品牌形象传播受众（利益关系者）为导向开展营销传播活动

在城市品牌形象的整合营销传播模式中，无论是战略层面的传播目标设定、城市品牌形象定位、传播价值链优化，还是策略层面的传播内容、接触渠道的选择，均是在受众需求利益分析与接触清单分析的基础上决定的，充分契合由外到内的营销传播转向。米切尔评分法是一种具有鲜明受众导向的细分方法，城市品牌形象整合营销传播模式中就利用这一细分方法将城市品牌形象传播的受众分为决定型受众、预期型受众和潜在型受众，这种细分方法较之以往更加符合以受众为中心的操作思路。

### 2. 突出城市品牌形象传播组织机构在营销传播过程中的核心地位

城市品牌形象传播组织机构是城市品牌形象传播调研、战略制定和战略实施成败的关键。在城市品牌形象整合营销传播模式中，政府通过建立专门机构来承担战略任务，这个专门机构通过整合政府相关部门、新闻媒体、专业传播公司、非营利性社会组织等多方力量形成城市品牌形象整合营销传播组织体系。在完善组织构架的同时，城市品牌形象整合营销传播模式还强调开展对成员的整合营销传播理念教育，用以保证营销传播执行的效力与效率。

### 3. 制定城市品牌形象传播战略时充分考虑传播价值链的优化

迈克尔·波特于1985年提出的价值链学说认为，企业的价值创造是通过一系列活动构成的，这些互不相同但又相互关联的生产经营活动，构成了一个创造价值的动态过程，即价值链。用波特的话来说，消费者心目中的价值由一连串企业内部物质与技术上的具体活动与利润所构成，当你和其他企业竞争时，其实是内部多项活动在进行竞争，而不是某一项活动的竞争。如果企业价值链中每一项增值活动都能管理得好且相互支持和协调，企业就可以获得竞争优势。城市品牌形象传播活动可以使城市品牌形象资产获得价值增值，因此城市品牌形象传播的过程毫无疑问也是价值创造、价值增值和价值实现的过程。城市品牌形象整合营销传播活动可以通过强化内部协同、制造权衡等方法进行价值链的优化，塑造一个竞争者难以模仿的竞争优势。

### 4. 采用了统一形象定位与差异化内容设计相结合的信息策略

协调各种接触中信息传达的一致性，保持用一个声音对外说话是整合营销传播的内在要求。在城市品牌形象的整合营销传播模式中，强调面对内外部受众采用统一的城市品牌形象定位的方法（城市品牌形象定位决定了未来传播内容的取舍），以保证对社会公众传播的一致性，保证城市品牌形象构建中方向和目标的唯一性。但与此同时，针对传播对象的差异性和接触点的不同，模式提出了差异化内容设计作为支撑的信息传递策略。

5.将危机管理与关系管理在接触管理过程中置于重要位置

从信息传播层面上看，整合营销传播很重要的一个任务就是对信息进行整合管理，邓肯和莫里亚蒂针对这些提出了一个整合不同品牌信息的整合三角。在这个三角中，"言"代表计划内信息，"行"代表产品和服务信息，"肯定"代表计划外信息。在现实的信息接触中，可控的接触只是其中一部分，仍有大量的信息接触具有不可控的属性。不可控接触往往突破正常工作程序和既定轨迹，具有某种突发性和不可预测性，在大多数情况下对其来源、发生方式和影响趋向难以进行前置判断。因此，城市品牌形象整合营销传播中离不开对危机的有效应对与管理。城市品牌形象传播的接触管理实际上就是基于关系的管理，如何处理好与不同利益相关者的关系、管理好不同接触渠道上产生的关系，是接触管理中的核心所在。当然，这需要城市各个部门和人员在各个不同的接触点上恪尽职守和精诚配合，以确保各个层面的城市品牌形象信息都能以"同一个形象、同一种声音"传达给利益相关者。

6.建立了传播反馈系统以保证整合营销传播的科学实施

事实上，城市品牌形象整合营销传播模式正是为了达成新的营销价值而形成的。城市品牌形象整合营销传播的核心任务不在于满足简单的促销和信息传递，而是要使营销与传播完美地达成一致，并在一种互动过程中努力与城市利益相关者构建稳定的关系，以此来最终实现城市品牌价值。因此，城市品牌形象整合营销传播模式提出了建立良好的反馈和沟通机制的要求，需要传播者聆听并且发掘城市利益相关者的需求和行为动因，据此设计有价值的信息并以最具效益的途径加以传播。城市品牌形象整合营销传播通过建立特定利益相关者的资料库、贮存利益相关者的反馈信息，对利益相关者的反馈信息做出应答，从而消除利益相关者的疑虑，引导利益相关者做出积极思考。不仅如此，城市品牌形象整合营销传播模式还鼓励利益相关者对城市的应答再次做出反应，形成良性循环的信息交流模式。相对于传统城市营销传播而言，城市品牌形象整合营销传播的创新价值就在于强调通过反馈机制最终建立和强化顾客忠诚度。

## 四、城市形象整合营销传播实施策略

城市形象整合营销传播模式是一种操作性的理论模式，其核心价值只有在城市品牌形象传播实践中才能体现。城市品牌形象整合营销传播模式提出了新的城市品牌形象传播工作思路、流程和方法，为城市品牌形象传播实施提供了理论指导。但必须注意的是，这一模式只是从理论上提出了操作框架，在实际应用过程中，各城市还应该结合城市的具体情况进行演绎、丰富和完善，以最终实现城市品牌形象在日益激烈的竞争环境中的有效传播。

### （一）城市品牌形象整合营销传播的理念同化

出于城市经营发展的需要，越来越多的城市管理者致力于城市品牌形象建设，这点从媒体上汗牛充栋的城市品牌形象广告便可见一斑。但是，在当前这一过度信息市场环境下开展城市品牌形象传播并不容易：媒体种类和数量的变化，公众接受心理和行为的变化，都给城市品牌形象传播工作带来了严峻的挑战。整合营销传播理论为城市品牌形象传播在新的市场环境下变革发展提供了有力指导，其中最为重要的点就是对城市品牌形象传播理念的启示。

城市品牌形象传播理念指的是传播者在城市品牌形象传播过程中对自己的角色定位和理想的角色预期，其内容包括城市品牌形象传播的传播原则、传播价值、传播方式、传播对象和传播效果等。随着传播环境的不断变化，城市品牌形象传播理念也在日渐变革。如今的城市品牌形象传播活动不再是简单地投放城市品牌形象广告抑或制造城市公关事件那么简单，越来越多的研究表明，城市品牌形象传播的成败在于对城市品牌形象传播各个接触的有效管理——公众对城市品牌形象的评价很可能因为某个接触的影响而发生改变。

在一个文明的现代社会中，教育的力量、文化的敏感度比所谓的方法和技巧更为重要，其潜移默化的影响有时恰恰是适应日新月异变化的应对之策。城市品牌形象整合营销传播应树立三大理念。

一是要从以往的战术型传播变成战略型传播。战略型传播，要求围绕城市品牌形象建构这一核心目标，整合城市各种资源，有计划、有步骤地开展各项传播活动，如较早运用整合营销传播的昆明，就将昆明作为一个整体进行营销，内容不仅仅局限于具体的企业产品、工艺、技术、品牌，还包括人文、历史、自然资源、地理气候、民俗、产业与投资环境等代表一个城市整体形象的资源要素，把城市的知名度、历史文化遗产、自然和人文景观等无形资产转化为有形资产，极大地提升了城市品牌形象。

二是要确立从交易型传播到关系型传播的理念。传统的交易型传播的目的是促进销售，交易达成也就是传播活动大功告成之时。关系型传播则视交易为双方合作关系的开端。对城市品牌形象传播来说，关系型传播要求注重与意见领袖、商务人士、游客等建立长期的互动关系，及时了解他们的想法和需求，不断调整传播计划。

三是要确立从政府传播到全员传播的理念。以往的传播主体，基本由政府承担，整合营销传播要求与城市品牌形象建构有关的方方面面都应该成为传播的主体。要树立传播的公民意识和主人翁意识。一方面，市民文化素质、思想意识和精神状态直接决定和影响着城市品牌形象；另一方面，城市品牌形象的形成必须紧紧依靠市民。宁波市千名市民进北京活动就是全员传播的一个成功案例。他们穿着印有"请您去宁波""浪漫宁波欢迎您"的 T 恤，在北京街头向北京市民发放推介材料，通过这个活动，宁波在北京市民中树立了良好的形象，使北京成为宁波在长三角外的最大客源地。

在已有的整合营销传播实践中，经常出现的问题是将整合营销传播的观念指导和操作模式分而论之，整合营销传播的操作模式极少涉及理念的教育与指导环节，这直接导致了整合营销传播实践操作中极易出现由于认识偏差而引发的行为偏差，致使整合营销传播沦为营销传播工具的简单拼装。因此，要加强整合营销传播理论对城市品牌形象传播的指导，首要步骤应该是开展对城市品牌形象传播者的理念教育。必须使肩负城市品牌形象传播工作的相关组织和个人认识、领会和贯彻执行以受众为中心的营销传播理念，从受众的视角出发设计传播内容，管理传播接触，最终构建城市与公众的和谐关系。

## （二）城市品牌形象整合营销传播的组织构建

组织结构本身即是整合营销传播的障碍。习惯于传统营销传播思维模式和行为模式的组织是整合营销传播最大的障碍。城市品牌形象传播工作无论是从方案设计与执行还是经费的筹集与落实上，都离不开一个高效的组织保障，问题就在于，按照现行的城市品牌形象管理组织构架（地方政府是城市品牌形象的直接管理者），多头管理现象非常严重，如在深圳市人民政府印发《关于深圳市城市品牌形象工程实施方案的通知》中将几乎所有的政府部门都纳入了城市形象工程的牵头单位、责任单位或协办单位，条块分割成 10 个项目 45 个工作组。不难想象，要让数十个各自为政的工作组统一协调地构建城市品牌形象，难度何其巨大。邓肯在分析整合营销传播无法普遍运用的原因时指出，问题的根源就在于组织没有彻底改变它的体制和优先顺序，因此难以建立一个全面的资料管理系统和完成一个跨职能的整合过程。

舒尔茨在组织结构解决方案中指出，在现有组织不做大改变的情况下，传播活动可以借助设立一个"传播独裁者"而进行中央控制的方式，也就是说将传播功能统整到一个人或一个群组身上。实际上，除了中央集权式城市品牌形象整合营销传播组织模式以外，城市品牌形象整合营销传播机构还有分权式整合营销传播组织模式。

在集权体系下，整合营销传播部门在层级上比其他部门要高，这使其能够更加有效地整合协同其他部门（但这不表明整合营销传播部门对其他部门有直接的控制职能）。整合营销组织控制着整个营销传播活动，它与城市品牌形象传播所有部门维持双向传播关系，在实际运行中，它既可控制其结构层级下的相关部门，又可调整、协同、支援其他部门的个别传播，使其与城市的整合营销传播方向相一致。分权式整合营销传播组织模式则有所不同，城市品牌形象整合营销传播部门分设在政府的旅游、外事、宣传、经贸等多个部门，各部门在自己业务范围内开展城市品牌形象传播活动。这些利益相关者追求自己的部门利益，各自传播自己版本的城市品牌形象，其结果是城市没有一个清晰完整的外部形象，有的只是一类复杂的、杂乱无章的、自我矛盾的形象。

考虑到城市品牌形象传播管理复杂性、系统性和长期性的特点，城市品牌形象整合营销传播中应当建立中央集权式组织机构，成立"城市品牌形象工作委员会"或"城市品牌推广委员会"等类似的专门部门，建立一个以"市长挂帅，专门机构牵头，部门联动，全员参与"的四位一体组织体系，以有效推进城市品牌形象的传播活动。在整合营销传播理论看来，整合营销传播必须由高层往下开展，"由上而下的方向和领导是非常重要的，首席执行官必须主动支持整合营销传播的计划，扫除障碍。这意味着不仅要有财务上的支持，而且要积极地以一种指导、提醒，甚至鼓励的方式加以支援，让公司的每个员工均清楚了解整合营销传播的重要性"。

在企业形象传播管理领域，半数世界五百强的高管选择用45%以上的时间处理与企业形象有关的工作，因为企业形象对企业发展的重要性不言而喻。那么，在城市品牌形象传播问题上，作为"城市CEO"的市长也必须舍得花更多的精力关注城市品牌形象，只有市长亲身参与并指导城市品牌形象工作委员会工作，中央控制的组织才可能有高瞻远瞩的传播计划，才可能协调开展抑或强力执行传播活动，最终构建理想的城市品牌形象。城市品牌形象传播是一项系统工程，除了城市领导者要重视和参与城市品牌形象传播工作以外，建立一个专门机构（城市品牌形象工作委员会）也是极其必要的，同时还要动员政府各部门鼎力支持鼓励社会组织和个人积极参与，构建"市长挂帅，专门部门牵头，部门联动，全员参与"的四位一体组织整合体系。

### （三）城市品牌形象整合营销传播的受众选择

在整合营销传播看来，目标受众的范围不只是限于既有或潜在的消费者，也不只限于最终消费者，它包含了所有被选定的定向目标受众群。城市品牌形象传播的目标对象过于庞杂，我们必须找到对城市品牌形象认知和评价有较大影响力的人，然后才能尝试与他们建立沟通并谋求形象传播与认同。

城市品牌形象是城市在内外部公众中的整体评价，在城市品牌形象传播实践中，若将受众范围界定为旅游者和商务人士，范围将过于狭隘，但如果将城市品牌形象传播的受众界定为所有利益相关者，则有宽泛难以把握之虞。针对这一问题，爱德华·马尔索斯提出了整合营销传播受众"数据库细分"的思想。按照这一思想，城市品牌形象传播目标受众的确定路径就可以描述为：对城市传播数据库进行细分，而后再对城市品牌形象传播的受众进行必要整合（用以解决不同子市场的跨界组合抑或过度细分等问题）。对城市品牌形象传播受众进行有效细分，可以帮助我们更好地把握重点目标市场。

首先，在决定型受众、预期型受众和潜在型受众中，应当将决定型受众的传播沟通放在首位，将预期型受众沟通放在重要位置，相对而言，潜在型受众应置于城市品牌形象传播沟通的次要位置。从这一点来分析，目前许多城市品牌形象传播中受众整合存在的问题主要是两个：一是对决定型受众关照不够，传播者把更多的精力放在与预期型受众和潜在型受众的传播沟通中；二是大量使用大众传播接触工具造成对潜在型受众过度覆盖而对真正关键的城市品牌形象传播对象关照不足。

其次，决定型受众和预期型受众毫无疑问是城市品牌形象传播的主要目标对象，在这两个目标群体中也存在着相对更为重要抑或更为急迫的城市品牌形象传播受众对象，也就是说受众还可以依据重要性等指标进行二次细分。众所周知，不同的组织或个人在城市品牌形象评价和传播中发挥的作用各不相同，以决定型受众对象为例，个体受众中媒体记者的重要性要大于普通市民，组织受众中全国性的著名企业的重要性要大于一般性本地企业。因此，虽然从理论上讲每一个组织或个人对城市品牌形象传播而言都很重要，任何一个组织或个人的接触行为都会影响到城市品牌形象，但在实际操作中还是可以做重点的传播设计，比如对媒体记者、知名人士、公众人物、舆论领袖、著名企业、知名社会组织、旅游者、投资者、商务人士舆论热点中涉及的组织与个人等。

最后，对于特定城市的特定阶段而言，城市品牌形象传播有其特定的重点传播目标，不同的城市情况各不相同。一个以旅游为支柱性产业的城市，其对游客这个群体的传播必然是不遗余力的，一个以商贸立市的城市，其对商务人士这个群体必然给予更多的关注。不仅如此，每座城市品牌形象建设所处的阶段和遇到的问题都不一样，某座城市在某些受众群体的传播上已经非常成功，但另一座城市在对这个群体的传播上却可能大有问题，在这样两座城市开展形象传播，其关注的对象和传播的重点必然是有所不同的。也就是说，城市在某一阶段选定何种受众群体作为传播的目标市场，需要结合自身情况而定，需要对传播现状和问题进行深入调查后决定。

城市品牌形象整合营销传播不仅仅要明确传播的重点群体所在，更为重要的是要通过各种渠道建立城市利益相关者数据库。通过受众数据库，我们可以进一步明确城市品牌形象传播中的关键人士，对其进行更进一步的分类整合并开展富有针对性的传播接触，从而大大提高城市品牌形象传播的有效性。城市利益相关者数据库是城市品牌形象整合营销传播中实现"一对一"互动传播的前提和保障。

## （四）城市品牌形象整合营销传播的接触整合

整合营销传播理论提出了一个全新的接触的概念。在传播与文化中对接触的理解是"两个或更多进行互动者的相会"，但在整合营销传播中，接触却具有全新的意义。汤姆·邓肯认为，"每一个与品牌有关的消费者或潜在消费者与品牌之间的承载信息的互动都可以被称为品牌接触点"。

随着受众所处的信息空间越来越复杂，注意力的驻留时间越来越短，传播者不得不将城市信息融入受众的每一个接触上，以"润物细无声"的方式对其受众心理和行为产生影响，正如马克思·萨瑟兰所言，"应该探究那些微小的效应，亦即羽毛效应"。与传播中的光环效应相对，马克思·萨瑟兰所关注的"羽毛效应"，更多的是探讨小众传播时代呈现相对弱势的媒体广告传播效果，解析各媒体广告是如何通过各种元素作用于消费者心理的。

在整合营销传播理论看来，如今创意或营销人员说了什么，还不如他们怎么说和在哪里说更加重要。从这一点上说，传统的营销传播规划流程甚至需要彻底改变；整合营销传播的第一件事是要了解客户或潜在客户可能在哪里听到、看到或者得知产品及服务，然后营销传播人员才能确定创意或信息的内容。

日本电通公司指出，接触点是品牌与消费者产生信息接触的地方，即运送营销信息的载体，它不局限于广播、电视、杂志、报纸、户外、因特网等媒体，还包括直邮、产品包装、销售人员、店面布置、企业网站等，只要能成为传播营销信息的载体，就可以视为接触点。在汤姆·邓肯看来，每一个与品牌有关的消费者或潜在消费者与一个品牌之间的承载信息人、物、活动都是接触点。如果以邓肯的理解来看城市品牌形象传播中的接触点，其涵盖的范围将异常广泛：城市品牌形象传播的接触点既可以是人，比如政要商贾、亲朋好友等，也可以是物，如地方特产、媒介产品等，还可以是活动，如公关活动、促销活动、会展活动等，种类繁多，不一而足。

菲利普·科特勒在其关于地方营销的开山之作中提出了战略性地方营销的主要要素（见图 6-13）。地方营销的层级思想中提出了存在于每个社区的四大营销要点：一是必须确保提供基本的服务，维护好基础设施以使居民、商界和游客满意；二是需要新的吸引物来提高生活水平以延续当前商界和公众的支持，吸引新的投资、商务活动和居民；三是需要透过一个生动的地区形象和宣传项目来传达其改善了的状况和生活品质；四是必须取得居民、领导人和现有各机构的支持，以使当地友善而热情地吸引新公司、投资者和游客。地方营销的层级思想为我们寻找接触点提供了有力参考。

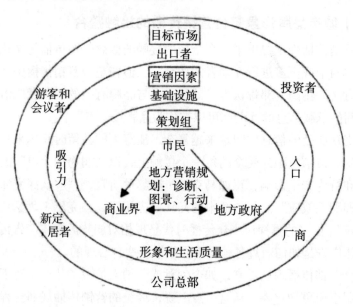

图 6-13　地方营销的层级

　　西蒙·安浩用六维度模型（见图 6-14）来表示国家 / 城市 / 地区行为和传播的自然渠道。西蒙·安浩指出，无论是刻意地或是意外地，国家 / 城市 / 地区通过六个渠道创造其声誉：一是通过旅游业层面，包括行业协会、企业旅游胜地和其他组织，旅游业者常常是拥有最大推广预算和最有能耐的营销员；二是通过工商业层面，各种公司组织、产品和服务能够成为形象强而有力的大使；三是通过政府层面，包括政府本身、政策、外派机构、公关外交活动以及政府的政策等，无论是直接影响外部的对外政策还是获得外部媒体报道的对内政策，都较大地影响着形象的形成；四是通过推广层面，包括专门的投资、贸易和教育推广组织，以及相关的公司、代理商、中介等，通过吸引投资，提高商务人士、外部人才和学生对投资环境的认知来促进形象提升；五是通过文化层面，包括文化组织、公司、文化创新活动和体育赛事活动等，以及诗人、作家、电影人、音乐人的作品等都能在形象建立方面发生作用；六是通过公众层面，包括受教育水平、日常活动、境外侨民、名人乃至普通老百姓，当地居民在外地的行为和在本地如何对待来访者也对形象传播有重要影响。

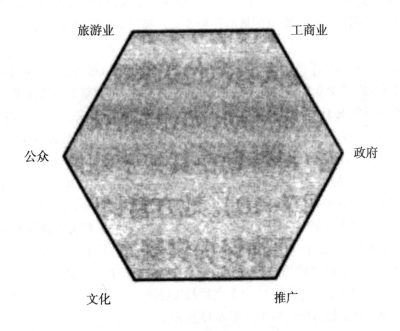

**图 6-14　竞争优势识别系统六维度模型**

显而易见，任何一个城市品牌形象传播者都无法控制所有的接触点。寻找利益相关者与城市之间所有可能的接触点，进而确认最具营销传播价值的接触点是接触点管理首先需要完成的工作，亦即筛选接触点。要对接触点进行筛选，掌握接触清单是前提，只有明确城市利益相关者与城市的接触点位于何处，才能够谈得上对所谓关键接触点的管理。对于如何制定接触清单，有两种不同的思考路径，一种是基于受众为中心的接触点模型，这种清单制作模型基于生活者视点理论，从人生观、生活方式、个人喜好、价值观及各方面深入了解、全方位分析接触体验过程；另一种是基于企业或品牌为中心的接触点模型，这种接触清单制作模型基于传播管理者的视角，解析包括人、物、活动在内的各种接触形式。

　　实际上，无论是采用以受众为中心的接触点模型还是采用以品牌为中心的接触点模型来制作城市品牌形象传播的接触清单，都难以保证其完整性，而且也是极其困难的，其原因就在于城市品牌形象传播接触的异常复杂性。在实际操作过程中，可以通过模拟利益相关者与城市的接触全过程来制作城市品牌形象传播"接触线"的方式来检验和完善这一清单。吕尚彬等人在研究武汉城市品牌形象传播过程中，进一步丰富和完善了城市品牌形象传播的接触清单，他们根据城市品牌形象传播的环境要素，提出了城市品牌传播的渠道整合平台。

　　通过对接触清单的分析，接下来的工作便是筛选出那些能够直接影响城市品牌形象、能给受众带来美好体验的"关键"的接触点，也就是确认关键接触点。通常在两种情况下，品牌接触点对客户和潜在客户才有意义：一是必须具有相关性，即产品必须与客户相关；二是必须具有接受度，也就是必须在客户可以接受的时候传递信息。两者缺一不可。

　　在对城市品牌形象传播接触清单的审视中，可以通过深度访谈的方式找出那些对城市品牌形象传播而言具有显著影响力的接触点：通过深度访谈找出城市利益相关者中大部分个体所记得的接触点，或不同利益相关者群体所确认的、共同的重要接触点。此外，还要对受众生活习惯和媒体接触习惯进行认真分析，找出受众喜爱和经常使用的接触方式，充分利用这些接触形式进行有针对性的沟通，围绕城市品牌形象形成一个完善的接触网络，以实现有效的传播。城市品牌形象传播关键接触点清单如图 6-15 所示。

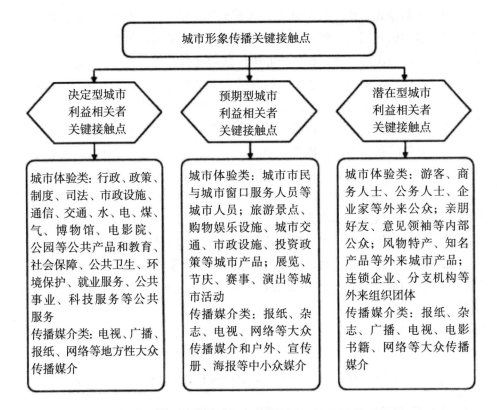

图 6-15　城市品牌形象传播关键接触点清单

　　总而言之，城市品牌形象传播的接触整合从空间上要研究目标受众的信息接触习惯，画出接触清单，找出关键接触点并加以整合，让城市品牌形象信息在受众的信息空间中随处可见，形成"无孔不入"的传播力度；从时间上，在目标受众对城市品牌形象认知的每一个阶段（知晓—兴趣—需求—记忆—行动）中都进行城市品牌形象信息的渗透，让受众在传播接触的整个过程中都拥有美好的感受。这两点也即城市品牌形象传播接触整合的本质所在。塑造和提升城市品牌形象是一项长期的系统工程，不可能一蹴而就。必须在抓好城市品牌形象的内部规划建设的同时，整合运用各种传播资源和手段，使传播工作富有成效，从而提升城市品牌形象的影响力和城市的竞争力。

## （五）城市品牌形象整合营销传播的内容设计

　　任何一种城市品牌形象定位的确立，都需要一定的内容作为城市品牌形象感知的载体。城市品牌形象传播的内容关乎城市品牌形象定位在公众心目中的形成。

丽莎·弗蒂妮－坎贝尔提出了"创造客户需求"这一术语，用来说明营销传播规划者如何利用对品牌接触与品牌网络的了解来拟订营销传播计划。创造客户需求意在找出客户或潜在客户心中最强的动机力量，客户心中最强的动机力量就是"最有效的点"，也就是从营销人员想要传达什么以及客户或潜在客户想要获得什么的角度出发，将营销人员和客户完美地结合在一起。

　　规划有说服力的传播内容就是要找到能打动并说服受众的"最有效的点"，这些"最有效的点"不由传播者决定，而是由信息传播的受众决定，可以通过客户需求测试获得（见图6-16）。很多负责宣传的政府部门在罗列城市成就和特色时，都会包括地方名人、地方在国家事务中扮演的角色、重大历史事件、建筑及自然风光、当地美食、语言及民俗风情等，他们认为只要将这些元素都融入城市宣传的口号和资料中就能获得良好的传播效果，但实际上这不过是一厢情愿罢了。对受众而言，城市管理者引以为豪的未必是公众所关心的，能够打动并说服受众的"最有效的点"时常会与传播者津津乐道的内容背道而驰。

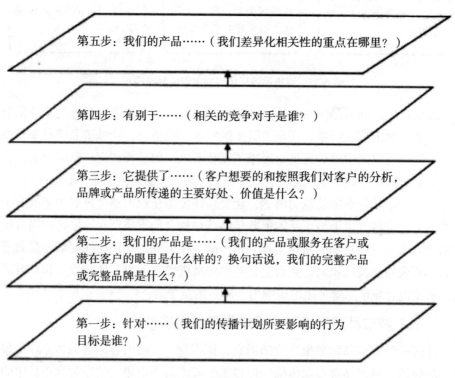

第五步：我们的产品……（我们差异化相关性的重点在哪里？）

第四步：有别于……（相关的竞争对手是谁？）

第三步：它提供了……（客户想要的和按照我们对客户的分析，品牌或产品所传递的主要好处、价值是什么？）

第二步：我们的产品是……（我们的产品或服务在客户或潜在客户的眼里是什么样的？换句话说，我们的完整产品或完整品牌是什么？）

第一步：针对……（我们的传播计划所要影响的行为目标是谁？）

图6-16　整合营销传播中的客户需求测试

因此，在城市品牌形象整合营销传播中，有必要对城市品牌形象评价要素进行调查，以确定特定城市能够被受众感知的城市品牌形象要素构成，从而明确传播受众的关心点（菲利普·科特勒提出了目标市场普遍关心点，如表6-1所示，但对每座城市而言这个关心点清单会有所差异），再通过客户需求测试来确定"最有效的点"，如此制定的传播内容才是具有说服力和富有成效的。城市品牌形象传播的内容整合流程如图6-17所示。

表6-1　城市品牌形象传播目标市场普遍关心点

| 需求类型 | 目标市场关心点（属性） |
|---|---|
| 度假地 | 气候、休闲、吸引物、开支 |
| 居住地 | 就业机会、教育制度、交通、生活成本、生活质量 |
| 厂址 | 地价、劳动者技能、能源成本、税收 |
| 会展城市 | 设施、接待容量、可达性、服务、成本 |

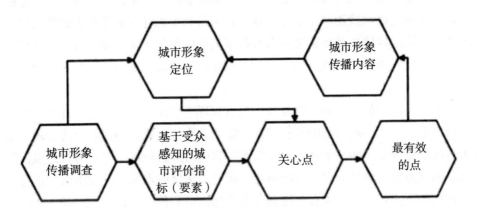

图6-17　城市品牌形象传播的内容整合流程图

城市品牌形象整合营销传播的内容应该是系统化的，要与城市品牌形象定位相一致，所有信息都必须能支持、强化城市品牌形象定位，受众接收到这些信息后，能够产生接近预期的认知反应与情感反应，并对城市产生好感，留下美好的印象。必须明确的是，无论何时何地在何种媒体上进行城市品牌形象传播，都要注意保持信息的一致性，主要诉求点和信息点要与城市品牌形象定位和信息策略相符合，主要诉求点一定要能突出城市的比较竞争优势，反映城市的优势与个性特征，且要简单明了。

## （六）城市品牌形象整合营销传播的关系协同

西蒙·安浩在论及国家形象传播管理中指出，"如果品牌管理被当作一个与国家治理分离的领域，放在与整体管理分离的'传播''公共事务'或'推广'的储藏室里，品牌管理就会一事无成。在另一方面，当它包含在国家管理的方方面面之中——成为政策制定的一种风格而非孤立的方法——品牌管理就可以迅速带来生机勃勃的变化"。在西蒙·安浩看来，没有什么行为应该被仅仅看作，或仅仅是为了形象管理或形象的改变，每一项计划或行动首先应该来自真实世界，有着真实企图，否则，就面临缺少真诚和低效率的风险，就会被看作忽悠。这也就是说，城市品牌形象传播管理应该融入和渗透城市日常的政治、经济、文化生活中去，城市品牌形象传播应该成为一种常态的关系管理。

关系管理从源头上来看，起源于 20 世纪 80 年代的接触管理的思想。在整合营销传播范畴中探讨关系管理，实际上也就是探讨信息与传播管理。整合营销传播是一个持续的过程，是在不同接触渠道用同一个声音传递统一形象的过程，是通过接触管理以建立与受众良好关系和实现受众对品牌忠诚的过程。城市品牌形象传播的关系管理可以看作城市品牌形象传播的接触管理，其核心是城市如何在正确的接触点以正确的方式向正确的客户提供正确的城市产品和服务。

但现实的挑战是，如今的受众接触点管理变得比以往任何时候都更复杂。城市利益相关者与城市间的各种接触，除了大众传播媒体的接触形式以外，更多情况下是通过一些平常并不十分引人注目的形式进行的，毫不夸张地说，影响城市利益相关者的接触点无所不在。因此，多接触点策略是城市深入推进营销传播的理想选择，但在多个接触渠道中保持形象传递的一致性却是一项巨大的管理挑战。

接触管理的目的就是要减少不同传播系统间的信息冲突（如大众传播系统与人际传播系统的信息冲突），并通过接触来影响受众大脑中的关系网络。在进行城市品牌形象传播时，首先要明晰受众希望以什么方式（时间和地点）接收城市品牌形象信息，要多创设让受众主导的形象接触，只有使传递系统符合受众的喜好，才有机会强化受众的反应并减少传播干扰。之后，要将城市识别内容有意识地落实到相应的接触点上，让受众在接受和体验城市相关信息时，清晰、一致地感受到城市的核心内涵，使城市品牌形象信息持续不断地在各个接触点上传播形象识别，演绎城市核心价值及相关识别，最终在受众的心智中留下丰富的形象联想和鲜明、独特的形象个性，从而提高传播效率，降低传播成本。

城市品牌形象传播中既要做好不同城市利益相关者的关系整合，又要做好不同接触渠道上的关系整合，还要做好传播组织内不同传播主体间的关系整合，关系管理的难度可想而知。从实际操作上来看，关键是要做好两方面的工作：一是关键接触点的传播管理，二是接触危机的预防与应对。

峰终定律给城市品牌形象传播的关键接触点管理提供了有益启示。诺贝尔经济学奖获得者、心理学家丹尼尔·卡纳曼经过深入研究，发现人们对体验的记忆由两个因素决定，即高峰（无论是正向的还是负向的）时与结束时的感觉，这就是峰终定律。这条定律基于我们潜意识总结体验的特点：我们对一项事物进行体验之后，所能记住的就只是在峰与终时的体验，而在过程中好与不好体验的比重、好与不好体验的时间长短，对记忆差不多没有影响。这里的"峰"与"终"其实就是所谓的"关键时刻"。举例而言，在某商场有很多不愉快的体验，比如只买一件家具也需要走完整个商场，比如店员很少，比如要自己在货架上找货物并且搬下来，等等。但是，顾客的"峰终体验"却是好的。一位客户关系管理顾问（也是该商场的老顾客）说："对我来说，'峰'就是物有所值的产品，实用高效的展区，随意试用的体验，美味便捷的食品。什么是'终'呢？可能就是出口处那1元的冰激凌！"

峰终定律与丽莎·弗蒂妮－坎贝尔提出的"关键时刻"可谓异曲同工。在城市品牌形象传播关系管理过程中，如果能够通过接触点审核找出接触的"关键时刻"，关系管理的强度和难度便可得到迅速下降，而关系管理的质量却能获得显著提高。

在城市品牌形象传播的关系接触中，那些以计划内信息为主体的可控接触点比较容易管理（峰终定律给可控的接触点管理指明了方向），但问题在于，这些可控接触点在接触管理中只占很小一部分，大量的接触点管理面对的是以计划外信息为主体的不可控因素。在新传媒环境中，由于新的传播工具大量出现，并且成本迅速降低，谣言的产生变得非常容易。信息整合和信息传播很重要的一个任务就是对这些不可控接触点进行有效管理，以使信息影响可以有效地发生正向作用，这就需要城市品牌形象传播中建立形象危机的反应机制，以有效处理日常和紧急状况下的危机预防及应对。

美国教育心理学家杰考白·库宁提出了所谓的涟漪效应，指的是一群人看到有人破坏规则，而未见对这种不良行为的及时处理，就会模仿破坏规则的行为。在涟漪效应看来，由一个出发点引发周围的点持续性震动，震动会慢慢减退，但如果没有任何阻力，震动会波及很远距离的点。涟漪效应对应对危机有很大的启示价值。城市品牌形象传播接触中发生的"小故障"如果不予以及时应对

处理，就很有可能演化成为大的危机，即一种危机会引发多种危机，这将会波及很远的人群，甚至造成不可收拾的局面。危机的传播犹如投入水中的石子所激起的水纹一样，由危机中心一层层地扩散开来，危机严重程度越大，激起的涟漪效应也就越明显。"危机事件通常都是首先在较小的范围内传播，只会被直接受害者和间接受害者所感知到；接着，政府、传媒以及团体等介入危机事件，危机信息传播的范围开始逐渐扩大；最后，影响面波及整个城市、国家乃至全球。"

事实上，城市品牌形象传播中出现与传播意图不一致的噪声是很正常的现象，负面信息和事件对城市品牌形象传播而言也并非洪水猛兽，只要城市管理者事先设计好针对噪声信息的应对预案，并能够及时采取正确的危机管理措施，运用恰当的干预手段，就有可能将噪声带来的危害降至最低，甚至还有可能将城市品牌形象危机转化成一次塑造和传播城市良好形象的契机。

# 参 考 文 献

[1] 涂莹霞. 整合营销传播视角下的品牌传播分析 [J]. 才智, 2018（26）: 242.

[2] 余若闻. 新时期整合营销传播及实践探究 [J]. 中国报业, 2018（12）: 72-73.

[3] 王雄, 王一雄. 新时代下城市形象的展示与塑造探究 [J]. 明日风尚, 2020（21）: 175-176.

[4] 何冬. 基于城市定位视角的城市品牌形象设计研究 [J]. 美与时代（城市版）, 2020（10）: 89-90.

[5] 井溶. 基于新媒体动漫设计的城市品牌形象传播研究 [J]. 工业工程设计, 2020, 2（5）: 91-96.

[6] 鲁歆玉. 融合地域文化的城市品牌形象设计研究 [J]. 大观, 2020（9）: 25-26.

[7] 唐静. 智媒时代我国城市品牌营销现状研究 [J]. 中国报业, 2020（16）: 46-47.

[8] 高晓天, 张稳, 安薇. 新媒体视域下对接京津冀协同发展的沧州滨海特色城镇品牌传播策略研究 [J]. 记者观察, 2020（18）: 72-73.

[9] 薛呈永. 基于新媒体时代下的泉州城市形象传播研究 [J]. 延安职业技术学院学报, 2020, 34（3）: 21-23.

[10] 赵金萍. 探析城市品牌形象的传播策略 [J]. 新闻研究导刊, 2020, 11（2）: 38.

[11] 王琨. 城市品牌形象策划及设计原则探讨 [J]. 美与时代（城市版）, 2019（12）: 108-109.

[12] 阮训苗. 探析东莞地域文化符号在城市品牌形象设计中的应用 [J]. 中国民族博览, 2019（16）: 53-55.

[13] 杨晶. 浅析新媒体传播中城市形象塑造的思考 [J]. 传播力研究, 2019, 3 (35) : 9.

[14] 邢源源, 李彬, 杨晶晶. 论融媒体环境下沈阳城市品牌形象建设 [J]. 文化学刊, 2019 (9) : 40-44.

[15] 兰德. 数字媒介视阈下城市视觉形象提升 [J]. 池州学院学报, 2019, 33 (4) : 103-105.

[16] 赵小芳. 地域文化在城市品牌形象中的设计表现 [J]. 大众文艺, 2019 (12) : 234-235.

[17] 初云玲. 媒介融合背景下城市品牌传播新生态 [J]. 新闻研究导刊, 2019, 10 (12) : 231-232.

[18] 崔媛. 基于社交媒体的城市形象传播策略 [J]. 办公自动化, 2019, 24 (11) : 26-28.

[19] 刘栋, 陈博. 互联网背景下城市品牌营销策略分析 [J]. 中国商论, 2019 (9) : 57-58.

[20] 李娟. 视觉传达设计与城市品牌形象的融合探究 [J]. 旅游纵览 (下半月), 2019 (8) : 228.

[21] 金秋月. 基于地域文化的城市品牌形象塑造与传播途径研究 [J]. 国际公关, 2019 (4) : 16.

[22] 黎宁. 城市品牌形象的视觉符号分析 [J]. 传播力研究, 2019, 3 (2) : 228.

[23] 崇蓉蓉, 魏星. 新媒体环境下的城市品牌形象管理研究 [J]. 赤峰学院学报 (汉文哲学社会科学版), 2018, 39 (12) : 99-101.

[24] 罗博. 城市品牌形象的整合传播策略 [J]. 美与时代 (城市版), 2018 (12) : 115-116.

[25] 周宏春. 城市品牌与人文精神 [J]. 中国商界, 2018 (12) : 46-47.

[26] 鲁嘉颖, 傅炯. 城市品牌形象的标识设计研究 [J]. 工业设计, 2018 (10) : 88-89.

[27] 佟鑫. 新媒体环境下的城市品牌形象传播 [J]. 科技传播, 2018, 10 (17) : 183-184.

[28] 汪央谦. 城市品牌形象策划与设计原则分析 [J]. 西部皮革, 2018, 40 (16) : 131.

[29] 谢福山. 新媒体环境下上海城市品牌形象传播研究 [J]. 新媒体研究, 2018, 4 (14) : 125-128.

[30] 李明文，杨哲贤．关于城市形象传播研究的分析与思考 [J]．今传媒，2018，26（7）：6-7．

[31] 田玉军．整合营销传播时代的企业新闻策划 [J]．现代企业，2020（1）：82-83．

[32] 黄国庆．新媒体下的整合营销传播策略探析 [J]．决策探索（下），2019（11）：43．

[33] 黄国庆．浅析整合营销传播下的品牌传播 [J]．传播力研究，2019，3（25）：56．

[34] 陈真，黄沛．新媒体对整合营销传播的影响及对策研究 [J]．未来与发展，2019，43（8）：61-64，68．

[35] 汪芮．传播学视角下的新媒体营销分析 [J]．传播力研究，2019，3（21）：95-97．

[36] 杨嘉宁．基于定位理论的今日头条整合营销传播研究 [J]．中国商论，2019（12）：80-81．

[37] 董福波．互联网背景下品牌整合营销传播分析 [J]．商场现代化，2019（9）：58-59．

[38] 黄吉琦．新媒体时代整合营销传播新业态 [J]．传播力研究，2019，3（11）：122．

[39] 孟然．媒体碎片化时代的品牌营销传播策略分析 [J]．现代商业，2019（10）：47-48．

[40] 袁娜，周月麟．新媒体环境下视觉营销在品牌营销中的应用 [J]．艺术与设计（理论），2019，2（3）：26-27．

[41] 贾朝莉．新媒体时代企业整合营销传播分析 [J]．新闻战线，2019（2）：68-69．

[42] 邢冬静．碎片化时代下整合营销传播的困境与路径 [J]．现代国企研究，2018（18）：100．